国際・歴史比較
経営と企業論

モダン・情報化・
グローバル化・SDGsと経営行動

丹野　勲
Isao Tanno

泉文堂

は し が き

　本書は，国際・歴史比較経営，企業論，経営行動論，SDGsなどについて，著者が理解しているところを平易に概説したものである。具体的には，国際・歴史比較経営論，アジアと国際比較経営，企業形態，株式会社，公企業，協同組合，NPO法人，農業法人，公益法人，コーポレートガバナンス，独占と不公正な取引，企業成長と経営戦略，M&Aと戦略提携，多国籍企業と国際経営，SDGs（持続可能な開発目標），などに関して概説したものである。

　本書は，国際比較や歴史を踏まえたまったく新しい形の「経営学」のテキストやゼミ教材としても意図して執筆した。また，経営学に関する初学者や実務家でも，十分理解できるような記述と内容になることを心がけた。文章は平易であるが，内容は高度であることを目指した。本書の特徴として，以下がある。

　第1は，「国際・歴史比較経営論」構築の序説的研究であることである。「歴史比較経営」という概念と理論がまだ一般的になっていない中で，不十分であるが，現代での国際比較経営のみならず，歴史的観点からの比較経営に関する試論を試みた。この比較経営研究において，近代化，モダンについても概説した。近代化（モダン）とは，①技術的・経済的側面，②政治的側面，③社会的側面，④文化的側面，などの4つが伝統的形態から移行する，広い領域の変動過程の概念である。近代化，モダンは，産業化などを中心的概念とし，社会，文化，政治などの側面も含む広範囲な領域での歴史的な変動の総括概念である。日本では，Modernizationという英語を「近代化」と翻訳し，明治初期から，近代化というと「西欧化」という概念として，本来とは微妙に違う概念として捉えられてきたきらいがある。「近代化」というと古い理論という認識もあるが，発展途上国を含め世界的，歴史的視点でみると，現代においても近代化，モダンは依然として重要な理論であると思われる。さらに，ポストモダンとしての「モダン・情報化・グローバル化・SDGs」について考察した。

　第2は，多様な企業形態・事業形態について概説していることである。株式

1

会社を中心として，個人企業，有限会社，合同会社，民法上の組合，匿名組合，有限責任事業組合，投資事業有限責任組合，公企業など，多様な企業・事業形態に歴史的・制度的・国際比較的な観点を加えて考察した。

第3は，世界的に重要性を増している各種の非営利法人について概説していることである。公益法人，協同組合，NPO法人，農業法人などの事業形態である。協同組合は，歴史が古く，世界の多くの国で存在している。NPO法人も世界中に存在し，特定の分野で活躍している。農業法人は，日本で最近つくられた法人であり，今後の日本の農業政策において注目されている存在である。

第4は，将来・未来の企業経営において最も重要な課題の解決を目指すSDGsについて，概説していることである。SDGsは，世界の開発戦略，環境問題，企業経営，国際政治，社会・経済政策等に大きな影響を与えている。人類の将来のビジョンは，この文書にあるといっても過言ではない。SDGsは，未来の地球上の人類の行動指針のみならず，企業経営の将来・未来の重要な基盤戦略でもあろう。本書では，SDGsと将来の経営行動について概説した。

本書の各編，各章の内容・概要は，以下である。

第1編は，第1章から第2章で構成され，「国際・歴史比較経営論研究序説—近代化理論（モダン）と収斂仮説，ポストモダンとしての「モダン・情報化・グローバル化・SDGs」」として，国際・歴史比較経営論の理論，およびアジアの事例として東南アジアの華僑・華人，タイ，ベトナムについて概説した。

第2編は，第3章から第9章までで構成され，「企業・株式会社の形態と経営行動」について概説した。具体的には，企業，株式会社，公企業，協同組合，公益法人，NPO法人，農業法人，企業統治，独占と不公正な取引，企業成長と経営戦略，M&Aと戦略提携，多国籍企業と国際経営について概説した。

第3編は，第10章で構成され，「SDGs（持続可能な開発目標）と将来の経営行動」として，SDGsの概要，およびSDGsと企業経営行動について概説した。

長い間，ご支援をいただいた泉文堂の佐藤光彦氏には深く感謝申し上げたい。

2021年3月31日　　　　　　　　　　　　丹野　　勲（玉川学園の自宅にて）

目　　次

はしがき

第1編　国際・歴史比較経営論研究序説
――近代化理論（モダン）と収斂仮説，ポストモダンとしての
「モダン・情報化・グローバル化・SDGs」

第1章　国際・歴史比較経営論
――近代化理論（モダン）と収斂仮説，ポストモダンとしての
「モダン・情報化・グローバル化・SDGs」

はじめに ……………………………………………………………………3
第1節　国際比較経営・歴史比較経営とは何か …………………………3
　1－1　企業経営における国際比較の視点　　4
　1－2　研究方法と比較の観点　　6
　1－3　国際比較経営と歴史比較経営の融合　　7
第2節　制度理論（分析）と比較経営 ……………………………………9
　2－1　比較制度分析のアプローチ　　9
　2－2　比較制度分析の先行研究・関連研究　　11
　2－3　新制度派経済学　　14
　2－4　経済システムの比較制度分析　　18
　2－5　レギュラシオン理論　　21
第3節　近代化理論（モダン）と国際・歴史比較経営モデル ……………27
　3－1　近代化理論（モダン）と収斂仮説　　27
　3－2　国際比較経営のモデル　　31
　3－3　国際・歴史比較経営モデル　　34

第4節　近代化（モダン）と文化・価値構造 ･･････････････････････ 35

　4－1　文化・価値構造と経営　35

　4－2　業績主義と所属主義　36

　4－3　普遍主義と個別主義，個人主義と集団主義　39

　4－4　権力の格差（パワー・ディスタンス）　42

　4－5　家族構造―親族原理　47

第5節　近代化（モダン）と経営構造 ････････････････････････････ 51

　5－1　近代化（モダン）とトップマネジメント・経営戦略　51

　5－2　近代化（モダン）と組織　52

　5－3　近代化（モダン）と人事・人的資源管理　53

　5－4　近代化（モダン）と生産・技術　54

おわりに

　―「モダン・情報化・グローバル化・SDGs」と国際・歴史比較経営 ･･････････ 55

第2章　アジアの国際比較経営のケース
―東南アジアの華僑・華人，タイ，ベトナム

はじめに ･･ 65

第1節　東南アジアなどの華僑・華人系企業 ･･････････････････････ 66

　1－1　東南アジアなどの華僑・華人　66

　1－2　東南アジアの華僑・華人系企業の

　　　　文化・価値構造と経営　68

　1－3　東南アジアの華僑・華人系企業の経営構造　69

第2節　タイの文化・社会と企業経営風土 ････････････････････････ 74

　2－1　宗教文化―小乗仏教　75

　2－2　現実享楽主義　76

　2－3　権威主義―ナーイの社会　77

　2－4　個人主義　78

第3節　ベトナムの文化・社会と企業経営風土 ………………………… 79

　3－1　中国文化の影響　79

　3－2　稲作文化と村社会　80

　3－3　家族制度　82

おわりに　―アジア企業の経営の課題 ………………………………… 84

第2編　企業・株式会社の形態と経営行動

第3章　企業とは何か

はじめに ……………………………………………………………………… 91

第1節　現代の企業，会社，組合とは何か ……………………………… 92

第2節　個人企業 ……………………………………………………………… 93

第3節　会社―共同企業 …………………………………………………… 94

　3－1　合名会社　95

　3－2　合資会社　96

　3－3　株式会社　97

　3－4　（特例）有限会社　98

　3－5　合同会社　98

第4節　会社の種類 ………………………………………………………… 99

　4－1　大会社と小会社，中小企業　99

　4－2　公開会社と非公開会社　99

　4－3　親会社と子会社，連結子会社　100

　4－4　外国会社，外資系企業　100

第5節　日本の法律上の組合 …………………………………………… 101

　5－1　民法上の組合（契約）　101

  5－2 匿名組合（契約） 101

  5－3 有限責任事業組合 102

  5－4 投資事業有限責任組合（契約） 102

 第6節 公企業 ………………………………………………… 102

 おわりに ………………………………………………………… 103

第4章 株式会社とは何か

 はじめに ………………………………………………………… 105

 第1節 現代の日本の株式会社制度 ……………………………… 106

  1－1 株式会社制度の特徴と株式会社の設立 106

  1－2 株式会社の機関 107

 第2節 株式とは何か ……………………………………………… 111

  2－1 株式とは 111

  2－2 1株1議決権の原則 112

  2－3 議決権制限株式 112

  2－4 優先株式と劣後株式 113

  2－5 株式の発行 113

  2－6 自己株式の取得 116

  2－7 従業員持株制度 116

 第3節 株式の上場と株式市場 …………………………………… 117

  3－1 上場のメリット 117

  3－2 上場のデメリット 118

  3－3 上場しない大企業のケース 118

  3－4 日本の株式市場 119

 第4節 株式の公開買付け（TOB）………………………………… 120

 第5節 MBO（マネジメント・バイアウト）と

    LBO（レバレッジド・バイアウト）……………………… 121

  5－1 MBO（マネジメント・バイアウト） 121

　　5－2　LBO（レバレッジド・バイアウト）によるM&A　121

　第6節　社債 ……………………………………………………………122

　　6－1　社債とは何か　122

　　6－2　無担保社債と担保付社債　122

　　6－3　普通社債と新株予約権付社債　123

　　6－4　内国債と外国債　123

　第7節　資金調達 ………………………………………………………123

　　7－1　自己資本と他人資本　123

　　7－2　主要な財務指標　124

　　7－3　直接金融と間接金融　124

　おわりに …………………………………………………………………125

第5章　公企業，協同組合，公益法人，NPO法人，農業法人

　はじめに …………………………………………………………………129

　第1節　公企業，独立行政法人 ………………………………………129

　第2節　協同組合 ………………………………………………………131

　　2－1　協同組合とは何か　131

　　2－2　世界の共同組合の歴史　132

　　2－3　日本の協同組合の歴史　134

　　2－4　現代日本の協同組合　136

　第3節　公益法人 ………………………………………………………138

　　3－1　公益法人とは何か　138

　　3－2　公益法人の種類　138

　第4節　NPO法人 ………………………………………………………139

　　4－1　NPO法人とは何か　139

　　4－2　NPO法人の活動分野　139

　第5節　農業法人 ………………………………………………………140

　　5－1　農業経営の法人化―農事組合法人，家族経営法人　140

5-2　農家の株式会社化，株式会社などの農業参入　142

おわりに ……………………………………………………………… 143

第6章　コーポレートガバナンス（企業統治），独占と不公正な取引

はじめに …………………………………………………………… 147

第1節　コーポレートガバナンス（企業統治）………………… 147

　　1-1　トップマネジメントと所有構造　147

　　1-2　アメリカのコーポレートガバナンス（企業統治）　149

　　1-3　ドイツのコーポレートガバナンス（企業統治）　150

　　1-4　日本のコーポレートガバナンス（企業統治）　152

第2節　独占と不公正な取引 …………………………………… 153

　　2-1　独占，企業結合，不公正な取引，カルテル　153

　　2-2　独占的状態　154

　　2-3　持株会社，株式保有・合併などの制限　155

　　2-4　不公正な取引方法　155

　　2-5　カルテル　156

　　2-6　不当な取引制限と独占禁止法　156

おわりに …………………………………………………………… 157

第7章　企業成長と経営戦略

はじめに …………………………………………………………… 159

第1節　基本経営戦略 …………………………………………… 159

　　1-1　市場浸透戦略　160

　　1-2　市場開発戦略　162

　　1-3　製品開発戦略　163

　　1-4　多角化戦略　164

　　1-5　その他の戦略—市場創造・新ビジネスモデル戦略　164

第2節　ブランド戦略，価格戦略，広告・販売促進政策 ……………… 165

　2－1　ブランド戦略　165

　2－2　価格戦略　167

　2－3　広告戦略　172

　2－4　販売促進戦略　173

　2－5　流通（経路）戦略　173

第3節　多角化戦略 …………………………………………………………… 173

　3－1　経営多角化とは何か　174

　3－2　水平的多角化戦略　174

　3－3　マーケティング関連多角化戦略　175

　3－4　技術関連多角化戦略　175

　3－5　コングロマリット的多角化戦略　175

　3－6　多角化の動機　176

第4節　垂直的統合戦略と内部化戦略 …………………………………… 178

　4－1　垂直的統合戦略とは何か　178

　4－2　垂直的統合戦略の理由，動機　179

　4－3　垂直的統合戦略の問題点　181

第5節　日本企業の準内部組織とその変容 ……………………………… 182

　5－1　準内部組織・準内部化戦略とは何か　182

　5－2　日本とアメリカとの比較—自動車産業のケース　183

第6節　ポーターの競争戦略論 …………………………………………… 184

第7節　資源ベースの経営戦略論 ………………………………………… 187

　7－1　コア・コンピタンス　187

　7－2　資源ベースの理論　188

　7－3　経営資源とは何か　188

　7－4　資源のストック　189

第8節　モジュール化の戦略論 …………………………………………… 191

　　第9節　企業文化戦略 ……………………………………………………192

　　　9－1　企業文化とは何か　192

　　　9－2　価値理念・経営理念　192

　　　9－3　ドメイン（企業の事業領域）　193

　　　9－4　トップ・マネジメントのリーダーシップ　193

　　　9－5　儀式，運動，コーポレート・アイデンティティー（CI）　194

　　おわりに ……………………………………………………………………195

第8章　M&Aと戦略提携

　　はじめに ……………………………………………………………………199

　　第1節　M&A（合併と買収） ……………………………………………199

　　　1－1　M&Aとは何か　199

　　　1－2　合併　200

　　　1－3　買収　200

　　　1－4　海外での買収戦略　203

　　　1－5　M&A戦略の目的　203

　　　1－6　買収の防衛策　205

　　第2節　戦略提携 …………………………………………………………207

　　　2－1　戦略提携とは何か　207

　　　2－2　合弁企業の設立　208

　　　2－3　長期取引関係　209

　　　2－4　資本提携　209

　　　2－5　契約による戦略提携　210

　　第3節　ライセンシング …………………………………………………210

　　　3－1　ライセンシングとは何か　210

　　　3－2　ライセンシングのメリット　210

　　　3－3　ライセンシングのデメリット　211

　　　3－4　クロス・ライセンシング　212

第4節　共同技術・製品開発 ……………………………………212

第5節　契約生産 …………………………………………………213

　5－1　契約生産とは何か　213

　5－2　グローバルな契約生産　213

　5－3　海外での契約生産のメリットとデメリット　214

第6節　OEM ………………………………………………………215

　6－1　OEMとは何か　215

　6－2　グローバルなOEM　215

　6－3　グローバルなOEMの問題点とその改善策　216

　6－4　台湾のケースとODM　217

第7節　委託加工（貿易） …………………………………………218

第8節　フランチャイジング ……………………………………218

第9節　販売・マーケティング契約 ……………………………220

第10節　コンソーシアム …………………………………………220

おわりに ……………………………………………………………221

第9章　多国籍企業と国際経営
　　　　―企業の経営資源の国際比較優位性

はじめに ……………………………………………………………223

第1節　企業の多国籍化・グローバル化の伝統的理論 ………223

　1－1　国際的資源移転論―比較優位性による進出　223

　1－2　プロダクト・ライフサイクル・モデル（PLC）　225

　1－3　内部化の理論　229

第2節　企業の経営資源の国際比較優位性を重視した国際経営理論 …… 230

　2－1　競争優位の創出と維持という考え方　230

　2－2　本国での競争優位性　232

第3節　競争優位の視点からの海外直接投資の性格・目的 …………… 233

　3－1　現地市場型の海外直接投資　233

　　3－2　輸出型の海外直接投資　234

　　3－3　部品・工程分業型の海外直接投資　235

　　3－4　製品分業型の海外直接投資　235

　　3－5　資源開発型の海外直接投資　236

　　3－6　販売・サービス拠点型の海外直接投資　236

第4節　アジア企業の多国籍化のケース ……………………………… 237

　　4－1　ニッチ（隙間）戦略による海外進出　237

　　4－2　リスクの回避や分散による海外投資　238

　　4－3　コングロマリット展開型と外資提携による海外進出　239

　　4－4　経営資源（技術，ブランド）の獲得や組織学習・

　　　　　経験蓄積型の海外進出　240

　　4－5　本国での成長制約の克服型の海外進出　241

　　4－6　海外での資金調達型の海外進出　242

おわりに ……………………………………………………………… 242

第3編　SDGs（持続可能な開発目標）と将来の経営行動

第10章　SDGs（持続可能な開発目標）とこれからの企業経営

はじめに ……………………………………………………………… 249

第1節　「我々の世界を変革する：

　　　　持続可能な開発のための2030アジェンダ」前文 ……………… 249

第2節　SDGsのビジョン ……………………………………………… 251

第3節　SDGsの持続可能な開発目標 ………………………………… 252

　　3－1　貧困の終焉　252

　　3－2　持続可能な農業　253

3－3　健康的な生活と福祉　　254

3－4　教育の提供　　255

3－5　ジェンダーの平等　　256

3－6　水と衛生　　256

3－7　エネルギーへのアクセス　　257

3－8　働きがいのある人間らしい雇用
　　　（ディーセント・ワーク）の促進　　257

3－9　強靱なインフラ構築，持続可能な産業化の促進
　　　及びイノベーションの推進　　258

3－10　不平等の是正　　259

3－11　安全・強靱で持続可能な都市及び人間居住　　260

3－12　持続可能な生産消費形態　　260

3－13　気候変動への対策　　261

3－14　持続可能な海洋・海洋資源　　261

3－15　陸域生態系，森林，土地，生物多様性の損失の阻止　　262

3－16　持続可能な開発のための平和な社会と構築と制度の確立　　262

3－17　グローバル・パートナーシップの活性化　　263

第4節　SDGsと企業経営行動 ……………………………………264

4－1　SDGsの目指すべきビジョン　　264

4－2　SDGsでの企業の地球規模の環境問題への対応　　266

おわりに ……………………………………………………………269

索引 …………………………………………………………………273

第1編
国際・歴史比較経営論研究序説

一近代化理論（モダン）と収斂仮説，ポストモダンとしての「モダン・情報化・グローバル化・SDGs」

第1章 ─────────────────────────

国際・歴史比較経営論
　　一近代化理論（モダン）と収斂仮説，ポストモダンとしての「モダン・情報化・グローバル化・SDGs」

第2章 ─────────────────────────

アジアと国際比較経営のケース
　　一東南アジアの華僑・華人，タイ，ベトナム

第1章 国際・歴史比較経営論 ―近代化理論（モダン）と収斂仮説, ポストモダンとしての「モダン・情報化・グローバル化・SDGs」

はじめに

　本章は,「国際比較経営論」と「歴史比較経営論」構築の序説的研究である。すなわち,現在という時代での国際比較経営のみならず,歴史的観点から経営の比較を試みるものである。本章では,まず,国際比較経営と歴史比較経営とは何かについて考察し,この融合としての国際・歴史比較経営モデルについて述べる。つぎに,関連研究として重要である制度理論について概説する。さらに,比較経営研究において中心的考え方である近代化理論（モダン）と収斂仮説,近代化と経営などについて研究する。「おわりに」では,ポストモダンとしての「モダン・情報化・グローバル化・SDGs」と比較経営について述べる。

第1節　国際比較経営・歴史比較経営とは何か

　企業経営の世界には,多国籍企業の発展,WTO（国際貿易機関）やILO（国際労働機関）,といった国際機関,ISO（国際標準化機構）,IFRS（国際会計基準）,SDGs（持続可能な開発目標）,OECDコーポレートガバナンス原理など,世界的な会計基準・原理や製品・サービス規格の標準化,コモディティ化,グローバルスタンダード化の波が押し寄せている。一方で,それぞれの国や地域に根付いた独自の文化・社会・経済や環境は企業経営に大きな影響を及ぼしている。したがって企業が国際的な活動を展開しようという場合,進出する国や地域の

特色を理解しておく必要がある。そのためには，どこと比べて，何がどう異なっているのかという比較の視点が不可欠である。**国際比較経営の研究**は，世界の経済や社会・文化にまで踏み込んで企業経営のあり方の違いを明らかにすることで，地域を理解する手がかりを与え，企業の国際化に貢献している。さらに，その国の企業経営を他国と比較することで，その国の企業の特徴が浮き彫りにされ，今後の国の産業政策や企業経営戦略にも有効で，グローバルな視点に立った経営学理論の構築にも役立つものである。

1－1　企業経営における国際比較の視点

「**国際比較経営**」は，国や地域などによって企業経営のあり方がどう異なっているのか，どういう特徴があるのかなどを解明しようとする研究領域である。すなわち，**世界の企業経営の異質性と共通性**を理論的，実証的に解明する学問である。比較という名称の通り，ある企業経営と別の企業経営を比較し，その共通点や相違点を明らかにしようというわけである。本来なら，全世界の企業の経営を共通の指標で比較すればよいのだが，現実的にはスケールが大きすぎて難しく，特定の国や地域を取り上げて比較することがほとんどである。

たとえば，**企業経営の日米比較**は最も多くおこなわれている。**日本企業と欧州企業との比較**，たとえば，**イギリス・ドイツ・フランス・イタリア**などとの比較も数多くおこなわれている。また**アジア的な経営**と，**アングロサクソン系（米，英，豪など）の経営**，日本の経営を比較するといった大きなくくりでの比較もある。さらに，**アジア地域の華僑・華人企業，中国企業，東南アジア企業**との比較研究もある。

国際比較をおこなう場合，**何をどう比較**するのか，**どの次元で比較**するのか，**どの時点で比較**するのかといったことが重要になってくる。これは，各研究者の興味や関心，調査方法，専門分野などによって異なり，それが国際比較経営の研究に幅と広がりをもたらしている。

国境を越えて企業経営を比較しようとするときに重要になるのが，**国際経営環境からのアプローチ**である。なぜなら各国・地域の企業経営は，それぞれの

経営環境の中で営まれており，環境要因が企業経営の本質的な差となってあらわれることが多いからである。

　国際経営環境を考える主要な視点として5つある。

　第1は，**国際経済**の視点である。国の経済状況はそれぞれに異なっている。社会主義経済体制と市場主義経済体制といった大きな枠組みだけでなく，各国ごとに細かな差異がある。また，発展途上国，中進国，先進諸国では，経済の発展段階が相違している。さらに，先進諸国でも各種の差異がある。そのため，比較しようとする国々の経済状況を把握しておかなくてはならない。

　第2は，**制度**の視点である。制度とは，社会における規則，ルールである。具体的には，**フォーマルな制度**として経済制度，政治制度，法制度，企業制度，労働制度などがあり，**インフォーマルな制度**として社会制度，社会規範，慣習などがある。制度は，国，地域により相違することもあり，この制度や政策の相違が国際経営環境において重要となっている。

　第3は，**文化**の視点である。文化には，宗教，価値観，規範，思想，社会構造，民族なども含まれる。文化はそれぞれに固有なものだけに，あまり考慮しすぎると普遍性を求める社会科学の学問として成り立たなくなってしまう。しかし，文化は経営に大きな影響を及ぼしているだけに無視はできない。世界中の文化を，共通な指標を使って比較する手段もあるが，それで文化の問題をすべて網羅できるわけではなく，個別に詳しく記述しなければならないことの方がはるかに多くある。**文化と経営**の問題は，国際比較経営の研究では最も扱いが難しいといえる。

　第4は，**国際地域**の視点である。たとえば，東南アジアには政治・経済協力を目指す**ASEAN**（東南アジア諸国連合）と**AFTA**（アセアン自由貿易地域）という枠組みがあり，ヨーロッパでは**EU**（欧州連合）が，北米ではアメリカ，カナダ，メキシコによる**NAFTA**（北米自由貿易協定）とよばれる地域経済の仕組みが機能している。近年は特に2国間や地域間などで結ばれる**FTA**（自由貿易協定）と**EPA**（経済連携協定）が注目されており，国だけでなく国際地域経済という見方が必要になってきている。2020年には，日本，アセアン（10か国），中

国，オーストラリア，ニュージーランド，韓国（インドは検討中）などの15か国のアジア・太平洋諸国が参加する **RCEP**（地域的な包括的経済連携）が署名され，これは，国内総生産（GDP）の合計が世界の約3割を占める巨大経済圏が誕生することになる。

　さらに，国際地域では，共通文化などをもつ地域圏がある。たとえば，アングロサクソン圏，ドイツ語圏，北欧圏，中華圏，イスラム圏などである。

　第5は，**歴史**の視点である。各国の経営環境は，歴史的な積み重ねによってもたらされたものである。いわゆる**日本的経営**といわれるものは，日本の歴史的産物であるとも言える。また，東南アジアをみると，**植民地時代の統治国**による歴史的影響が大きい。シンガポール，マレーシア，ミャンマー（旧ビルマ）は，かつてイギリスの統治下にあった。ベトナムは，古い時代には中国が，第2次大戦以前はフランスによる支配下にあった。インドネシアはオランダが，フィリピンはアメリカが統治した。このように，各国はかつての統治国や支配国の影響がかなり残っている。

1－2　研究方法と比較の観点

　研究の進め方は，テーマや対象によってさまざまであるが，**研究手法として**はアンケート（質問紙調査），インタビュー，生産現場の観察，フィールドワーク，現地資料・文献・統計等の収集，歴史史料，事例・ケース研究などを通して総合的にデータや資料を集め，それらを分析して比較をおこなうのが一般的である。大量のデータを用いた多変量解析などの統計的手法による研究も多い。

　比較の観点として最も多く用いられるのは**人事労務管理**（人的資源管理），**組織，企業**などである。人は，その国の文化，社会，経済などから多くを規定される。経営を左右するのは最終的に人であり，現地の人材をどう管理，育成，活用し，意思決定などに関与させているか，その国に人事管理の特徴は何かなど，人事の観点から企業経営の違いを明らかにしようというわけである。また，組織や組織行動の特徴の研究も多い。ほかには企業（協同組合，公企業も含む），株式会社，コーポレートガバナンス（企業統治），経営戦略，マーケティング，

生産・技術，企業集団，中小企業，国際経営など多様な観点で比較される。

　近年，注目されている研究テーマとしては，まず**生産の国際比較**があげられる。これは自動車，電機，電子，機械などのメーカーにおける，技術的な生産管理や人材管理の方法などを比較するものである。古くからある研究テーマであるが，**日本のものづくり**の力が再評価されてきたこともあり，海外に進出した際のものづくりをどう改善するかという点で再び注目されている。

　比較のレベルとしては，世界，国際的地域（たとえば，アセアン，EUなど），国，地域，産業，企業，工場，部門，集団，個人など，広い範囲のレベルから狭い範囲のレベルまでさまざまである。**企業レベルの分析**は，事例・ケースを中心として多くの研究があり，国際比較の観点から日本企業と欧米企業との事例に基づく比較研究も盛んにおこなわれている。たとえば，トヨタ，ホンダ，日産などの自動車メーカーと米国のGM，フォードなどの自動車メーカーとの比較研究は，かなりの研究蓄積がある。

　また，**フロンティア地域**の研究もおこなわれている。フロンティア地域とは，発展が期待されているにもかかわらず実際には海外からの投資が少ない地域で，アジアならミャンマーやインド，ヨーロッパなら東欧諸国，アメリカなら南米，アフリカなどである。企業経営のグローバルな事業再編，工場再編，立地戦略の必要性が高まったことや，フロンティア地域の経済が急速に成長していることもあり，これらの地域の情報が求められているからである。

　さらに，世界的な視点で，各国の企業経営を分類しようという研究がある。たとえば，**アングロサクソン型経営，アメリカ型経営，ドイツ型経営，北欧型経営，欧州社会民主主義国型経営，地中海型経営，日本型経営，東南アジア型経営，中国型経営**，などに分類し，その特徴を明らかにしようとする。

1-3　国際比較経営と歴史比較経営の融合

　国際比較経営の研究は，国際経営学の他の研究領域と同様，現実の企業における国際経営に役立つ実用面と，学問としての発展という二面性を持ち合わせている。実用面では，企業の国際戦略の立案に大きく貢献している。企業活動

を海外に展開するには，各地域の経営資源のさまざまな「違い」を理解し，その地域の特質を尊重した上で，有効な現地化をはかることが大切だからである。

国際比較経営の学問の発展という面では，2つの方向性がある。

第1は，**普遍的な経営理論の構築**の方向性である。これは，**グローバル化の方向性**でもある。科学としての経営学に，文化などの要因を含めること自体が不自然だとの考え方もあり，**一般理論・統一理論**を組み立てようというものである。たとえば，国による経営の違いを，**歴史の発展段階**と結び付けられるならば，経営の発達を人類の歴史の発達という観点から統一的に説明できるかもしれない。この方向は，**企業経営の共通性（収斂）のアプローチ**である。

第2は，それぞれの国や地域の企業経営を研究する場合，経済，文化や歴史，それらの影響を受ける**経営環境**などをできるだけ細かく記述し分析していこうという方向性である。これは，**現地化・ローカル・地域研究の方向**である。これは，**企業経営の多様性（拡散）のアプローチ**である。ただし，地域・国の文化・社会においては，当然，普遍的な側面も一部に内包する

すわなち，前者は共通項を取り出し，後者は異なる要素を取り出して，総合的に理解しようというわけである。

「国際比較経営」の研究は，常にこの共通性と多様性という2つの方向性を内包している。研究対象はあくまでも企業経営であるが，環境による要因は企業経営を考える際に欠かせず，比較する際には地域全体を調べることになる。その意味で，国際比較経営は**地域研究**でもあるということもできる。国際比較経営を研究するには，**経営と地域**という2つの要素が欠かせないのである。さらに，国際比較経営の考え方を精緻化していくと，**歴史という時間軸**を加えることが必要となってくる。それが，「歴史比較経営」である。

「**歴史比較経営**」は，歴史という時間軸を比較の視点として，企業経営の比較をおこなうアプローチである。たとえば，日本企業の経営であっても，江戸時代の経営と現在の経営では，共通点もあるかもしれないが，相違点も多いであろう。その差異の理由の多くは，その時代の経営環境，制度，社会，経済などの歴史的背景に違いがあるからである。また，現在においても，発展途上国

と先進国では，企業経営のありかたに相違がみられるが，**歴史的発展の度合い**によって多くが説明できるかもしれない。このように，企業経営の比較を，歴史的な時間軸に基づいて研究し，理論化するのが「**歴史比較経営論**」である。

　これまで「歴史比較経営論」という形で議論されることもほとんどなかった。文献に関しても，日本のみならず世界的にみてもほとんどない。その意味で，「歴史比較経営論」は経営学のフロンティア領域ではないかと思われる。

第2節　制度理論（分析）と比較経営

2-1　比較制度分析のアプローチ

　国際・歴史比較経営に最も関連した分野として比較制度分析がある。

　「**比較制度分析**」とは，制度という視点で，経済，経営，社会，政治，法などを比較し，解明しようとする研究分野である。

　「**制度 (Institution)**」とは，**社会における規則，ルール**である。さらに，制度は人々によって考案された**制約**であり，相互作用を形づくり，また，**インセンティブ構造**でもある。制度は，**社会の人間どうしの相互作用のために設けるルール**でもあり，それが人間行動にパターンを与えることによって，人間どうしの相互作用に伴う**不確実性を減らす**。比較経営の視点では，具体的には以下の制度が重要である。

　第1は，**フォーマルな制度・ルール**である。経済制度，政治制度，法制度，企業制度，労働・労資関係制度，契約などである。比較経営では，特に企業制度，コーポレートガバナンス制度，経営管理制度，労働制度，組織間関係制度，国際経営制度などが重要である。制度は，**ルール**という側面もあるので，**新自由主義**のいうような**規制緩和**をおこなえば，経済の問題が解決するというものではない。特に**労働制度**ついては，モノではない人間の働き方に関する問題なので，ルールとしての規則・法制はなおさら必要であろう。

　第2は**インフォーマルな制度・ルール**である。社会制度，社会規範，慣習，しきたり，文化，道徳，家族制度などである。比較経営では，このインフォー

9

マルな制度も経営環境などの要因として重要である。

　さらに，**制度の歴史的変遷**という観点からの「**歴史比較制度**」の視点も重要である。

　制度分析のレベルとして，グローバルレベル，リージョナル（国際地域）レベル，国・地方のレベル，企業レベルの4つに分類できる。

　第1の**グローバルレベルの制度**として，①**国際機関**，たとえば国連，WTO，IMF，世界銀行，ADB（アジア開発銀行），ILO（国際労働機関）など，②国際組織，国際標準・基準，たとえば，品質・環境基準（ISO等），**グローバル標準・規格標準**，国際会計基準，コーポレートガバナンス原理などがある。

　第2の**リージョナル（国際地域）レベルの制度**として，**国際地域組織，地域統合，地域連携，経済連携**，たとえば，ASEAN（東南アジア諸国連合），AFTA（ASEAN自由貿易地域），TPP（環太平洋パートナーシップ協定），EU（欧州連合），MERCOUR（南米南部共同市場），RCEP（地域的な包括的経済連携），および2国（地域）間での各種FTA（自由貿易協定），EPA（経済連携協定）などがある。

　第3の**国のレベルの制度**として，①**経済制度**，たとえば，経済体制（社会・共産主義や資本主義），資本主義の多様なモデル，市場と規制，社会主義から市場主義への移行（急進主義と漸進主義），外資導入政策など，②**政治制度**，たとえば，政治体制，官僚制など，③**法制度**，たとえば，憲法，商法，労働法，外資法，民法，法制度と公正な執行，裁判など，④**企業制度**，たとえば，会社法，コーポレートガバナンス，証券市場，取引，契約，企業規範，会計制度など，⑤**労働・労資関係制度**，たとえば，労働法，労資関係，労務・人事管理，労働慣行など，⑥**インフォーマルな制度**，たとえば，社会制度，社会規範，文化・価値規範，慣習，家族制度，宗教，文化，教育，などがある。

　第4の**企業レベルの制度**として企業規則（定款，社則などの各種規則），企業内人的資源管理，内部組織・準内部組織（子会社，関連会社，系列会社，下請会社等），組織間関係（取引先，銀行，部品・原材料供給，流通，資本市場，消費者等），生産システム，マーケティングシステム，企業文化などがある。

　制度分析では，「**執行（enforcement）**」という概念も重要である。制度は，執

行されなければ有効でなくなることがある。執行は，**制度によるきまり・法の実際の運用，取り締まり，または違反した場合の処罰，裁判システム**である。たとえば，国は労働法を定めるが，もし政府が定められた法律の執行をゆるくすると，企業は労働法を軽視し，法規を遵守しないかもしれない。法律を厳密に執行する国もあれば，少しだけとか，あるいはまったく執行しない国がある。執行は，一国の制度的枠組みを構成する不可欠な部分であり，また**執行はその国の経済パフォーマンスの違いを説明する最も重要な要素**である[1]。

　すなわち，きまりや法を厳格に執行する国の方が，執行しない国に比較して，経済の成果が高いということである。逆に言えば，執行レベルの低い国は，経済成長を阻害する可能性があることである。なぜかというと，執行のレベルの低い国は，それだけ**取引費用**が高くなり，**不確実性**が高まるためである。経済を発展させるためには，制度理論では，**制度や法の厳格な執行が重要である**ことを明らかにしている。

　法制度，経済制度，政治制度，企業制度，社会制度などの**制度の要素**は，**相互に密接に関連，影響している**という視点も重要である。たとえば，労働法は，一般には労働者に関する法制度であるが，国民の生活という社会的要素をもつ。会社法は，一般には企業に関する法制度であるが，政治的要素（たとえば，国有企業の民営化など）をもつのである。

　以上のように，比較経営研究において，経営学の視点での研究のみならず，経営環境や制度の視点での地域・学術的研究も重要である。

2－2　比較制度分析の先行研究・関連研究

　比較制度分析の先行研究，関連研究として，以下の5つの主要な関連研究分野がある。

2－2－1　制度派経済学

　第1の比較制度分析の先行研究・関連研究として，経済学の分野での制度研究である「**制度派経済学**」，「**比較制度分析**」がある。この研究には，North

D. (1990), Coase R. H. (1988), Milgram P. & Roberts J. (1992), 青木 (1992), 青木 (1995), 青木 (2001), Eggertsso T. (1990), Hall P. A. & Soskice D. (2001) などの研究が著名である。そのほか，比較制度分析の視点で中国の経済を研究した呉 (2007)，雇用システムを研究したMarsden D. (1999) などは注目される。これらの研究は，主として「制度」を経済学的に分析するアプローチである。

２－２－２　レギュラシオン理論

第2の比較制度分析の関連研究として，資本主義の多様性に関する経済学からの「**レギュラシオン理論**」の研究がある。世界各国は，ひとしくグローバル市場主義の圧力にさらされているが，そのことは必ずしも**世界が市場主義的経済に収斂することを意味しない**。各国の制度的多様性を認識し，「**資本主義の多様性**」を認識すること。すなわち，資本主義のパターンは唯一ではないという理論である。代表的研究として，Crouch C. (1997), Hampden C. M. & Trompenaars A. (1993), Albert M. (1991), Kay J. (2004), Amable B. (1993), Amable B. (2003), 山田 (2008)，ボウイエ (2019) などがある。

レギュラシオン理論は，資本主義モデルの多元化・多様性を主張しており，国際・歴史比較経営の観点からもきわめて興味深い。

２－２－３　コーポレートガバナンス論

第3の比較制度分析の関連研究として，経営学分野の制度研究として**コーポレートガバナンス論**（Corporate Governance）や**企業論**がある。周知の通り，経営学ではコーポレートガバナンス（企業統治論）や企業論に関する多くの研究がある。その中で，欧米（イギリス，ドイツ，アメリカなど），アジアに関するコーポレートガバナンスや企業の国際比較の研究が注目される。代表的な研究として，Charkham P. (1994), Chew D. H. (1997), Jacoby S. H. (2005), 深尾・森田 (1997)，菊澤 (1988)，菊澤 (2004)，菊池・平田 (2005)，高橋 (1995), 森 (2005)，今泉・安部 (2005)，佐久間・出見世 (2014) などがある。

これらの研究は，世界のコーポレートガバナンス・企業の比較・類型などに

ついて理論的・実践的に解明している。

２－２－４　比較経営学

　第4の比較制度分析の関連研究として，企業経営の国際比較を研究対象とする**比較経営学**（Comparative Management）に関連する研究がある。この研究は，膨大な研究成果があるが，世界的レベルで経営文化の国際比較研究としてHofsted G.（1980），競争優位の視点からの研究としてPorter M. E.（1990），日英経営比較研究としてDore R.（1973），日独経営比較として大橋・小田・シャンツG.（1994），日米経営比較として岡本（2000），加護野・野中・榊原・奥村（1983），安保・板垣・河村・公文（1991），日本とアジアの経営比較として小池・猪木（1987），市村（1988），岡本（1988），板垣（1997），日米欧の自動車産業の国際比較としてClark B. Kim & Fujimoto T.（1991），日米欧の人的資源管理の比較研究として白木（2006）などが代表的である。

　これらの研究のなかで，比較経営の視点から，日本企業の特徴について解明しているものである。いわゆる**日本的経営**に関して，批判もあり変化もあるが，**長期雇用，年功的昇進・賃金，企業別組合，メインバンクシステム，系列・下請けなどの準内部組織，職務（job）の曖昧さ，職務記述書（職務の文書化）などの未整備，身分の均一性**，などを挙げている。

２－２－５　社会学の制度理論

　第5の比較制度分析の関連研究として**社会学の制度理論**がある。社会学の制度関連研究として，近代化論，ポストモダン論，官僚制論，新制度派組織理論，社会学的新制度論，機能主義理論などがある。代表的な研究として，Scott W.（1995），Keer C.（1960），Keer C.（1983），Ballah R. N.（1957），Persons T. & Shils E. A.（1954），マッシュ・萬成（1977），富永（1988），富永（1996）などがある。これらの研究のなかで，**近代化（モダン）論**について後に詳述する。

　本章では，**比較制度分析に関連する研究**として，新制度派経済学，経済シス

テムの比較制度分析，レギュラシオン理論について取り上げ，以下で考察する。

2－3　新制度派経済学

2－3－1　新制度派経済学と何か

　新制度派経済学（New Institutional Economic）の中心的理論は，**取引コスト理論**（The Theory of Transaction Costs）である[2]。制度派経済学の考え方は，新古典派経済学で仮定されている完全合理的な経済人に対し，人間を**限定合理的**（Bounded Rationality）な存在とみなすことである。これは，**サイモン**によって示された，人間は最適化ではなく満足化によって多く行動するとする仮定などである[3]。すなわち，人間は，すべての選択肢を想起してその結果を予測して意思決定をおこなうという**最適基準（最適化）**ではなく，一定の**満足基準**に達した選択肢については，それを**逐次（順次）的に決定**するという満足基準によっておこなうと仮定した。

　取引コスト理論は，コースやウィリアムソンなどによって展開された理論である。新古典派経済理論では，市場は効率的な資源配分システムであるとみなされ，取引の過程でコストがかからないと仮定した。一方，新制度派理論の代表的学者であるコースは，取引にはコストが発生すると考えた。

2－3－2　取引コスト（取引費用）

　「**取引コスト**（transaction costs）」とは，①交渉（negotiation），②測定（measurement），③執行（enforcement）などの３つの**取引費用**である。

　第1の「**交渉コスト**」とは，取引相手と合意するために交渉する費用である。

　第2の「**測定費用**」とは，財やサービスの属性の全てを測定するための費用である。たとえば，ある製品を購入するためには，価格だけではなく製品の性能，機能，品質，耐用年数，信頼性，納期，アフターサービスなどの属性について，情報を集めたり，探索するという測定費用が発生する。

　第3の「**執行費用**」とは，取引をおこなう際の費用や取引後の費用（遅延やトラブル，故障や不良品への対応，アフターサービス，金銭回収，賠償金の交渉，裁判

などの司法，保険，取引先倒産のコストなど多様である）である。すなわち**契約コスト，契約履行後の監視コスト**などである。たとえば，契約後に契約に違反する事実が発生されたとき，その違反に対応するコストが発生する。評判，反復取引による取引，市場での競争は，執行費用を低くする。すなわち，すでに何回か取引があり，評判がよく，市場競争が厳しいモノやサービスの取引は，一般的にリスクが少なく，執行費用が低い。この執行費用は，国ごとで相違し，一般的に**執行費用の高い国**（発展途上国に多い）では，取引費用が高くなり，多くの潜在的な取引は実現しなく，結果として経済発展は阻害される場合がある。その意味で，経済発展においても執行費用の概念は重要である。

２−３−３　コースの理論

コース（Coase R）は，**所有権（property rights）と制度**についても以下のような理論を提示した。もし**取引費用**がゼロであれば，所有権の配分にかかわらず効率的な結果が生ずる。取引費用が存在すれば，所有権の配分は経済的な結果に大きな影響を及ぼす。すなわち，取引費用がかかる現実の世界では，財産に対する**所有権**（たとえば，土地，建物，企業財産，天然資源，知的所有権，金融資産など）**制度**は，経済的な結果に大きな影響を及ぼすのである。

たとえば，土地の所有権が明確でない国では，企業が土地を購入してオフィスビルや工場を建設しようという場合，いろいろな土地購入に要する手間や費用が発生し取引費用が高くなるかもしれない。逆に，土地の所有権や土地購入の手続きが明確である国は，取引費用は少ないであろう。土地以外の企業財産，天然資源，知的所有権，金融資産などの所有権制度のありかたが，取引費用，経済成長などに影響を与えるのである。

２−３−４　ウィリアムソンの理論

ウィリアムソン（Williamson O.）は，**取引コスト**は取引状況をめぐる，①不確実性，②取引頻度，③資産特殊性の３つに依存するとしている。

第１の「**取引の不確実性**」が高ければ，より高い取引コストが発生する。た

とえば，発展途上国などで，所有権，法制度，などが整備されていなかったり，司法があまり機能していないような不確実性のある環境では，取引コストは高くなる可能性がある。

　第2の「**取引頻度**」が高く，取引の度に相手の情報が入手できれば，取引コストは低下していく。たとえば，初めての業者との取引は，いつも使っている業者との取引より不確実性が高く，高い取引費用が発生するかもしれない。

　第3の「**資産特殊性**」が高ければ，また関係に特殊な投資がなされれば，取引コストが高くなる。資産特殊性という概念は，特定の者との取引ではその資産価値は高い価値をもつが，他の者との取引ではその価値が低下するような資産である。資産特殊的な投資をおこなうと，投資が回収できない**埋没コスト**となることを恐れて，それに投資した資金を回収するまで特定の者との取引関係を破棄できにくい。それゆえ，資産特殊性が高い投資をおこなった者は，常に取引相手から駆け引き，脅し，法外な要求を請求される可能性があり，このような取引コストが高くなるのである。たとえば，ある部品企業は，**アップル**の**アイフォン**専用の部品を受注し，そのための工場を作るという資産特殊性が高い投資をすると，アップルへの依存性が高くなり，アップルからの強い要求があるかもしれず，取引費用は高くなる可能性がある。

2－3－5　国の制度的枠組と経済パフォーマンス

　新制度派経済学は，国の制度的枠組は，長期間にわたる経済パフォーマンスの歴史を決定する要因として最も重要であるとしている。政府の重要な役割は，取引費用を下げる制度的枠組みを作ることである。この制度的枠組みには，その国の，①成文化された「**フォーマルなルール**」，②成文化されない行動規範としての「**インフォーマルなルール**」，③「**執行メカニズム**」である。

　たとえば，取引される財・サービスの**所有権**といった制度を明確にすることによって，測定や執行のための費用が下がれば，**取引費用を下げる**ことができる。もし取引をめぐって紛争が起きれば，**公平で適正な訴訟手続きと裁判制度**が必要である。取引費用が下がれば，取引は供給側，需要側とも容易となり，

よく機能する市場となる。経済は，どのようにして低い取引費用を実現するか，国の法規制などのルール，慣習（商慣習，取引慣習など），執行制度などの制度的枠組みが取引費用を決定する。

　別の言い方をすれば，多くの**発展途上国**は，高い**取引費用**が生ずる制度と**非競争的な市場**であったことが経済発展を阻害した面もある。その意味で，**経済開発**において**制度**はきわめて重要である。経営学の視点でみると，発展途上国では，**企業制度の整備**，企業の取引費用を下げる制度・施策が重要となる。

２−３−６　多国籍企業の内部化理論

　ウィリアムソン（Williamson）は，**企業国際化の論理**としての**多国籍企業の**「**内部化理論**」を提唱した[(4)]。世界的な規模でみても，貿易には関税付与，輸入制限などの障壁や，他の不完全市場が存するので，多国籍企業は，国際的な市場の不完全性を内部化し，**取引コストやリスク**を減らす。

　ここでいう**内部化**とは，企業の内部または子会社・関連会社などの企業内に市場を作りだすプロセスをいう。この**企業の内部市場**は，正規（または外部）市場に代替し，資源配分と流通上の問題は，企業内の管理命令や情報交流で解決する。企業の**内部価格**（企業内取引価格，移転価格）は，企業の組織活動を円滑化するだけでなく，内部市場が，正規市場と同じように効率的に機能できるようにする。たとえば，**外部市場**において取引のコストや**不確実性**が高い場合，それらを内部化する理由が発生する。経済には，そうした市場の不完全性があるため，企業が内部市場を創出したいという強い動機はつねに存在する。

　多国籍企業は，取引コストや不確実性を減らすために，**海外子会社の設立**，**垂直統合**，**企業グループ**，**戦略的提携**などをおこない内部化する。たとえば，多国籍企業は，原料としての**天然資源開発**（原油開発，鉄鉱石開発，鉱物開発など）を自社や海外子会社でおこなうことで内部化し，取引コストやリスクを減らす川上方向での垂直的統合をおこなう。また，**販売子会社**を海外に設立して自社で販売やマーケティグを内部化するという川下方向での垂直的統合をおこなう。さらに，国際的な**戦略的提携**をおこない**準内部化や協力関係**を構築する。

２−４　経済システムの比較制度分析

２−４−１　ノースの理論と経済発展論

　経済発展論の観点からすると，新制度派経済学のダグラス・ノースを中心とするグループの業績は注目される[5]。**ノース**（North）は，経済発展をした国は，「**取引費用**」を下げるように**制度**を改善したからだと主張している。取引費用というのは，取引にかかる費用で，交渉費，宣伝費，輸送費，また信用取引で債権を回収するための費用などで，この費用が高い限り，取引量は増えず，そのため生産も増えないと考えた。制度がどのように影響を与えているかが，国の経済の発展を判断する重要な基準であるとしている。

　たとえば，**発展途上国**などで，司法や警察への信頼度が低い国では，販売・取引後の代金の回収や信用取引などに不安があるため取引費用が高く，そのため取引量が増えず，歴史的に経済発展を阻害する要因となる。

２−４−２　比較制度分析

　制度分析の代表的理論として，経済システムの比較制度分析という経済学のアプローチがある。この理論の概要をみてみよう。経済システムの「**比較制度分析**（Comparative Institutional Analysis）」は，経済システムや経済制度をさまざまな制度の集まりと考えることで，**経済システムの多様性**とダイナミズムを理論的・実証的に分析しようとする経済学の新しい分野である[6]。その研究対象は，**市場経済の比較分析**のみならず，**社会主義経済から市場経済への移行**の問題など，多岐にわたっている。

　比較制度分析の重要な鍵概念は，「**制度（institution）**」である。制度は，**社会におけるゲームのルール**である。さらに，制度は，**人々によって考案された制約**であり，**相互作用を形づくり**，また，**インセンティブ構造**でもある[7]。制度は，日常生活に構造を与えることにより不確実性を減少させる[8]。すなわち，人間は，意思決定の相当部分を埋め込まれた制度集合によって決定することにより，**不確実性を低減**させようとするのである。

　たとえば，会社では，その国の会社法，商法，労働法などの法理の制度に基づいて活動・経営しており，不確実性を減少させている。さらに，制度は**インフォーマル**なものもあり，日本では，大企業で**長期雇用慣行**などのルールがまだあり，それが**従業員のインセンティブ，モチベーション**ともなっている。

２－４－３　資本主義経済システムの多様性

　比較制度分析は，経済システムを以下の新しい視点から分析しようとする[9]。
　同じ資本主義経済システムであっても，どのような制度がその内部に成立しているかによって，さまざまな資本主義システムがあり得るという「**資本主義経済システムの多様性**」の視点である。これは，経済システムには理想的な，普遍的なモデルが存在しないと考え，地球規模で多様なシステムが共存・競争するという多様性の経済や経営を重視するという考え方である。

２－４－４　制度の安定性・固定性，制度の可変性・進化

　比較制度分析では，経済システムの制度の多様性とその論理を世界的な視点より分析する。
　比較制度分析では，制度に対して二面的な関心を払う。第1は**現存する制度の安定性・固定性**であり，第2はさまざまな**制度の存在可能性や可変性および進化**にまつわる側面である。比較制度分析は，現存の制度がなぜ安定的に機能しているのかを明らかにするにとどまらず，**制度の生成・変容に対してもダイナミックな分析**をおこなおうとする試みである。

２－４－５　マースデンの雇用システムに関する理論

　マースデン（Marsden D.）は，比較制度分析の視点で，**雇用システム**に関するきわめて注目すべき理論を提示している[10]。雇用関係は現代の企業に欠かすことのできない制度の1つであり，**国際的な雇用システムの多様性**について理論化している。
　マースデンは，**雇用取引**という観点から，2つの**職務（job）のルール**に分

類する。第１の職務のルールは，ひとまとまりの業務を確定し，その遂行に責任を負った職務担当者に業務を割り当てるという「**業務優先アプローチ**」である[11]。それは，職務記述書などで職務を明確にし，いわば「**仕事に人を合わせる**」というルールである。第２の職務のルールは，職務担当者の特定の職務領域（たとえば，ブルーカラーでは職域・職種別の職務領域）と関連において，業務を確定するという，「**機能・手続き優先アプローチ**」である。それは，いわば「**人に仕事を合わせる**」というルールである[12]。

さらに，マースデンは，同じく雇用取引という観点から，２つの**職能（function）のルール**に分類する。第１の職能のルールは，業務を職務にまとめ職務を労働者の能力（職能）と一致させる方法として，生産の側から始め生産システムにおける業務の補完性を求める「**生産アプローチ**」である[13]。第２の職能のルールは，ある一定の仕事に必要とされる能力を確定し，認知された資格（公式の証明書（たとえば，**ドイツのマイスター**など）や慣行によって与えられる資格，仲間内の慣習に基づく資格など）を基にしてそれらの能力を労働者に割り振り，これによって業務を割り当てるという，「**訓練アプローチ**」である[14]。

彼は，以上のような２つの職務のルール，および２つの職能のルールというマトリックスから，４つのルールを導出している[15]。

第１は，「業務優先アプローチ」でかつ「生産アプローチ」というルールを，「**職務ルール**」とよび，**フランス**と**アメリカ**が典型的に当てはまるとしている。

第２は，「業務優先アプローチ」でかつ「訓練アプローチ」というルールを，「**職域・職種ルール**」とよび，**イギリス**が典型的に当てはまるとしている。

第３は，「機能・手続き優先アプローチ」でかつ「生産アプローチ」というルールを，「**職能のルール**」とよび，**日本**が典型的に当てはまるとしている。

第４は，「機能・手続き優先アプローチ」でかつ「訓練アプローチ」というルールを，「**資格ルール**」とよび，**ドイツ**が典型的に当てはまるとしている。

２－４－６　ホールとソスキスの資本主義の多様性の理論

ホールとソスキス（Hall P，A，& Soskice D，（2001））は，比較制度分析の視点

点から，**資本主義の多様性**を理論化している。彼らの関心は，**企業の比較制度優位を創造する諸制度**を解明することであり，その主要な制度として①**教育訓練制度**，②**労使関係と労働市場システム**，③**コーポレートガバナンス**，④**組織間関係**，であるとしている。資本主義の多様性という視点から，①コーディネートされた市場経済，②自由な市場経済という2つ資本主義に類型化した。この資本主義の2類型は，以下である。

　第1の「**コーディネートされた市場経済**」とは，制度的枠組みが企業間および企業・従業員間のコーディネーション（調整）の多くを「**市場の外**」（ステークホルダーなど）で可能とする市場経済であり，**ドイツ**，**日本**などが典型的である。

　第2の「**自由な市場経済**」とは，制度的枠組みがより規制緩和された「**市場主導型**」の経済であり，**アメリカ**，**イギリス**などが典型的である。

　以上のように，制度的枠組みが経済間で異なるため，「**企業の比較制度優位**（corporate institutional advantage）」も異なるとする。企業の比較制度優位とは，ある特定の政治経済のもつ国などの制度的構造が，企業に対し，その特殊なタイプの活動に従事する上で優位性を与えるというものである。企業とは，収益性を求めて，財やサービスを開発・生産・流通する能力として理解し，そうしたコア・コンピタンスや動態的能力を開発し，活用する存在である。

　こうした能力にとって決定的に重要なのは，内部的には企業自身の従業員との関係であり，外部的にはサプライヤー，顧客，協働者，労働組合，事業者団体，政府などの「**ステークホルダーとの関係**」である。すなわち，制度は経済学でいうと，「**取引コスト**」や「**プリンシパル・エージェント関係**（利害組織の代理関係の理論）」に関する問題である。要するに，**企業の能力**は，このような**広範囲なステークホルダーと効果的にコーディネートする力量に依存**する。

2-5　レギュラシオン理論

2-5-1　レギュラシオン理論と何か

　制度に関連する研究として注目されるのは，レギュラシオン学派の経済学で

ある。レギュラシオン学派の代表的研究として，Amable B.（2003），Albert M.（1991），Crouch C. & Streek W.（1997），Boyer R.（1993），Boyer R.（2004），Orilean A.（1999），ボウイエ・山田鋭夫（1993-a），ボウイエ・山田鋭夫（1993-b），ボウイエ・山田鋭夫（1996），ボウイエ・山田鋭夫（1997），山田鋭夫（2008），ボウイエ（2019）などがある。

レギュラシオン学派の基本的考え方は，各国経済はそれぞれの社会や歴史を踏まえた諸制度のうちに埋め込まれており，それによって多様な資本主義を形成しているという，「**社会経済システムの多様性**」という考え方である。

市場主義を普遍的価値とするアメリカを中心とした「**アングロサクソン型経済**」が，資本主義の唯一のモデルであるという考え方ではなく，各国の制度的多様性を認識することによって，**資本主義の多様なモデル**が存在すると考える。

すなわち，グローバリズムの圧力の下でも，各国は**市場主義的**，**アングロサクソン型経済への収斂を意味するものではない**のである。レギュラシオン学派の経済学は，このような基本的仮定に基づき，注目すべき研究成果が相次いで発表されている。

２－５－２　クローチとストリークの理論

クローチとストリーク（Crouch C. & Streek W.（1997））は，規制緩和やフレキシブルな労働市場といった**新自由主義**を批判し，レギュラシオン学派の視点から「**資本主義の多様性**」を主張する。この観点から，日本，ドイツ，フランス，イタリア，イギリス，アメリカの資本主義の特徴に関して，**制度の視点**から各国の多様性を論じている。

資本主義の多様化が生ずるのは，①競争的市場および所有権に基づく「ヒエラルキー組織」，②「国家」，③委員会や労働組合といった「公認の諸団体」，④「非公式なコミュニティやネットワーク」，などの４つの制度が国ごとに異なっているためであるとしている。

第1の「**競争的市場および所有権に基づくヒエラルキー組織**」の代表的なものは，「**企業組織**」である。各国の企業組織は，**市場ルールや所有構造が相違**

している。たとえば**日本の大企業**では，自らのうちに**完結した文化やコミュニティ**を作り出し，経済的存在としての個別的交換の組織のみではなく，**社会的制度**ともなっているのである。また，**内部労働市場**を発達させ，従業員間の長期勤続を奨励し，会社レベルの社会政策を発展させるようになる。こうした企業は，高度に競争的な生産物市場の内部で存続する一方，自らの労働関係においては市場ルールが作用しないようにしている。アングロサクソン型のヒエラルキー的企業と区別して，こうした企業は**制度化された企業**とよんでいる[16]。

第2の「**国家**」は，その国の資本主義経済の運営に深くかつ多様に巻き込まれており，その結果，国家的伝統が異なれば**経済行為のルール**や帰着がまったく異なるものになる。

第3の**委員会，労働組合，経営団体**などの「**公認の諸団体（associations）**」は，競争者間の協力が組織され，利害対立的な諸グループ間の集団的交換ルールについて交渉がもたれ，その結果，市場や企業の機能が修正されたり国家ごとに多様性がみられたりする。たとえば，英国や欧州では労働組合の力が強い。

第4の「**非公式なコミュニティやネットワーク**」（たとえば，「**イタリアでの企業ネットワーク**」や「**日本での下請ネットワーク**」などがある）は，ある国ではこれが相当に割合をコントロールしており，さまざまな程度において，その他の統治システムを維持したり，変形させたりしているのである。

しかし，こうした資本主義の多様性は，**グローバル化**の名のもとに超大国アメリカの政治的支配力による**アメリカ制度の他国への押し付け**，経済理論で支配的な**新自由主義モデル**などの多くの要因によって深刻な脅威にさらされているとしている。

2－5－3　ボイヤーの理論

ボイヤー（Boyer R.（2004））は，**制度の生成**において**政治的なものが決定的に重要**であると指摘している[17]。たとえば，雇用関係における各国の制度の多様性は，その国での**労働者と経営者の政治的な闘争**により生じたものである。さらに，レギュラシオン理論における制度とは，基本的社会関係を制度化した

23

ものであり，①貨幣形態および貨幣体制，②賃労働関係の形態，③競争形態，
④国際体制の参入形態，⑤国家形態，という基本的制度が重要であるとする[18]。

「貨幣形態および貨幣体制」とは，特定の国および時代において，交換主体
（たとえば物々交換，貨幣による交換などの主体）を創設する基本的な社会諸関係
である。**「賃労働関係の形態」**とは，資本と労働との関係の構図である。**「競争
形態」**とは，市場での競争メカニズムである。**「国際体制の参入形態」**とは，
商品貿易，直接投資などによる海外生産移転，海外からの資金調達，などの
ルールである。**「国家形態」**とは，制度化された国家のルールである。

２−５−４　アンブルの理論—５つの資本主義モデル

アンブル（Amable B.（2003））は，**資本主義モデル**として，アングロ・サク
ソン型，アジア型，大陸欧州型，社会民主主義型，地中海型という５つに類型
化している[19]。このアンブルの研究は，きわめて興味深い。

第1の**「アングロ・サクソン型資本主義モデル」**は，アメリカ，カナダ，イ
ギリス，オーストラリアのクラスターで，**「市場ベース型資本主義」**である。
アングロ・サクソン型モデルの製品市場の特徴としては規制緩和された製品市
場，すなわち企業活動への低い障壁，低水準の国家統制や公的所有などである。
労働市場の特徴としては労働市場のフレキシビリティ，すなわち短い解雇予告
期間，試用期間の存在，解雇の場合でも雇用保障は少ない，常用雇用に対する
雇用保障は少ない，安易な解雇，賃金のフレキシビリティなどである。金融の
特徴としては市場ベース型金融システムとコーポレートガバナンス，すなわち
大規模および中規模株式会社機関における分散所有，機関投資家のポートフォ
リオ（投資）に占める株式の割合は大きい，上場企業の多さ，活発な金融市場
（株式新規企業），大規模な金融市場，機関投資家の中での年金基金の重要性，
ベンチャー・キャピタル，銀行・証券の高い収益性，などである。福祉の特徴
としては福祉の自由主義，また教育の特徴としては競争的教育システムである
としている。

第2の**「アジア型資本主義モデル」**は，日本，韓国のクラスターである。ア

ジア型モデルの製品市場の特徴としては，規制されたというより「**統治された製品市場競争**」である。労働市場の特徴としては規制された労働市場，すなわち常用雇用の保護，一時雇用の保護などである。金融の特徴としては銀行ベース型金融システム，限定的なベンチャー・キャピタルである。福祉の特徴としては低水準の社会保障，教育の特徴としては私学による教育システムであるとしている。

　第3の「**大陸欧州型資本主義モデル**」は，スイス，オランダ，アイルランド，ベルギー，ドイツ，フランス，オーストリアのクラスターである。大陸欧州型資本主義型モデルの製品市場の特徴としては「**市場への強い規制**」である。労働市場の特徴としてはコーディネートされた労働市場，である。金融の特徴は銀行ベース型金融システム，すなわち金融機関による企業のコントロール，保険会社の重要性である。福祉の特徴としてはコーポラティズム，すなわち主として雇用ベースの給付である。教育の特徴としては，公的教育システムであるとしている。

　第4の「**社会民主主義型資本主義モデル**」は，デンマーク，フィンランド，スウェーデンのクラスターである。社会民主主義型資本主義型モデルの製品市場の特徴としては「**規制された製品市場**」である。労働市場の特徴としては規制された労働市場，すなわち積極的労働市場政策，高い労働組合員比率などである。金融の特徴は銀行ベース型金融システムである。福祉の特徴としては普遍主義モデル，すなわち家族向けサービスの重要性などである。教育の特徴としては，公的教育システムであるとしている。

　第5の「**地中海型資本主義モデル**」は，ギリシャ，イタリア，ポルトガル，スペインのクラスターである。地中海型資本主義型モデルの製品市場の特徴としては規制された製品市場，すなわち企業に対する行政の責任，公的部門などである。労働市場の特徴としては規制された労働市場，すなわち一時的労働の制限，経営者と従業員間の対立的関係などである。金融の特徴は銀行ベース型金融システムである。福祉の特徴としては制限された福祉国家，すなわち老齢支出の重要性などである。教育の特徴としては，脆弱な教育システム，すなわ

ち教育とくに高等教育への支出が少ない，低い入学率，科学・技術高等教育の
弱さ，などであるとしている。

　この資本主義の5類型は，アンブル（Amable）が欧州の学者であるため，**欧
米を4類型にモデル化したのは適切である**と考えるが，**アジアを1つの類型に
集約したのは**，著者には無理があるように思われる。アジアは多様であり，た
とえば日本と韓国を同一の類型とするように，1つのアジア型資本主義モデル
にすることはできないと考える。

2-5-5　アルバートのネオライン型資本主義モデルとライン型資本主義モデル

　アルバート（M. Albert（1991））は，資本主義経済を**アメリカ，イギリス**など
の「**ネオライン型資本主義**」，あるいはアメリカ型モデル，**ドイツ，日本，ス
イス**などの「**ライン型資本主義**」という2つに類型化している[20]。ネオライン
型モデルは，個人の成功と短期的な金銭利益を土台としている。ライン型モデ
ルは，集団での成功，コンセンサス，長期的配慮に価値を見出している。

　「**ネオライン型資本主義**」は，競争主義，能力主義，賃金格差，社会の2元
制（社会，教育，医療，階層などの格差），株主重視，市場からの資本調達，
M&A（合併と買収），金融資本主義などの特徴をもつ，**アングロサクソン型資
本主義**である。

　「**ライン型資本主義**」は，賃金格差の少なさ，社会的平等，能力と年功を重
視した昇進・賃金システム，職業訓練の重視，株主・経営者・従業員の権力の
バランス，銀行および市場からの資金調達，銀行と企業との産業共同体，製造
業の競争力の強さ，などの特徴をもつ。ライン型資本主義モデルでは，**共同体**
の利益が，個人の利益よりも価値がある，つまり共同体の中にある個人という
ものが特別に重要である。

　ライン型資本主義は，経済的，社会的優位をもつにもかかわらず，近年，金
融・資本などのグローバリゼーション，アメリカの金融機関とメディアの優勢
性，グローバルなM&A，規制緩和などによりネオライン型資本主義，あるい

はアメリカ型モデルが優位となり，ライン型資本主義が後退してきていると指摘している。

第3節　近代化理論（モダン）と国際・歴史比較経営モデル

3−1　近代化理論（モダン）と収斂仮説

3−1−1　近代化理論（モダン）とは何か

　本節では，国際比較経営と歴史比較経営について，近代化理論（モダン），収斂仮説などを重要な鍵概念としながら，国際比較経営と歴史比較経営について議論する。近代化（モダン），産業化の概念，定義について一致した見解があるわけではないが，以下のように考える[21]。

　「近代化（モダン：Modernization）」とは，①技術的・経済的側面，②政治的側面，③社会的側面，④文化的側面，などの4つが伝統的形態から移行する，広い領域の変動過程の概念である。

　このような4つの近代化（モダン）は，相互に依存しあい影響を与えながら，ある程度同時並行的に進んできた。このように，近代化（モダン）は，工業化，産業化など中心的概念とし，社会，文化，政治などの側面も含む広範囲な領域での歴史的な変動の総括概念である。日本では，Modernizationという英語を「近代化」と翻訳し，歴史的にみると，明治初期から，近代化というと「西欧化」という概念として，本来とは微妙に違う概念としてとらえられてきたきらいがある。また，現在，「近代化」というと陳腐化された概念という認識がある。しかし，発展途上国を含め世界的，歴史的視点でみると，現代においても近代化（モダン）を再評価していいように思われる。そのようなこともり，本書では，「近代化」という言葉に括弧書きで「モダン」という言葉を添えた。

3−1−2　近代化（モダン）による重要な変動

　近代化（モダン）の重要な変動の第1は，「モダンの技術的・経済的側面」で，

27

産業化といわれる技術的，経済的な変動である。すなわち，「産業化（Industri-alization）」は，**工業化**による生産・技術進歩，動力革新（蒸気機関，内燃機関，電力など）や**情報革命**などの生産・技術革新により労働生産性の飛躍的向上がなされる。経済的側面として，**人口比率**が，第1次産業（農業など）から第2次産業（製造業）へ，さらに第3次産業（**サービス業**）へと移行（「コーリン・クラークの法則」，「ペティの法則」などとよばれる），**自給自足経済から市場的交換経済に移行**する。**大量消費市場**が発達し，**経済成長**，経済発展が高まる。

　第2の「**モダンの政治的側面**」には，法の近代化（モダン）と政治の近代化（モダン）にかかわる要素がある。前者には，**伝統的法から近代法の確立**，後者には，**封建制から近代国民国家の形成**，**専制主義から民主主義の政治の形成**，などが近代化（モダン）の変動である。

　第3の「**モダンの社会的側面**」としては，社会集団，地域社会，社会階層などの要素が含まれ，**家父長制家族の解体と核家族化**，**企業・人・組合・団体などの機能集団（組織）の形成**，**村落共同体の解体と都市化**，**公教育の普及**，**自由・平等・社会移動**，などの近代化（モダン）による変動がある。

　第4の「**モダンの文化的側面**」としては，**科学革命**，**合理主義精神の形成**，などの変動がある。

　図表1-1は，**近代化（モダン）の諸領域**についてあらわしたものである。すなわち，この図表は，伝統的形態から近代化（モダン）への形態の諸領域の変化についてまとめたものである。

　近代化（モダン）は，これらの4つの領域を常に関連づけながら考察する必要がある。すなわち，これら4つの近代化（モダン）は別物ではなく，相互に密接に関連しあいながら進行してきたという認識が重要である。

　歴史的にみると，人類は，産業革命により，**狩猟採取社会**，**農業社会**から工業化，サービス化，情報化などの**産業化社会**に移行しつつある。以上から明らかにされたように，**産業化**とは，近代化（モダン）の技術的・経済的側面であり，**近代化（モダン）**は産業化を含む広義の概念である。

図表1－1　近代化（モダン）の諸領域

領域		伝統的形態	近代的形態
技術的経済的領域	技術	人力・畜力 ——————→	機械力 ┤動力革命／情報革命┣（産業化）
	経済	第一次産業 ——————→	第二次・第三次産業
		自給自足経済 ——————→	市場の交換経済（資本主義化）
政治的領域	法	伝統的法 ——————→	近代的法
	政治	封建制 ——————→	近代国民国家
		専制主義 ——————→	民主主義（市民革命）
社会的領域	社会集団	家父長制家族 ——————→	核家族
		機能的未分化 ——————→	機能集団（組織）
	地域社会	村落共同体 ——————→	近代都市（都市化）
	社会階層	家族内教育 ——————→	公教育
		身分階層 ——————→	自由・平等・社会移動
文化的領域	知識	神学的・形面上額的 ——→	実証的（科学革命）
	価値	非合理主義 ——————→	合理主義（宗教改革／啓蒙主義）

（出所）　富永健一（1996），35頁。

　このようにみていくと，近代化（モダン），別の言い方をすると**産業文明**は，いわゆる西洋のものだけではなく，西洋や非西洋を問わず世界の多くの国や人々により推進されていることから，**近代化（モダン）は近現代における普遍文明**であると言っても過言ではない。たしかに，近代化（モダン）と産業化は**西洋が起源**であることは歴史的事実で，**非西洋の近代化（モダン）**は，西洋文明の受容なしにはあり得なかった。このような近代化（モダン）の受容において，固有文化との摩擦やナショナリズムなどの問題が生じたケースも多く存在した。しかし，人類の歴史的変革という大きな視点でみると，**近現代は世界的**

に産業文明の時代であろう。

3-1-3　収斂仮説とは何か

本節での近代化（モダン）と並ぶ研究課題は，収斂仮説の検討である[22]。「**収斂仮説（Convergence Theory）**」とは，社会が近代化（モダン化）するにつれて，社会構造の多くの側面が類似してくること，すなわち，近代化（モダン化）される以前の社会間よりも，近代化された社会間の方が遙かに多くの社会構造の側面において多くの共通点がみられるであろう，という仮説である。

ただし，収斂仮説は，社会間の**文化的差異**をすべて否定するものではもちろんない。近代化（モダン）は，社会のどの側面で類似性，収斂をもたらすのか，また，社会間でどの程度類似性，収斂をもたらすのか，研究者の間で一致した見解があるわけではない。

3-1-4　日本の近代化（モダン）に関する研究

日本がアジアのなかでなぜ最も早く近代化（モダン化）を為し遂げられたのか，という**日本の近代化（モダン）**に関する研究は多数存在する[23]。このテーマについては，主に，経営学，社会学，経済学，政治学，歴史学などで膨大な研究業績があることは周知であろう。経営学の分野での代表的議論の1つは**日本的経営論**であるが，日本的経営論は，すでに近代化（モダン）をなし遂げたとされる欧米との比較が中心である。

3-1-5　近代化理論（モダン）とポストモダン
　　　　　—モダン・情報化・グローバル化・SDGs

近年，**近代化理論（モダン）**は過去のもので，現代は近代化（モダン）にかわる**ポストモダンの理論**でなければならないとする考え方もあるが，著者はそのように考えない。先進国においては，ポストモダンの理論の議論は重要であるが，現代でも世界をみると多くの発展途上国が存在し，地球上の人口の多くは，まだ産業化，近代化（モダン）の初期段階であろう。すなわち，世界の人口の

少なくとも半数の人は，貧困に近い生活状況に直面している。また，先進国においても，近代化理論（モダン）の流れが依然として続いている。以上から，**近代化理論（モダン）はまだ重要な歴史的枠組み**の1つであると考えている。

　著者は，**近代化理論（モダン）**の論理は，現代においても依然として続いており，新たな情報化社会，グローバル化社会，SDGs（持続可能な開発目標）の流れを加えて，現代および近未来を「**モダン・情報化・グローバル化・SDGs**」とよぶ歴史的段階であると考えたい。この，ポストモダンとしてのモダン・情報化・グローバル化・SDGsについては，「おわりに」で議論していきたい。

3−2　国際比較経営のモデル

　本節の研究フレームワークは，**図表1−2の国際比較経営モデル**である。これは，収斂（共通性）と拡散（多様性）に基づく国際比較経営モデルでもある。

図表1−2　国際比較経営モデル

収斂（共通性）		拡散（多様性）
	〈企業経営構造〉	
① モダン（近代化）	(1) トップマネジメット	① 文化・社会
② 世界的な制度	(2) 組織	② 制度
③ 多国籍企業	(3) 人事・労務	③ 政治・経済
④ 国際政治・経済におけるパワー・ポリティク	(4) 生産・技術	④ 歴史，など
	(5) 経営戦略，など	
⑤ 情報化・グローバル化・SDGs，など	〈企業経営環境〉	
	(1) 文化・価値構造	
	(a) 共通文化・価値構造	
	(b) 固有文化・価値構造	
	(2) 社会・経済・政治構造	
	(a) 社会構造	
	(b) 経済構造	
	(c) 政治構造，など	

（出所）　著者作成。

　世界や国は，**収斂（共通性）の力**と，**拡散（多様性）**を持続させるという2つの方向があると仮定する。それは，その歴史的流れとして，先進国，発展途上国を問わず世界の国々に存在する。

3－2－1　国際比較経営モデルの収斂（共通性）圧力と多元的収斂

　この「**国際比較経営モデルでの収斂（共通性）の主要な圧力・方向性**」として以下がある。

　第1は，これまで議論し，これからも詳しく議論する**近代化（モダン）への方向**である。近代化（モダン）は，技術，経済，政治，社会，文化などの広い領域での変動過程の概念で，収斂（共通性）の圧力・方向として，特に発展途上国を中心として進んでいくであろう。

　第2は，**国際機関などによる世界的な制度・規則・標準**である。世界のほとんどの国が**国連**に加盟し，国連の関連機関であるWTO（国際貿易機関），ILO（国際労働機関）などによる制度がある。**WTO**は自由貿易や海外投資の自由化を，**ILO**は労働条件・基準を規定している。このような国際機関による世界的な制度の構築は，収斂（共通性）の圧力となっている。

　第3は，**多国籍企業**の存在である。特に欧米の多国籍企業は，世界の多くの国に**海外直接投資**をおこない，現地に子会社を設立している。この多国籍企業の海外子会社の経営は，本国での経営スタイルを基本としながら現地の実情に合わせて修正しているという企業がほとんどである。このような欧米などの多国籍企業は，経済的・経営的に影響力が強く，欧米の経営スタイルの国際移転が進んでいる。さらに，日本などを含む多国籍企業は，製品やサービスのグローバル・スタンダードの主体となっている。このような多国籍企業の活動は，収斂（共通性）の圧力となっている。

　第4は，**国際政治・経済におけるパワー・ポリティク**による圧力がある。現在では，アメリカが経済的，政治的な力（パワー）がきわめて強く，グローバルな制度の構築においてもアメリカの影響力が大きい。このようなこともあり，グローバルな制度・規則・標準の構築において，アメリカなどの**アングロサク**

ソン諸国の制度を基として決められることもかなりある。たとえば，コーポレート・ガバナンス制度において，アメリカ（アングロサクソン）型のモデルが日本を含めて世界でほぼグローバル標準となってきている。

　第5は，世界的な**情報化，グローバル化，SDGs（持続可能な開発計画）**の進展である。これについては，あとで（本章「おわりに」，および第10章），詳細に議論する。情報化は世界中の人々が情報を共有・発信でき，グローバル化は世界中にほぼ同じモノやサービスを提供できるようになった。また，SDGsは，将来・未来の人類の最大の課題である。情報化，グローバル化，SDGsは，世界を収斂（共通性）方向にはたらくであろう。

　この国際比較経営モデルでは，**収斂（共通性）**といっても単一の方向のみに収斂するのではなく複数の方向に収斂することもありうる。すなわち，世界は複雑であるので，すべて同一の方向に歴史的に収斂するのではなく，**多元的方向に収斂**することもある。この多元的な方向は，**世界が複数のモデルに類型化**することができることをあらわしている。たとえば，企業経営やトップマネジメントの類型において，**アングロサクソン型モデル，ドイツ型モデル，北欧型モデル，日本型モデル，華僑・華人型モデル**などに類型化できるかもしれない。

３－２－２　国際比較経営モデルの拡散・収斂と多元化

　各々の国には，固有の歴史をもち，**特有の伝統的文化・価値構造や社会，経済構造，政治構造**があり，それらは，その国の独自性をあらわしている。世界が多様なのは，その独自性のためである。著者は，その多様性の概念を「**拡散（多様性）**」とよぶ。世界は，依然としてその国特有の歴史的，文化的伝統を維持しようとする力は強い。

　発展途上国をみると，拡散（多様性）としてのその国特有の伝統的文化・価値構造や，社会・経済・政治構造が，近代化（モダン）へ向かう収斂圧力を弱め，近代化（モダン）の制約となっていることもある。それゆえ，たとえば，**アジアの経営**を考察する場合，アジア諸国に存在する文化・価値構造や，社会・経済・政治構造を解明することは重要である。

　もちろん，各国の文化・価値構造が近代化（モダン）への収斂を弱めるのではなく，むしろ促進すること（たとえば，**明治維新後の日本など**）もあるであろう。

　国際比較経営モデルは，企業の経営構造，行動のみならず，企業構造に影響を与えるであろう社会・経済・政治といった**企業経営環境**も重視している。各国では，企業経営に大きな影響を与える経営環境は相違するであろう。

　収斂仮説で注意すべきは，世界をみると国の経済，社会・文化，経営などは多面的側面をもつので，ある側面は収斂し，ある側面は拡散（多様性）が維持されるという**収斂と拡散の多元化**もあり得ることである。たとえば，日本の企業経営では，コーポーレートガバナンス制度はアングロサクソン型に収斂し，**人事・人的資源管理**は伝統的な日本型経営が維持されるケースなどである。

３－３　国際・歴史比較経営モデル

　図表１－３は，著者が考える**国際・歴史比較経営モデル**である。これは，図表１－２の国際比較経営モデルに歴史の視点を加えたものである。すなわち，この国際・歴史比較経営モデルは，**現時点での国際比較経営モデル**に，**歴史的時間軸を加えた３次元モデル**である。このモデルでの**歴史的発展の方向性**は，「**モダン・情報化・グローバル化・SDGs**」などに向かうであろうと仮定している。もちろん，歴史的発展の方向性としては，それ以外の多様な側面があるであろう。

　この国際・歴史比較経営モデルで，現時点の図において平面としたのは，**収斂（共通性）と拡散（多様性）の方向であっても，各々の方向で多様な経営モデル**が存在するからである。また，将来にわたる各時代とも多様なモデルが存在する可能性がある。国際・歴史比較経営モデルを，４角錐に近い形にしたのは，歴史が進むにつれて，経営が収斂（共通性）の方向に進み，経営の差（多様なモデル）が少なくなると仮定したからである。また，遠い未来はわからないが，近未来においては，世界の経営がすべて収斂し，世界がすべて同一のモデルに収斂するとは考えにくいので，**近未来においてもある程度の違った経営モデルが存在すると仮定**した。歴史が進むにつれて，企業経営がどう収斂（共通性）

や拡散（多様性）していくかについては，近い将来，遠い将来，かなりの未来
といった時期によってかわってくるであろう。

図表1－3　国際・歴史比較経営モデル

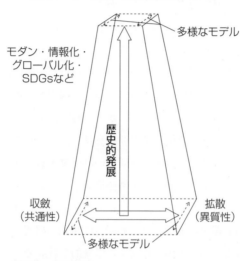

モダン・情報化・
グローバル化・
SDGsなど

多様なモデル

歴史的発展

収斂
（共通性）

拡散
（異質性）

多様なモデル

（出所）　著者作成。

第4節　近代化（モダン）と文化・価値構造

4－1　文化・価値構造と経営

　文化・価値構造が企業経営のあり方に大きな影響を及ぼすであろうことは，
異論がないであろう。発展途上国，中進国がまだ多い世界の企業経営を研究す
る際，欧米，日本などの先進諸国以上に，企業経営の重要な規定要因である**文
化・価値構造**の解明が必要である。発展途上国の近代化（モダン）を阻害して
きた1つの要因は，いわゆる伝統的価値観，宗教，行動様式などである。発展
途上国の企業経営を研究する際，先進諸国では当然とされる価値観や文化が欠
如している点もあり，この文化・価値構造を研究することは重要な視点となる。
　文化・価値構造といってもそれはきわめて広く，深い内容をもっており，本

節では，企業経営に対して重要な規定要因であり，大きな影響を与えると考えられる文化・価値構造のみをとりあげる。なお，この**文化・価値構造**は，発展途上国の経営の解明のみならず，先進国をも含めた**経営の国際比較研究**にとってもきわめて重要な研究視点を与えるであろう。

　世界の文化・価値構造を一括して扱うことは，各国ごとの文化の多様性を軽視するという批判を免れない。また，各々の国では，その内部に多くの異質な文化を内在している。世界のかなりの国が，異なった民族により成り立っているという多民族国家や複合国家であって，同一の国であってもきわめて多様な文化，宗教，社会構造をもっている。しかし，**経営と文化**との関係を解明する際，やはり共通した文化・価値構造の存在を見定めて置くことは研究上必要である。それは，一種の文化・価値構造研究の**パラダイム**，フレームワークとしての概念である。これを「**共通文化・価値構造**」とよぶ。企業経営に最も影響を与えるであろうと考えられる共通・文化価値構造は，①**業績主義，所属主義**，②**普遍主義，個別主義**（集団主義，個人主義），③**権力の格差**，④**家族構造**である。

　文化は，多様性をもつ。各国に存在する伝統的な特有で，固有な文化が，その国の企業経営に大きな影響を与えることもあろう。国際比較経営の視点で企業経営を解明する際，共通文化・価値構造のみではなく，各国固有の文化・価値構造を解明することは重要である。各国固有の文化・価値構造を「**固有文化・価値構造**」とよぶ。

　次章（第2章）では，固有文化・価値構造として，**東南アジアの華僑・華人の文化と経営，タイの文化と経営，ベトナムの文化と経営の事例**を取り上げる。

4−2　業績主義と所属主義

4−2−1　パーソンズ（Parsons）の業績主義と所属主義

　企業経営に大きな影響を与える文化・価値構造として，第1に業績主義と所属主義の価値観がある。**パーソンズ**（Parsons）によると[24]，**業績主義**（Achivement），**所属主義**（Ascription）は，彼の社会体系論における行為客体のパターン変数の1つである。パーソンズは，古典的社会学者であるが，彼の理論は現在でも十

分に通用する。

　パーソンズは「**業績主義**」の価値理念を，「所与のタイプの状況における行
為者が，社会的客体に対する待遇の差別を選ぶにあたって，彼らの所与の属性
（集合体の成員であることや所有を含む）よりも，彼らの特定の成就（過去・現在
ないし将来の）に優先権を与えるべき旨を規定する規範型」[25]と定義している。
業績主義は，人を評価する際，その人の本来もっている資質，属性よりも，**業
績達成，遂行をより重視**する価値観である。

　これに対して，「**所属主義**」の価値理念を，パーソンズは，「所与のタイプの
状況における行為者が，社会的客体に対する待遇の差別を選ぶにあたって，客
体のどんな特定の成就（過去・現在ないし将来の）よりも，彼らが所有する一定
の属性（集合体の成員であることや所有を含む）に優先権を与えるべき旨を規定す
る規範型」[26]と定義している。所属主義は，業績主義と反対に，人を評価する際，
期待される特定の業績，遂行よりは，その人の**資質ないし属性を重視**する価値
観である。

　言い換えれば，業績主義は，能力，成果，業績によって相手を評価し抜擢す
る方に優位をもつ価値のあり方であり，所属主義は，血縁，地縁，身分，階層，
コネ等の純粋な能力，業績ではなく所属によって相手を評価する方に優位性を
もつ価値である。

4-2-2　近代化（モダン）と業績主義優位の価値観

　企業経営にとって，業績主義と所属主義の価値観は，大きな影響を与え，国
際比較の視点で企業経営を研究する上できわめて重要な視点である。また，**業
績主義優位の価値観は，社会が近代化（モダン化）される上でのエートスとし
ての倫理**，として重要である。アジア地域の産業化が遅れた原因の文化的・価
値的側面として，業績主義に基づかない所属主義の価値観の優位が挙げられる。

　社会が歴史的に近代化（モダン化）するためには，業績主義優位の価値の存
在が必要である。欧米や日本では，その程度に差はあるにしろ，業績主義に基
づいた価値が優位に支配している。ゆえに産業化が達成できたとも言えよう。

4-2-3　マックス・ウェーバーの官僚制と業績主義

　マックス・ウェーバー（Max Weber）は，近代社会における組織概念として「**官僚制組織モデル**」を提示したことは周知であろう[27]。彼の官僚制組織の概念の中にも，業績主義の優位の価値が内包している。

> 　近代文化が複雑化と専門化の度を加えるにつれて，それは，個人的同情，恩寵，恩恵，感謝の念に動かされる旧い秩序の首長のかわりに，人間的に中立・公平な，それ故厳密に「没主観的」な専門家を，近代文化を支える外部的機構のために必要とするのである[28]。

　この**没主観的な専門家**の特徴は，所属主義ではなく**業績主義優位の価値観**を意味しており，具体的には**官僚，専門経営者**などである。

4-2-4　日本とアジアの近代化（モダン）

　社会が近代化（モダン化），産業化するための業績主義の重要性は，アジアでなぜ日本は近代化（モダン），産業化を最初に為し遂げたかを考えてみても明白である。日本企業は，**かなり古い時代—江戸時代頃—から，業績主義を重視する価値**が存在していた。**江戸時代の商家**では，**丁稚，手代**として仕え，手代の中から有能な人物を**番頭**として選び，番頭に店の実務に関する権限・責任を大幅に任せるという慣行が，早い時期から，広範囲に存在していた。番頭は，専門的経営能力が優れているものという，血縁関係によるのではなく純粋な業績主義に基づいて選ばれ，その実態は専門経営者，**経営テクノクラート**であった。**所有と経営の分離**に近い状況が，この番頭政治にある。

　これに対して，たとえば，アジアの多くの国をみると，依然として企業の経営者，資本が血縁を中心とした同族によって占有されており，所有と経営の分離がみられない企業が多い。**アジアでは，企業経営に家族主義的傾向**がまだ強い。この同族支配と資本と経営の未分離は，アジアの企業の近代化（モダン）を妨げる原因の1つとなっていた。現在，アジア地域は急速な経済発展を遂げているが，この同族支配や所有と経営の未分離といった点をどう克服するか，

アジアの企業のこれからの企業発展の鍵となるであろう。

4-3　普遍主義と個別主義，個人主義と集団主義

4-3-1　パーソンズの普遍主義と個別主義

　パーソンズ（Parsons T.）は，この業績主義，所属主義の変数以外に，普遍主義，個別主義を取り上げている。「**普遍主義**」（Universalism）は，普遍的に妥当すると見なす価値，道徳，宗教などに基づいて個々の人間の属性を考慮しないで価値判断をおこなう行為パターンであり，「**個別主義**」（Particularism）は，自己と関係のある他者と関係をもたない他者とを区別して価値判断をおこなう行為パターンである。

　パーソンズは，「汝の父と母を敬え」という道徳法則は個別主義的規範であるが，「誰の両親であるにもかかわらず，まさに親としての特質，性格のために両親に尊敬の念を払え」というのは，普遍主義的規範である，と述べている。私の友達，親族，隣人であるから助けようといった規範，価値行為はまさしく個別主義的である。

4-3-2　ベラーの理論

　ベラー（Bellah）[29]は，このパーソンズの類型に基づいて，4つのパターンに分類し，各々のパターンの社会体系の特質と，それに適合する国について議論した。それが，**図表1-4は，社会体系の機能的下位体系**をあらわしたものである。ベラーのこの類型は，古典的理論と言えるかもしれないが，現代でもまだ有益な理論であろう。彼は，**日本が個別主義と業績主義**に伝統的に重点をおく社会であり，**アメリカは普遍主義と業績主義**に，**中国は個別主義と所属主義**に重点をおく社会であると規定した。普遍主義と業績主義のパターンをベラーは「**経済価値**」とよび，アメリカ社会の特徴にみられ，それは，生産性への高度な関心，能率的生産への実行を伴うとする。この経済価値の優位は，産業社会に最も適合する。産業社会は，高度に分業し，合理的経済であり，それゆえ，形式合理性の高度の段階にあるため，伝統主義の規制を受けず，形式合理的規

範によって支配される手段合理化の継続的過程が必要である。これは，まさに普遍主義と業績主義そのものであろう。

図表1−4　社会体系の機能的下位体系

類型変数 Pattern Varjable	普 遍 主 義 （個 人 主 義）	個 別 主 義 （集 団 主 義）	
遂　　行 （業績本位） Achievement	A　経 済 体 系 "経 済 価 値" （アメリカなど）	政 治 体 系 "政 治 価 値" （日 本 な ど） G	
資　　質 （所属本位） Ascription	動機づけの体系と 文 化 体 型 "文 化 価 値" L	統 合 あ る い は 制 度 体 系 "統 合 価 値" （中 国 な ど）I	

四つの次元

A　適　応　Adaptation　　　　　I　統　合　Integration
G　目標達成　Goal Attainment　　L　潜　在　Latency

（出所）　Bellah R. N, (1957), 邦訳39頁を著者が一部修正。

　日本の価値観は，個別主義と業績主義が優位する，ベラーの言葉で言い表わせば「**政治優位**」な社会であり，あるいは「**社会体系の目標達成の次元**」に適合する価値，と規定している。

　日本は，アジア（中国を例に挙げている）のなかで，最も早く近代化（モダン）をなし遂げたのは，この政治価値の優位さゆえであり，日本の近代化（モダン）は，アメリカの経済価値優位による近代化（モダン）とは異なった形での近代化であるとする。

　アメリカ，日本とも業績主義優位であるが，アジア諸国では，どちらかというと所属主義の価値観が優位である。多くのアジア諸国では，この業績主義の価値の優位性が低いことが近代化（モダン）の障害であった。

　ベラーによると，**中国の価値観**は，個別主義と所属主義に優位をおく「**統合価値（Inte-gration）**」構造をもつ社会である。人間関係についていえば，人は，普遍主義的な属性よりも**親族構造**がその典型であり，共通の地縁的由来などを含む個別主義的結合と所属に多くの関心をもっている。この中国の価値構造は，

日本のように業績が優位な価値構造ではなかった。中国だけではなく多くのアジア諸国では，依然として血縁を中心とする所属主義が優位の社会が多い。

4－3－3　個人主義と集団主義

　パーソンズの普遍主義と個別主義を，個人主義と集団主義に置き換えることもできる[30]。「**個人主義**」の中にかえって個人にとっての**普遍主義**（真理，愛，正義，自由，平等などの理念への志向）を見い出し，「**集団主義**」の中に，**個別主義**（特定の集団目標への同調主義）を見い出し得る。日本の近代化（モダン化）は，業績主義という経済合理性の論理をもちながら，欧米とは違う集団主義的価値観を内在しているところに特徴がある。日本のこの集団主義に基づく業績主義の価値観は，近代化（モダン化）するためには業績主義があれば個人主義でも集団主義でも可能であることを示している。業績主義の優位の価値観は，社会が近代化（モダン化）する上で最も重要なエートスであると考えられよう。

　むしろ，集団主義がかえって産業化にとってプラスとなる点がある，という考え方も成立する。産業化，工業化は企業という，個人ではなく組織を基本として成立しており，極端な個人主義は組織の論理と対立することがあり，個人のエゴとなって，結局組織の能率が低下することがある。集団主義がうまく機能すれば，構成員の力が集団の企業目標の一点に集中され，結果的には，組織の能率が高まる場合がある。いわゆる**日本的経営**は，この**集団主義に基づいた業績主義**の経営である。この集団主義は，構成員に，**疑似的ゲマインシャフト（共同体）**関係が生じやすい。また，**組織に対するコミットメント，一体感，忠誠心**がより生じやすい。

　しかしながら，**社会の近代化（モダン）**は，個人主義的方向への価値観の強い圧力をも包含する。近代産業社会，特に資本主義社会は，程度の差はあれ**企業間や個人間の激烈な競争**に特徴づけられる。競争が激しくなれば，人間は集団主義より個人主義的価値観がより強くなる。これに対して，**農業社会**は，一般に集団主義的価値が優位である。特に，米などの稲作では，それが顕著である。それは，農業は本質的に競争により発展するのでなく，協力により発展す

41

るという性格からきていると考えられる。農村では，**村落共同体**として，治水，灌漑，水利工事，農作業を協力し合うことがお互いの利益になったし，協力しなければ生存ができなかったとも言える。歴史的にみると，農業社会から近代産業社会への移行は，人間の価値観を集団主義から，個人主義へ変化させた。

　さらに近代化（モダン）が個人主義的価値をもたらすであろう原因として，**高学歴化，家族・親族や地域共同体の解体**，などが考えられる。近代化（モダン）による教育水準の飛躍的向上は，大学進学者の増大という高学歴化をもたらす。世界の大学教育は，合理主義，個人主義の起源をもつ西洋の学問を中心として教育するのが一般的になっており，大学生は西洋の個人主義がなんたるかを理解している。このような学卒者が大量に増えると，個人主義化が進むのは当然といえよう。また，家族・親族や地域共同体の解体は，血縁社会，地縁社会によって個人に加えられてきた密度の高い社会的拘束力が弱まることを意味し，それは個人の集団や組織に対する忠誠心を弱めるよう作用する。

　以上から，近代化（モダン）は，個人主義への強い圧力をもちながらも，集団主義的圧力をも存在している。これまでの日本は，世界で最も集団主義の価値を産業化にうまく取り入れるのに成功した社会である。しかし，日本は，これから個人主義の圧力がさらに強まるであろう。**日本企業は，年功的昇進から能力・業績主義的昇進の移行，終身雇用制の解体**をおこなっており，それらの政策は個人間の競争の一層の激化を意味する。高学歴化，家族・親族の解体，地域共同体の解体といった社会変動も日本では急速に進展している。いわゆる**日本的経営**を特徴づけているとされる**集団主義**は，歴史的転換点に立っている。将来の日本は，競争激化などによる個人主義，**自立主義**を醸成するとともに，集団主義の**共同体・共働意識**の良さを生かすことも大事であろう。

4−4　権力の格差（パワー・ディスタンス）

4−4−1　権力の格差とは何か

　企業経営，組織に大きな影響を与える第3の文化・価値構造として権力の格差の価値がある。「**権力の格差**（Power Distance）」とは，人間と人間との権力

の不平等という概念であり，**社会レベル**では，威信・富・所得・権力・身分・階層・出生・階級の格差や不平等の形である。**組織の内部レベル**では，上司と部下の間の階層的上下関係，階層間コミュニケーション・接触の量，賃金格差，昇進格差，身分格差，待遇格差，などの存在である。権力の格差については，以下のように考えられる。

　権力の格差は，国や地域の文化・価値構造に相当程度規定され，国や地域によって権力の格差のレベルが異なっている。発展途上国は，先進諸国に比較して一般的に権力の格差は大きい。**社会が近代化，モダン化するにしたがい権力の格差のレベルは一般的に小さくなる**。近代化，モダン化するにつれて，**社会的平等**をより求めるようになってくる。権力の格差は，企業経営に影響を与え，国際比較経営理論の視点からもきわめて重要である。

４－４－２　逆Ｕ字仮説と国連のSDGs（持続可能な開発目標）

　権力の格差の１つの指標たる**所得格差と近代化（モダン）・産業化との関係**について，興味深い理論として「**逆Ｕ字仮説**」がある。これは，経済成長するにつれて，初期の段階では所得格差は拡大するが，さらに経済発展するにつれて，所得格差は徐々に減少していくという仮説である。経済成長するにつれて，いわゆる**中間層が拡大**するなどにより，所得格差は少なくなるというものである。

　逆Ｕ字仮設については，アメリカなどの**先進国でも所得格差が著しい**というような批判[31]もあるが，歴史的に近代化（モダン化）が進むにつれて，権力の格差たる所得格差は国際的に徐々に小さくなることをあらわしている。

　国連はSDGs（持続可能な開発目標）として17の目標を掲げ，第10の目標として「各国内及び各国間の不平等を是正する」と規定している。SDGsにおいても，**各種の格差を是正し，不平等を改善する**ことが，将来の人類の開発目標であると表明している。なお，SDGsについては，本書の10章で詳しく論じる。

４－４－３　権力の格差と発展途上国・アジア・欧米

　多くの**発展途上国**においては，権力の格差の１つの指標たる階層間の**所得格**

差は先進諸国と比較して著しい。この所得格差は，上層階層と下層階層との貧富の差をもたらし，この階層間の2極分化の固定化は，社会の近代化（モダン），産業化の大きな障害となっている。**アジアのみならず**，発展途上国が多い**アフリカ**，**ラテンアメリカ**においても一般的に所得の格差は大きい。国，文化により権力の格差のレベルは異なっているが，特に発展途上国といわれる国で権力の格差のレベルが大きい。ただし，発展途上国の中でも権力の格差は同一ではなく，権力の格差が大きい国もあれば，権力の格差が小さい国もある。また，先進国においても，**アメリカ**のように所得格差の大きい国もある。一方，**豪州**は比較的所得格差が小さい。**日本**でも，最近，所得格差が拡大する傾向がある。

　アジアをみると**インド**は権力の格差が最も大きい国の1つであろう。周知のように，インドは**カースト制**と言われる伝統的，宗教的階級制度が依然として強固に現存しており，このカースト制はきわめて権力の格差を内在した制度である。カーストは，一般的にバラモン（僧侶），クシャトリア（武人），ビャイシャ（庶民），シュードラ（隷民）の4つの階層からなっている。ヒンドゥー教徒は同一のカースト階層のなかで，生得的で，同一の職業をもち，内婚の単位たるジャーティに属している。カースト制は階層間の峻別が激しく，最高の階層たるバラモンを頂点としたカースト・ハイアラーキーシステムになっている。このカースト制度などにより，インドでは経済発展により階層間の格差は近年縮小しているものの，きわめて著しい。

　また，一般的に南アジア諸国は，格差が大きい傾向である。このような発展途上国および先進諸国の各種格差や所得の不平等については，国連の**SDGs**（**持続可能な開発目標**）**において，その格差の是正と不平等の改善**を求めている。

4-4-4　文化・価値構造と宗教

　文化・価値構造が権力の格差を規定する1つの要因であるという仮説を述べたが，文化・価値構造の中の最も重要なものは，**宗教**であろう。**宗教と権力の格差**に関して仮説として以下のことが言えるのではないかと考えている。世界の3大宗教であるキリスト教，仏教，イスラム教についてまず考えてみる。

キリスト教であるが，これはプロテスタントとカトリックとは多少異なっており，プロテスタントはカトリックに比較すると権力の格差の価値観は小さいのではないか。カトリックは，法王を頂点とし，司祭，一般の信者という順で宗教的ハイアラーキー・システムが強固に確立されており，その階層間に大きな権力の格差を内包している。これに対して，プロテスタントは必ずしも大きな権力の格差を内包していない。また，マックス・ウェーバーが『プロテスタンティズムの倫理と資本主義の精神』を著したように，プロテスタントの思想は，資本主義の発展をむしろ促進した面がある。

仏教は，儒教，道教と共に権力の格差の小さい宗教であろう。特に儒教はきわめて権力の格差の小さい宗教であり，現在，儒教圏と言われる日本，韓国，台湾，香港などのめざましい経済発展は，権力の格差の小さい儒教文化と無関係ではない。

イスラム教は，本来権力の格差が小さい宗教であるが，仏教，プロテスタントのキリスト教と比較すると権力の格差は大きいかもしれない。イスラム教の問題点は，イスラム教という宗教が社会の近代化の大きな障害となっている点もあることである。プロテスタントや儒教が近代化の障害にならず，むしろ促進要因として働いた事例があることをみれば，イスラム教と対照的である。

その他の宗教，ヒンドゥー教は，前述したようにカースト制に代表されるようにきわめて権力の格差の高い宗教であろう。

4-4-5　権力の格差と先進諸国

発展途上国だけではなく，先進諸国と言われている国でも権力の格差のレベルはもちろん異なっている。たとえば，イギリスはまだ伝統的階級制度が残っている国である。アメリカは，競争が熾烈な新自由主義の経済が進んでいるということもあり，先進国のなかで，貧富の格差が大きく，最も所得格差の大きい国である。オーストラリアは，福祉国家的政策や労働組合の力も強いこともあり，先進国のなかで，比較的平等社会で，権力の格差や所得格差も小さい。このように，イギリス，アメリカ，オーストラリアといったアングロサクソン

諸国のなかでも，権力の格差，所得格差が異なっている。

　ヨーロッパでもスウェーデン，デンマークなどの**北欧諸国**は，福祉社会をめ
ざすということもあり，権力の格差が小さい傾向がある。**ドイツ**もマイスター
制度により職人・技能工などの地位が高く，比較的権力の格差が小さい社会で
ある。

　日本は，近年，所得格差が拡大する傾向もみられるが，アメリカなどと比較
すると，権力の格差，所得格差が小さい社会であろう。

　以上のように，先進国の国々のなかで，また中進国の国々や発展途上国の
国々のなかでの権力格差のレベルは差異があるであろうが，やはり将来の長い
歴史的観点からみると**近代化（モダン化）するにつれて，社会的平等を求める
動きが強まり権力の格差のレベルは低下するだろう**と考えられる。

４－４－６　権力の格差と企業組織―ホーフステット研究

　これまでは，権力の格差を国・文化・宗教・社会といったマクロレベルで議
論してきたが，これからは**権力の格差を企業経営，組織レベル**で考えてみる。

　権力の格差の価値構造は，企業経営，組織の多くの要因に対して影響を与え
るであろう。また，一般的に国が社会のマクロレベルで権力の格差が大きいと，
企業経営，組織レベルでも権力の格差は大きい傾向がある。

　ホーフステット（Hofstede）[32]は，**権力の格差と企業組織との関係**について，
興味深い世界的な実証研究の結果，以下の仮説を提示している。

① 　小さい権力の格差の国の組織は分権的であるが，大きい権力の格差の国の
　組織は集権的である。

② 　小さい権力の格差の国の組織は平らなピラミット型組織であるが，大きい
　権力の格差の国の組織は背の高いピラミット型組織である。

③ 　小さい権力の格差の国は，監督職の社員の比率は低いが，大きい権力の格
　差の国は，監督職の社員の比率は高い。

④ 　小さい権力の格差の国は賃金格差は小さいが，大きい権力の格差の国は賃
　金格差は大きい。

⑤　小さい権力の格差の国は低い階層に属する従業員の技能水準は高いが，大きい権力の格差の国は低い階層に属する従業員の技能水準は低い。

⑥　小さい権力格差の国は筋肉労働と事務労働に対する評価は等しいが，大きい権力の格差の国は事務労働の評価が高い。

　また，ホーフステットは，権力の格差の質問文を開発し世界40カ国で実証研究をおこない，発展途上国では権力の格差のレベルは大きく，先進国では権力の格差のレベルが低い傾向となったと報告している。

　このホーフステットの仮説は，ほぼ妥当であろう。ホーフステットは，**権力の格差の価値観が企業経営，組織に大きな影響を与える**と仮定したが，それが最も反映される経営・組織要因は**コミュニケーション，意思決定，リーダーシップなどの組織過程・組織行動**の領域と，賃金・昇進格差に代表される**人事・労務**の領域であろう。これについての議論は，次で述べることにする。

4－5　家族構造―親族原理

4－5－1　近代化（モダン）と家族と組織の分離

　歴史的な近代化（モダン）の特徴の1つとして，社会構造の機能分化，すなわち**労働の分業化**の進展がある。そのなかで主要な機能分化として，「**家族と組織の分離**」がある[33]。かつての農村や商家では，家族という生活共同体が，同時に農業や商家という経営の組織単位であった。**家族と農業・商家の経営が一体**となり，家族員は労働力で，家族の家長はこれを管理する経営者であり，家族と組織の機能が分離していなかった。もちろん，現在でもこのような家族と組織の未分離という状態は，小規模な農家や商店などで依然として存在している。しかし，社会が近代化（モダン化）すると，家族がしだいに経営的機能を喪失して，消費生活の単位に転化し，経営機能は家族から分化して企業などの組織によって担われるようになる。

　社会が近代化（モダン化）されても，**家族制度は企業経営に大きな影響を与えている**。家族制度は企業経営のトップマネジメント構造，支配構造や企業の永続などに影響を与える。日本，中国人（華人），韓国，東南アジアを事例と

して，**家族制度と企業経営**について考察してみよう。

４−５−２　近代化（モダン）と日本の家族構造

　日本の家族構造は，歴史的に家業，財産，身分の永続的組織体としてその**家の継続は第一義**であった。日本の家族制度は，**長男**などが家を継ぐという**直系家族**で，血縁の存在に重点を置くが，家の存続のため，血縁関係をもたない**婿養子**をとることもあった。このように，日本の家族制度は，**家の永続的存続**を最も重視している。このようなこともあり，日本の企業は家制度に基づく**長寿企業**も多い。また，日本企業は，家の存続も重視しながら**番頭**などの血縁関係をもたない専門経営者を育てて，所有と経営の分離をすることが江戸時代からおこなわれていた。さらに，日本の商家などの経営体では，**非血縁の奉公人を幼少期から同居**させるという，奉公人の家への取り込みがおこなわれていた。この奉公人の中から長い時間をかけて選抜して，**番頭などの専門経営者を育てる**という**奉公人制度**がおこなわれていた[34]。

　日本がアジアで歴史的に**最初に近代化（モダン）**を遂げられたのは，このような**日本の家族制度**が近代化（モダン）の大きな障害にならなく，むしろ促進したという側面がある。同じアジアの儒教圏である，日本，中国，韓国の家族制度は微妙に相違している。

４−５−３　中国人（華人）の家族構造と企業経営のケース

　中国人（華人）の家族制度は，複合家族，大家族という特徴をもっている。「**複合家族**（Joint Family）」とは，兄弟（通常男子に限る）の複数の核家族が親夫婦と一緒に１つの家族を形成するものである。**大家族**とは１組の夫婦と未婚の子供からなる核家族に，さまざまな他の親族・非親族が加わったものである。中国の伝統的な家は，**家父長**夫婦のもとに兄弟の男子が結婚しても親家族と同居し，長男相続制がなく，家父長が生きている限り**家産**（家族の土地や財産）を分けないで，１つの**家**を形成する。このような複合家族制度では，家長が長生きすると３世代同居でしかも兄弟が同居（同じ家に住むのではなく隣や近くに居住

することもある）しているということもあった。家長が死んだ場合，男子の兄弟のみの「**均分相続**」が原則であった。ただし，家族の土地や財産が少ない場合は，家産を分けない場合もあった。このように中国の家は，家父長の死後，**家産が分割**され，結果として家が分裂するため，家の永続性を目指すものではなかった。

また，中国の家族は，「**宗族（そうぞく）**」という親族集団と密接に結びついている。宗族は，祖先を共通にし，血縁関係があると認知される人々からなる**親族集団**で，族外結婚（「**同姓不婚**」という）を伴っている。他宗族から来た妻は夫の宗族には入れない。中国では，結婚した妻が姓を変えないのはそのためである。

このような**複合・大家族を中心とした中国人の血縁関係の重視**は，華僑・華人系企業の**経営に家族主義の傾向**を強いものにしている。**ヒュー**（Hsu）[35]は，中国人の組織化の原理として**親族**が重要であるとし，家族における父，息子の関係とその属性の優位を示し，人は家族，氏族と常に一体化されかつ交互的依存を求めるよう条件づけられるから**父系拡大家族**として**氏族**が発達するという。このように中国人は，家族の重要性はきわめて高く，個人は自己の家族の拡張である安定した親族組織のなかで深く位置づけられている。そのため自己の栄達が親族の栄達と同一視され，**親族への忠誠**は地域社会や国家社会への忠誠に優先する。この中国人の強い家族主義や親族主義が，中国が個別主義と所属主義価値の優位を生み出したのである。中国人の企業は，所有と経営の分離がされず，**家族支配の企業**が多く，企業支配における親族の結びつきが強い，といわれる特徴は，このような中国人の親族の原理によるところも大きい。

この中国人の家族制度（**東南アジアの中国人（華人）**も同じ傾向にある）は，他のアジアの国である日本，韓国と比較すると興味深い。

４−５−４　日本の家族構造と企業経営のケース

日本は，「**直系家族（Stem Family）**」である。直系家族とは，夫婦，１人の既婚子とその配偶者および彼の子供よりなる。すなわち，**長男**が家を継ぎ，娘は

嫁ぎ，次男以下は結婚と同時に独立し別世帯を構える。また，血縁関係にない他家から**嫁養子**として迎えることもある。さらに，**財産の分割**は，分家の場合は別として，原則的にない。日本は，「家の存続」を重視し，**本分家のような主従関係**がある。

　すなわち，日本の家は，歴史的にみると，古代以来，1子（長男だけではなく末子相続のような次男以下，または養子の相続もあった）にのみが**嗣子**（しし：家督相続者）として家督を相続するのが原則で，家産は分割されることがなく（**長子単独相続**），嗣子以外の男子は独立し分家でない限り家産の分与を受けられない，という特徴があった。

　このような家産の相続は，**武士**の場合にも，領地・家禄と役職の相続であり，それらは分割できない長子単独相続であった。この点は，**商家の「暖簾」**（のれん）（営業上の権利）の相続についてもほぼ同様であった。このため，**日本の家**は歴史的に，生産組織，武士，商家として，あるいは経営体として安定した**永続的組織体**となりやすかった。

４－５－５　韓国の家族構造と企業経営のケース

　韓国の家族制度は，**直系家族**という点で日本と類似しているが，個々の点で日本と相違がある。その最も重要な点は，韓国が日本の家ほど永続性を固執していないことである。韓国では歴史的に，血縁関係にない**婿養子を原則的にとらない**ことに現われているように，長男系の「**血縁の存続**」に重点を置いており，日本のように「家の存続」を目指すものではない。また韓国では，日本のような長子単独相続はなく，子供などへの**均分相続制**であった。さらに，韓国では日本の本分家のような主従関係が少ない[36]。韓国では血縁の継続が第一義に重視された。

　以上のように韓国では歴史的に，家が永続的組織体とはなりがたく，日本の家のほうが生産組織として，あるいは経営体として安定した永続的組織体となりやすい。そのようなこともあり，韓国では，**大企業**においても，**直系家族による経営支配**が強いが，長く永続する企業が少ないのはこのためもあろう。

4−5−6　東南アジアの家族構造と企業経営のケース

　東南アジアの家族制度は，歴史的にみると，父系でもない母系でもない「**双系的な親族関係**」が一般的であった[37]。財産の相続は，伝統的に**末子（まっし）相続と均分相続**が支配的であった。このような東南アジアの家族制度の特徴は，家制度に基づく父系的な直系家族を有する日本，父系的に拡張された大家族としてのクランを有する中国と異なる。

　東南アジアの企業，特に財閥は，このような家族構造を文化的背景をもちながら，親族の結びつきは強く，家族・親族を中心とした企業グループとして発展した。

第5節　近代化（モダン）と経営構造

　本節では，近代化（モダン化）につれて経営構造がどのように変化するかについて考察する。ただこのテーマはあまりにも広範囲なテーマであるので，国際比較経営の視点から重要な点のみに取り上げる。

5−1　近代化（モダン）とトップマネジメント・経営戦略

　歴史的に近代化（モダン化）するにつれて収斂すると考えられる経営構造として，第1に「**所有と経営の分離**」と「**専門経営者の出現**」がある。すなわち，近代化（モダン化）・産業化するにつれて，**大規模な企業が出現**し，株主構造が個人・家族を中心とした構造から，その他の一般株主や機関投資家といった**株式の分散**という株式所有に移行し，専門経営者が経営を担うという形態となる。これについては，バーナムの経営者革命論[38]，バーリの機関所有支配論[39]，ガルブレイスのテクノストラクチャー論[40]などが代表的理論である。ただし，国際比較経営の視点より現代の企業をみると，産業化がある程度進展している国であっても，中小企業のみならず大企業においても，家族経営などのため所有と経営が未分離で，専門経営者が少ない国も一部存在する。

　第2は，経済活動の担い手が，**企業を中心とした社会**に移行することである。すなわち，それが，個人から**株式会社**を中心とした**共同企業**になる。近代社会は，まさに企業，株式会社の時代である。

　第3は，**産業資本家的経営行動**である。歴史的に社会の近代化（モダン），産業化は，大量の資金を投下し，生産手段を購入し，生産・サービス拠点（設備）を設け，人を雇うという**産業資本**の出現を意味する。長期的視野に立って適正な投資と生産をおこなう産業資本家が多く出現する。

　第4は，**企業の大規模化**である。近代化（モダン），産業化が進展するにつれて，経済が発展し，大企業が出現する。大企業は，**子会社・系列会社**，**企業集団（グループ）**，**財閥**などを形成し，**多国籍化**などをおこない，成長する。

5-2　近代化（モダン）と組織

　近代社会は，**大規模な組織の時代**である。企業，政府，**協同組合，公益法人，一般法人**，などで，巨大な組織が生まれている。近代社会の特徴の1つは，大規模組織の出現であると言える。

　経営組織論の研究では，組織構造と組織過程を中心とした研究があるので，紹介しておこう。企業の組織構造に関する国際比較研究をおこなった代表的研究に，アストングループ[41]がある。アストングループは組織構造の国際比較に関する実証研究を精力的におこない，**組織構造に関してほぼ収斂仮説を支持**している。すなわち，企業組織の規模，技術，環境不確実などの組織環境が同一であれば，いずれの国においても専門化，標準化，公式化，集権化などの組織構造はほぼ同一である。

　組織構造に対して，リーダーシップ，意思決定，コミュニケーション，モチベーションなどの**組織過程・組織行動**は，その国の文化・価値構造に大きな影響を受ける。

　同じ近代化（モダン化）されている国同士であっても（たとえば，日本とアメリカなど），これらの組織過程・組織行動は微妙に異なっている。だが，**近代化（モダン）の流れという歴史的視野**からみると，社会が近代化（モダン化）する

につれて，リーダーシップ，意思決定が民主的，参加的方向へ，職位間相互の
コミュニケーションの量が多く密になること，モチベーションがより高次の欲
求を求めるようになること，という民主的，平等的，自己実現的方向に収斂し
ていくだろうと考える。地位の平等，社会的平等をより多くの人が求めるのは，
もはや歴史の流れとなっている。これについては，実証的レベル，理論的レベ
ルでも多くの研究がある[42]。このように，近代化（モダン化）するにつれて，
いわゆる民主的，平等的，自己実現的アプローチが重視される方向に進むのは，
近代化（モダン）は，教育・知識水準を向上させ，中間層を増大させ，所得を
向上させるなどの大きな社会的・文化的変動のためであろうと考えられる。ま
た，SDGsにおいても，格差の是正や不平等の改善を求めている。

　ただし，ここで注意すべきは，近代化（モダン）モデルとしての民主的，参
加的，社会的平等などといっても，あくまで理念的なものであることである。
具体的な民主的，参加的，社会的平等などの制度については，先進国であって
も，いろいろなモデルがありうる。このように，収斂としての近代化は，理念
的モデルであって，制度は多元的モデルが存在することはもちろんである。

5−3　近代化（モダン）と人事・人的資源管理

　近代化（モダン）は，民主主義的イデオロギーの方向に進む。人事・人的資
源管理においても理念的には平等主義的政策が必要とされる。

　たとえば，いわゆる日本的経営の人事政策といわれる身分の均一化，少ない
賃金格差，共通のユニフォーム，同一の食堂，ホワイトカラーとブルーカラー
の身分格差の少なさと密なコミュニケーションといった，平等主義的人事政策
が先進国のみならず，中進国，発展途上国でも受け入れられているのは，民主
主義的，平等主義的イデオロギーの方向に近代化（モダン化）が進んでいるた
めでもある（その意味で，日本企業の特徴である平等主義的人事政策は，国際経営移
転の可能性が高いと言える）。ただし，近代化（モダン）は理念的モデルであり，
具体的な人事モデルは，先進国であっても多様なモデルが考えられるのはもち
ろんである。

　歴史的に近代化（モダン）は，**教育水準の向上，識字率の高まり，義務教育の普及，高等教育（大学など）の増加，職業教育の充実**など，世界のどの国でも基本的に同一の社会変動がある。このようなことから，発展途上国においても，ある程度の技能・教育レベルをもった従業員が増加する。人事においても，このような社会変動に対応した戦略が求められよう。

　近代化（モダン）は，**職業移動を中心とする広汎な社会的移動**が起こり流動率が高くなる。世襲的職業による階層化が減り，親の身分に関係なく本人の学歴，能力によりあらゆる職業につけるようになる。このような，**社会階層間の移動**が可能となる。

　近代・産業社会は**企業組織を中心とした社会**であり，そこには規律，時間厳守，正直，能率，合理主義などのいわゆる**近代化（モダン）意識・価値観の存在**が不可欠である。たとえば，発展途上国の社会は，この組織員としてのマナーである規律が守られていないケースがある。発展途上国は依然として伝統主義的，非合理的意識が存在しており，これが発展途上国の近代化（モダン），産業化の障害となっている場合もある。

　なお，**労働制度**については，国連機関である**ILO（国際労働機関）**があり，世界のほぼすべての国が，ILOの基本的な労働基準に基づいて労働者の雇用，休日，賃金，労使関係，などの**労働法**を法制化させなければならないとしている。ILOの規制により，主要な労働制度については，世界的に収斂（共通性）してきている。ただし，現実の労働実態については，発展途上国のみならず先進国においても，労働法を遵守しない現実があるのも事実である。

5-4　近代化（モダン）と生産・技術

　近代化（モダン）の進展，特に産業化により，人類は，工業発展，大量生産，技術の高度化，情報化，IT化という時代となっている。特に**IT（Information Technology）**は，現代の人類の発展において革命的な技術である。本質的に**技術は普遍性**をもっており，**技術の伝播は世界的規模**で容易に起こる。また，世界的なボーダーレス化により，企業の生産・技術のグローバル化が進んでい

る。すなわち，企業，特に大企業は，多国籍化による国際的なレベルでの最適立地により，生産・工程拠点，工場，技術開発拠点などを設置するようになる。

生産・技術の側面は，本質的に世界の経営を収斂方向に向かわせる。

おわりに
―「モダン・情報化・グローバル化・SDGs」と国際・歴史比較経営

近代化理論（モダン）については，時代遅れの思想で，現代は「ポストモダンの時代」であるとする説もある。しかし，著者は，近代化理論（モダン）の主要な論理，理念は現在においても近い将来においても，依然として続いていると考えている。それは，近代化理論（モダン）において，普遍性が内在していること，世界は現実には多くの発展途上国や中進国が存在し近代化を目指していること，モダンの側面であるサービス化経済が進展していること，先進国においても近代化（モダン）の論理を超える歴史的段階に達していると思われないこと，などのためである。たとえば，現在でも世界の少なくとも半数の人が，近代化，産業化の恩恵を受けない貧困に近い状況にある。

著者は，現在および近い将来の社会は，近代化理論（モダン）の理念は依然として継続しつつ，新たな世界的な歴史的な動きとして，情報化とグローバル化およびSDGsを加えた「モダン・情報化・グローバル化・SDGs」であると考えている。すなわち，ポストモダンは，「モダン・情報化・グローバル化・SDGs」である。これからのモダン・近代化，特に産業の工業化は，未来の地球環境問題という制約の中での成長，すなわち「持続可能な開発目標（SDGs：Sustainable Development Goals）」という要因がきわめて重要となるであろう。SDGsについては，第3編の第10章で詳述する。このなかで，情報化とグローバル化について以下で考察してみよう。

情報化の進展については，IT技術，通信技術，コンピューター技術，ロボット・人工知能技術などの発展により，歴史的に人類の生活が変化してきている[43]。知識や情報のアクセスが，スマホやパソコンなどで容易に安くアクセス

でき，グローバルな情報が瞬時に入手できる。世界のどこにいても，ほぼ同一の情報を瞬時に知ることのできる世界になってきている。さらに，現代のITは，情報の入手だけではなく，情報の発信も可能となった。インターネットや各種サイトで，世界中の人々が情報や意見を発信できるようになった。さらに，電子商取引（EC）により，パソコンから世界の商品やサービスを発注することができる。企業は，ITを使うことにより，世界中の拠点・取引先・顧客などと瞬時に情報を交換することができる。ロボット・人工知能技術は，これから最も発展が期待されている領域であり，その人類社会に与えるインパクトは予測できないほど大きなものとなる可能性がある。このような世界的な情報化・ITの進展は，企業経営においても革命的な影響を与えている。国際比較経営の観点からみると，このような**情報化・IT社会は，世界的に情報の均一化をもたらし，企業経営モデルの収斂圧力**となっている。

　グローバル化の進展については，世界の経済，政治，社会，文化，技術などにグローバル化の大波が急激に押し寄せている。企業の側面では，多国籍企業が発展し，輸出・輸入といった**国際貿易**が活発となり，企業の国際化が進展している。さらに，企業のサプライチェーンが細分化され，それの各プロセスが自己完結するようになり（代表的事例として部品のモジュール化がある），ITの発展，関税や国際物流コストなど低下などもあり，各チェーン（設計・開発，生産工程，部品・コンポーネント，原材料，流通・販売など）の国際貿易（サービス貿易を含む）が急速に発展してきている。このような企業の国際経営の進歩により，**技術，ノウハウ，資本などの国際的移転**も促進している。企業の国際化，移民・外国人労働者の増加，国際観光の発達などにより，**人のグローバル化**も進展している。国際比較経営の観点からみると，このような**グローバル社会は，世界的に同一性を強め，企業経営モデルの収斂圧力**となっている。

　モダン・情報化・グローバル化・SDGsの進展は，人類の大きな進歩となる反面，多くの摩擦，問題が生ずる可能性がある。地球環境問題，格差の拡大，移民の増加，文化の画一化と多様性の排除，などといった問題である。

　以上のように，近代化（モダン）の理念は継承しつつ，情報化とグローバル

化を加えた「モダン・情報化・グローバル化・SDGs」が，現代や近い将来の世界の歴史的段階であると考えられる。ただし，ここで注意すべきは，このモダン・情報・グローバル化モデルは，あくまで理念的なものであり，すべての側面が収斂し，世界が同一のモデルや制度となることではないことである。具体的なモデルや制度については，各国でいろいろなモデルがありうる。たとえば，近代化（モダン）の側面である**民主的，参加的，社会的平等**などについては，先進国であっても，いろいろなモデルや制度がありうる。また，グローバル化の側面である**企業の国際化，移民**などについても，多様なモデルや制度があり得る。さらに，**企業制度も多様なモデル**があり得るであろう。このように，**収斂（共通性）としてのモダン・情報化・グローバル化・SDGs**は，理念的なものであって，**モデルや制度は多元的に存在**することはもちろんである。

〔注〕

(1)　Yeager T. J. (1999)，邦訳13頁。
(2)　新制度派経済学については，Yeager T. J. (1999)，T. Eggertsson (1990)，Jensen M. C. (1998)，Jensen M. C. (2000)，菊澤研宗編著 (2006) などに詳しい解説がある。
(3)　Simon H. A. (1997)，および March J. G. & Simon H. A. (1958) を参照。
(4)　Williamson O. (1975)。
(5)　North の代表的著作として，North (1990) がある。
(6)　この定義は，青木 (1995) 1頁による。
(7)　North (1990)，訳書3頁による。
(8)　North (1990)，訳書4頁による。
(9)　この比較制度分析の視点からの分析の類型は，青木 (1996) 2頁による。
(10)　D，Marsden (1999)。
(11)　D，Marsden (1999)，訳書59頁，349頁。
(12)　D，Marsden (1999)，訳書61頁，349頁。
(13)　D，Marsden (1999)，訳書46頁，159頁。
(14)　D，Marsden (1999)，訳書65頁，159頁。
(15)　D，Marsden (1999)，訳書158-163頁。
(16)　Crouch & W. Streek (1997)，訳書9-11頁。
(17)　R. Boyer (2004)，訳書14-15頁，74-81頁。
(18)　R. Boyer (2004)，訳書27-28頁。
(19)　B. Amable (2003)，訳書199-208頁。
(20)　M. Albert (1991)，訳書34-35頁。

(21)　近代化理論での富永健一氏の以下のような研究が注目される。富永健一（1988），富永健一（1990），富永健一（1996），富永健一（1998）。

(22)　収斂仮説の古典的研究として，Keer, C.（1960），Keer, C.（1983）などがある。

(23)　日本がアジアの中で，なぜ早く近代化を為し遂げられたのか，という日本の近代化に関する研究は多数存在する。代表的研究として，マッシュ R. N.・萬成博著（1977），Bellah R. N.（1957），Dore R. P.（1973），Cole R. E.（1977），Reischauer E. O.（1977），Nakayama I.（1975），村上泰亮，公文俊平，佐藤誠三郎（1979）などがある。

(24)　Persons T. & Shils, E. A.（1954）。

(25)　同上訳書，132頁。

(26)　同上訳書，132頁。

(27)　マックス・ウェーバー（浜島朗訳）（1967）。

(28)　同上書，150頁。

(29)　Bellah R. N.（1957）。

(30)　この点に関する議論については，以下を参照。作田啓一（1972），佐藤慶幸（1980）。

(31)　アメリカなどの先進諸国において，近年所得格差が拡大しているという事実がある。すなわち，先進国における貧富の格差という現象である。これは，逆U字仮説では，説明出来ないという批判である。歴史的な所得格差，不平等に関する興味深い代表的研究として，Anthony B. Atkinson（2015）がある。

(32)　Hofsted G.（1980）。

(33)　富永健一（1996），99−101頁。

(34)　著者は，拙著（2012）第1章で奉公人に関する詳しい分析をおこなっている。

(35)　Hsu F. L. K.（1963）。

(36)　韓国は相続の際，家産は長男が優先されるが，分割相続の形である。韓国の財閥は，この家産相続の伝統を現在でも残しており，継承の際分割相続される例がある。すなわち財閥の経営権を継承の際，兄弟でそれぞれ企業グループの有力企業を分担，独立経営させ，いわゆる経営権の分割化をおこなうのである。韓国の家族制度と経営については，服部民夫（1988）が詳しい。

(37)　綾部恒雄（1992），21−22頁。

(38)　Burnham J.（1941）。

(39)　Berle A. A.（1955），Berle A. A.（1960），Berle A. A.（1963）。

(40)　Galbraith J. K.（1952），Galbraith J. K.（1967）。

(41)　Lammers C. J. & Hickson D. J.（1979）。

(42)　意思決定とリーダーシップの参加的アプローチについては以下の研究があり，ほぼ発展途上国での参加的アプローチの低さで一致している。代表的な古典的研究として，Haite M. Ghiselli E. E. & Porter L. W.（1966），Negandhi A. R.（1975），司馬正次（1973）などがある。

(43)　最近のITとグローバル化がもたらす世界経済の収斂に関する興味深い研究として，Boldwin. R.（2016），がある

〔参考文献〕

Anthony Giddens（2006），*Sociology*，Polity Press.（松尾・小幡・西岡・立松・藤井・内田訳（2009）『社会学』而立書房）。

Anthony B. Atkinson（2015），*Inequality : What Can Be Done ?*，Harvard University Press.（山形浩生・森本正史訳（2015）『21世紀の不平等』東洋経済新報社）。

Adler N. J.（1986），*International Dimensions of Organizational Behavior*，Kent Publishing.

Aglietta M.（2005），Reberioux, A.（2005），*Corporate Governance Drift : A Critique of Shareholder Value*，Edward Elgar Publishers.

安保哲夫・板垣博・上山邦雄・河村哲二・公文溥（1991）『アメリカに生きる日本的生産システム』東洋経済新報社。

綾部恒雄（1992）『東南アジアの論理と心性』第一書房。

青木昌彦（1992）『日本経済の制度分析』筑摩書房。

青木昌彦（1995）『経済システムの進化と多元性』東洋経済新報社。

青木昌彦・奥野正寛（1996）『経済システムの比較制度分析』東京大学出版会。

青木昌彦（2001）『比較制度分析に向けて』NTT出版。

Amable B.（2003），*The Diversity of Modern Capitalism*.（山田鋭夫訳（2005）『5つの資本主義』藤原書店）。

Baldwin R.（2016），*The Great Convergence : Information Technology and the New Globalization*，Harvard University Press.（遠藤真美訳（2018）『世界経済大いなる収斂』日本経済新聞出版社）。

Bebchuk L. & Fried, J. M.（2004），*Pay Without Performance : The Unfulfilled Promise of Executive Compensation*，Harvard University Press.

Bellah R. N.（1957），*Tokugawa Regigion*，The Free Press.（掘一郎・池田昭訳（1966）『日本近代化と宗教倫理』未来社）。

Boyer R.（1993），*L'apres-fordisme*，Jean-Pierre Durand.（荒井壽夫訳（1996）『アフター・フォーディズム』ミネルヴァ書房）。

Burnham J.（1941），*The Managerial Revolution*，Indiana University Press.（竹山泰雄訳（1965）『経営者革命』東洋経済新報社）。

Berle A. A.（1955），*The Twentieth Century Capitalist Revolution*，Macmillan.（桜井信行訳（1956）『二十世紀資本主義革命』東洋経済新報社）。

Berle A. A.（1960），*Power Without Property*，Harcourt Brace.（加藤寛他訳（1960）『財産なき支配』論争社，1960年）。

Berle A. A.（1963），*The American Economic Public*，Macmillan.（晴山英夫訳『財産と権力』文眞堂）。

ボウイエ，R.・山田鋭夫（1993-a）『レギュラシオンコレクション1　危険―資本主義』藤原書店。

ボウイエ，R.・山田鋭夫（1993-b）『レギュラシオンコレクション2　転換―社会主義』藤原書店。

ボウイエ，R.・山田鋭夫（1996）『レギュラシオンコレクション3　ラポール・サラリアー

ル』藤原書店。

ボウイエ，R.・山田鋭夫（1997）『レギュラシオンコレクション4　国際レジームの再編』藤原書店。

ボウイエ，R.（山田鋭夫監修，原田裕治訳）（2019）『資本主義の政治経済学』藤原書店。

B. Amable（2003），*The Diversity of Modern Capitalism.*（山田鋭夫訳（2005）『5つの資本主義』藤原書店）。

Cole R. E.（1977），*Work, Mobility, and Participation*，University of California Press.

Coase, R. H.（1988），*The Firm, the market, and the law*，The University of Chicago Press.（宮沢・後藤・藤垣訳（1992）『企業・市場・法』東洋経済新報社）。

Crouch C. & Streeck W,（1997），*Political Economy of Modern Capitalism*，Colin Crouch & Wolfgang Chicago Press.（山田鋭夫（2001）『現在の資本主義制度—グローバリズムと多様性』NTT出版）。

Charkham, J. P.（1994），*Keeping Good Company : A Study of Corporate Governance in Five Countries*，Oxford University Press.

Charles W. L.（2011），*International Business : Competing in Global Marketplace*，The McGraw-Hill.（鈴木・藤野・山崎訳（2013）『国際ビジネス 1』）楽工社。

Chew D. H.（1997），*Studies in International Corporate Finance and Governance Systems : A Comparison of the Economic Performance*，Oxford University Press.

Clark B. Kim & Fujimoto T.（1991），*Product Development Performance*，Harvard Business School Press.（藤本隆宏，キム・クラーク（1993）『実証研究　製品開発力—日米欧自動車メーカー20社の詳細調査』ダイヤモンド社）。

Dore R. P.（1973），*British Factory-Japanese Factory*，University of California Press.（山之内・永易訳（1987）『イギリスの工場・日本の工場—労使関係の比較社会学』筑摩書房）。

Dore R. P.（1986），*Flexible Regidities*，Athlone Press.

Dore R. P.（1987），*Taking Japan Seriously*，Athlone Press.

ロナルド・ドーア（2006）『誰のための会社にするか』岩波書店。

藤本隆宏（2003）『能力構築競争—日本の自動車産業はなぜ強いのか』中央公論社。

深尾光洋・森田泰子（1997）『企業ガバナンス構造の国際比較』日本経済新聞社。

グエン・スアン・オアイン，丹野勲編訳（1995）『概説ベトナム経済』有斐閣。

呉主惠（1944）『華僑本質論』千倉書房。

Galbraith J. K.（1952），*American Capitalism*，Riverside Press.（藤瀬五郎訳（1955）『アメリカ資本主義』時事通信社）。

Galbraith J. K.（1967），*The New Industrial State*，signet（都留重人訳（1968）『新しい産業国家』河出書房新社）。

Gourevitch P. A. & Shinn J. J.（2005），*Political Power and Corporate Control Politics of Corporate Governance*，Princeton University Press.

Hampden C. M. & A. Trompenaars（1993），*Seven Culture of Capitalism*，Charles Mammpden-Turner.（上原・若田部訳（1997）『7つの資本主義』日本経済新聞社）。

Haite M. Ghiselli E. E. & Porter L. W.（1966），*Managerial Thinking : An International*

Study, John Wiley & Sons.（金山宣夫訳（1969）『管理者の意識』サイマル出版会）。

Hall P. A. & Soskice D.（2001）, *Varieties of Capitalism : Institutional Foundations of Comparative Advantage*, Oxford University Press.（遠藤・我孫子・山田・宇仁・藤田訳（2007）『資本主義の多様性―比較優位の制度的基礎』ナカニシヤ出版）。

Hodgson G. M.（1988）, *Economics and Institutions : A Manifesto for a Modern Institutional Economics*, Geoffrey Hodgson.（八木・橋本・家本・中矢訳（1997）『現代制度派経済学宣言』名古屋大学出版会）。

Hofsted G.（1980）, *Culture's Consequences*, SAGE.（萬成・安藤監訳（1984）『経営文化の国際比較』産能大出版部）。

Hirschmeier J. Yui T.（1975）, *The Development of Japanese Business, 1600－1973*, George Allen & Unwin, Harvard University Press.（ヒルシュマィヤー・由井常彦（1977）『日本の経営発展―近代化と企業経営』東洋経済新報社）。

Hsu, F. L. K.（1963）, *Clan, Caste, and club*, D. Van. Nostrand. 作田啓一・浜口恵俊訳（1971）『比較文明社会論―クラン・カスト・家元』培風館）。

服部民夫（1988）『韓国の経済発展』文眞堂。

市村真一編（1988）『アジアに根づく日本的経営』東洋経済新報社。

板垣博編著（1977）『日本的経営・生産システムと東アジア』ミネルヴァ書房。

Jacoby S. M.（2005）, *The Embedded Corporation : Corporate Governance and Employment Relations in Japan and the United States*, Princeton University Press.

Jensen, M. C.（1998）, *Foundations of Organizational Strategy*, Harvard University Press.

Jensen M. C.（2000）, *A Theory of The Firm : Governance, Residual Claims, and Organizational Forms*, Harvard University Press.

Keer C. Dunlop J. T. Harbison, F. H. & Myers C. H.（1960）, *Industrialism and Industrial Man*, Harvard University Press.（中山伊知郎監訳（1963）『インダスとリアリズム』東洋経済新報社）。

Keer C.（1983）, *The Future of Industrial Societies : Convergence or Continuing*, Harvard University Press.（嘉治元朗監訳（1984）『産業社会のゆくえ―収斂か拡散か』東京大学出版会）。

菊池敏夫・平田光弘（2005）『企業統治の国際比較』文眞堂。

加護野・野中・榊原・奥村（1983）『日米企業の経営比較』日本経済新聞社。

小林耕二（2001）『比較政治』東京大学出版会。

館林正彦・曽我謙悟・街鳥聡史（2008）『比較政治制度論』有斐閣。菊澤研宗（2004）『比較コーポレート・ガバナンス論』有斐閣。

菊澤研宗（1988）『日米独組織の経済分析―新制度派比較組織論』文眞堂。

菊澤研宗編著（2006）『組織の経済学―新制度派経済学の応用』中央経済社。

小池和男・猪木武徳編著（1987）『人材形成の国際比較―東アジアと日本』東洋経済新報社。

小池和男・猪木武徳編著（2002）『ホワイトカラーの人材形成―日米英独の比較』東洋経済新報社。

河野勝（2002）『制度』東京大学出版会。

Lester C. Thurow（2003）, *Fortune Favors The Bold*, HarperCokkins.（三上義一訳（2004）
　『知識資本主義』ダイヤモンド社）。

Lammers C. J. & Hickson D. J.（1979）, *Organization Alike and Anlike*, Loutedger & Kegan
　Paul,

マックス・ウェーバー（浜島朗訳）（1967）『権力と支配』有斐閣。

M.Albert（1991）, *Capitalisme Cotre Capitalisme*, de Seuil.（小池はるひ訳（1996）『資本主
　義対資本主義』竹内書店）。

Milgram P. & Roberts J.（1992）, *Economics, Organization & Management*, Prentice Hall.
　（奥野正博他訳（1997）『組織の経済学』NTT出版）。

Marie Lavigne（1999）, *The Economics of Transition*, Macmillan.（栖原学訳（2001）『移行
　の経済学』日本評論社）。

Marsden H. D.（1999）, *A Theory of Employment Systems : Micro-Foudations of Societal
　Diversity*, Oxford University Press.（宮本光晴・久保克行訳（2007）『雇用システムの理
　論―社会的多様性の比較制度分析』NTT出版）。

March J. G. & Simon,（1958）, *Organizations, John Wiley & Sons*.（土屋守章訳（1977）
　『オーガニゼーションズ』ダイヤモンド社）。

マッシュR. N.・萬成博著（1977）『近代化と日本の工場』東京大学出版会。

盛山和夫（1995）『制度論の構図』創文社。

盛山和夫（2000）『権力』東京大学出版会。

村上泰亮，公文俊平，佐藤誠三郎（1979）『文明としてのイエ社会』中央公論社。

Negandhi A. R.（1975）, *Organization Theory in Open System*, Kennikat Press and
　Dunellen Publishing.

Nath R.（1988）, *Comparative Management : A Regional View*, Ballinger.

Nakayama I.（1975）, *Industrialization and Laber : Management Relations in Japan*, Japan
　Institute of Laber.

中野卓（1968）『家と同族団の理論』未来社。

North D.（1990）, *Institutions, Institutional Change and Economic Performance*, Cambridge
　University Press.（竹下公視訳（1994）『制度・制度変化・経済成果』晃洋書房）。

大橋昭一・小田章・G. シャンツ（1995）『日本的経営とドイツ的経営』千倉書房。

Orilean A.（1999）, *Le Pouvoir De La Finance*, Odile Jacob.（坂口明義・清水和己訳（2001）
　『金融の権力』藤原書店）。

岡本康雄編著（1998）『日系企業in東アジア』有斐閣。

岡本康雄編著（2000）『北米日系企業の経営』同文館。

Peacock J. L. & Kirsch A. K.（1970）, *The Human Direction : An Evolutionary Approach to
　Social and Cultural Anthropology*, Prentice Hall.（水野浩一訳（1975）『社会発展と近代
　化』ミネルヴァ書房）。

Persons T. & Shils, E. A.（1954）, *Toward a General Theory of Actions*, Harvard
　University Press.（永井・作田・橋本訳（1960）『行為の総合理論をめざして』日本評論社）。

Persons T.（1966）, *Societies : volutionary and Comparative Perspectives*, Prentice-Hall.（矢

沢修次郎訳（1971）『社会類型―深化と比較―』至誠社）。

Persons T.（1971），*The System of Modern Societies*，Prentice-Hall.（井門富二夫訳（1977）『近代社会の体系』至誠社）。

Porter M. E.（1990），*The Competitive Advantage of Nation*，The Free Press.（土岐・中辻・小野寺・戸成訳（1992）『国の競争優位（上）（下）』ダイヤモンド社）。

Piore M. J. & Sabel，C. F.（1984），*The Second Industrial Divide*，Basic Books.（山之内・永易・石田訳（1993）『第2の産業分水嶺』筑摩書房）。

Rainer Zugehör（2003），*Die Zukunftudes rheinischen Kapiralismus*，Le. ske. Budrich.（風間信隆監訳（2008）『ライン型資本主義の将来』文眞堂）。

Reischauer E. 0.（1977），*The Japanese*，Harvard University Press.

Roberts J.（2004），*The Modern Firms : Design for Performance and Growth*，Oxford University Press.（谷口和弘訳（2005）『現代企業の組織デザイン―戦略経営の経済学』NTT出版）。

Simon H. A.（1997），*Administrative Behavior*，The Free Press.（二村・桑田・高尾・西脇・高柳訳（2009）『経営行動―経営組織における意思決定過程の研究』ダイヤモンド社）。

Scott W.（1995）*Institution and Organization*，Sage.（河野・板橋訳（1998）『制度と組織』税務経理協会）。

佐久間信夫・出見世信之編著（2014）『アジアのコーポレート・ガバナンス改革』白桃書房。

澤田康幸・園部哲史編著（2006）『市場と経済発展』東洋経済新報社。

白木三秀（2006）『国際人的資源管理の比較分析―「多国籍内部労働市場」の視点から』有斐閣。

作田啓一（1972）『価値の社会学』岩波書店。

佐藤慶幸（1980）「組織比較分析のための一視点」（現代のエスプリ『集団主義』No. 160，至文堂，165〜174頁）。

司馬正次（1973）『労働の国際比較』東洋経済新報社。

スコットS.・仲田正機・長谷川治清著（2006）『企業と管理の国際比較―英米型と日本型』中央経済社。

丹野勲（1994）『国際比較経営論―アジア太平洋地域の経営風土と環境―』同文舘。

丹野勲（1999）『異文化経営とオーストラリア』中央経済社。

丹野勲，原田仁文（2005）『ベトナム現地化の国際経営比較―日系・欧米系・現地企業の人的資源管理，戦略を中心として―』文眞堂。

丹野勲（2005）『アジア太平洋の国際経営―国際比較経営からのアプローチ―』同文舘。

丹野勲（2010）『アジアフロンティア地域の制度と国際経営―CLMVT（カンボジア，ラオス，ミャンマー，ベトナム，タイ）と中国の制度と経営環境―』文眞堂。

丹野勲（2012）『日本的労働制度の歴史と戦略―江戸時代の奉公人制度から現代までの日本的雇用慣行―』泉文堂。

丹野勲（2017）『日本企業の東南アジア進出のルーツと戦略―戦前期南洋での国際経営と日本人移民の歴史―』同文舘。

丹野勲（2018）『戦前の南洋日本人移民の歴史―豪州，南洋群島，ニューギニア―』お茶の

水書房。

丹野勲（2021）『日本の国際経営の歴史と将来―アジアとの交易・投資の通史と国際交流―』創成社。

Todaro M. P. & Smith S. C.（2003），*Economic Development*, Addison-Wesley.（岡田監訳（2004）『開発経済学』国際協力出版会）。

Thomas L. Friedman（2006），*The World Is Flat : A Brief History of the Twenty-first Century*, International Creative Management.（伏見威蕃訳（2008）『フラット化する世界―経済の大転換と人間の未来―』日本経済新聞出版社）。

富永健一（1965）『社会変動の理論』岩波書店。

富永健一（1986）『社会学原理』岩波書店。

富永健一（1988）『産業社会の転機』東京大学出版会。

富永健一（1990）『日本の近代化と社会変動』講談社。

富永健一（1996）『近代化の理論』講談社。

富永健一（1998）『マックス・ヴェーバーとアジアの近代化』講談社。

武田清子編著（1970）『比較近代化論』未来社。

Williamson O.（1975），*Markets and Hierarchies : Analysis and Antitrust Implications*, The Free Press.（浅沼萬里・岩崎晃訳（1980）『市場と企業組織』日本評論社）。

Williamson O.（1985），*The Economic Institutions of Capitalism : Firms, Markets, Relational Contracting*, The Free Press.

Williamson O.（1996），*The Mechanisms of Governance*, Oxford University Press.

Yeager T. J.（1999），*Institutions, Transition Economics, and Economic Development*, Westview Press.（青山繁訳（2001）『新制度派経済学入門』東洋経済新報社）。

山田鋭夫（2008）『さまざまな資本主義―比較資本主義分析』藤原書店。

吉森賢（2008）『企業戦略と企業文化』放送大学教育振興会。

第2章 アジアの国際比較経営のケース
―東南アジアの華僑・華人，タイ，ベトナム

はじめに

　本章では，アジアの国際・歴史比較経営のケースとして，**東南アジアの華僑・華人の文化と経営，タイの文化・社会と企業経営風土，ベトナムの文化・社会と企業経営風土**について取り上げる。

　東南アジアは，近年，急速な経済発展を遂げており，世界的にも注目されている。また，日本企業の進出も多い。東南アジアは，**中国一辺倒の海外生産のリスク分散**，すなわち**中国とアセアンの2地域での生産拠点の設置**，という観点からも日本企業にとっても重要な地域となっている。東南アジアは，地域統合としての**ASEAN**（アセアン：東南アジア諸国連合），経済的統合として**AFTA**（アセアン自由貿易地域）が設立され，外国資本の積極的導入，各国の経済発展戦略，などもあり，アセアンが世界の経済成長センターとなっている。

　東南アジアの社会・文化的側面をみると，多くの国が，歴史的に**多民族国家**で，**文化の多様性**がみられる。本章では，その中で，東南アジアの華僑・華人，タイ，ベトナムをケースとして，その文化と企業経営に関して，国際・歴史比較経営の視点で考察する。

　華僑・華人（中国人）は，東南アジア諸国に多く存在する民族で，各国とも比重は違うが経済的地位は高い。東南アジアの華僑・華人は，歴史が古く，中国人が南下する形で，主として**商人や植民地時代のプランテーション労働者**などとして，東南アジアに移民として流入した。なお，本章では，東南アジアの

華僑・華人と関連が深い，台湾や香港も含めて議論する。

　タイは，東南アジアで，最も日本企業の進出が多く，日本との歴史的関係も長い。タイが，東南アジアで特異な歴史をもつのは，タイは建国以来，**独立国家で欧米の植民地支配の歴史がない**ことである。

　ベトナムは，1986年のドイモイ（刷新）政策以降，日本企業の進出先として注目され，近年，日本企業の進出が多く，経済発展も著しい。ベトナムは，他の東南アジア諸国と比較して**ベトナム族を中心とした単一民族的傾向**が強い。文化的には，中国文化の影響が強いが，ベトナム独自の強固な文化をもつ。

　著者は，長年，東南アジアを中心としたフィールド研究をおこなってきた。その体験も含めて，東南アジアの華僑・華人，タイ，ベトナムをケースとして，その文化・価値構造と企業経営について考察する。

第1節　東南アジアなどの華僑・華人系企業

1－1　東南アジアなどの華僑・華人

　国際比較経営の観点から，アジアに多く存在する華僑・華人系企業をケースとして考察する。

　華僑とは，中国本土ではなく，海外に移住した中国人・華人をいう。華僑は，東南アジアを中心として存在しており，それぞれの国で高い経済的勢力をもっている。アジアの主要な国での華僑の現状を概観してみよう[1]。

　台湾，香港（中国が1国2制度として領有している）は，人口のうち大部分を中国人が占めており，華人国家である。

　シンガポールは，かつてイギリスの植民地であったが，現在は，人口の約80％が中国人で占められており，ほぼ華人国家と言っていい。

　タイは，華僑・華人の現地化，同化が進んでおり，タイ国民の約3分の2は中国人の血が混じっているといわれる。タイ人と中国人の混血はきわめて多い。華僑は，経済，政治の分野でかなりの地位を占めている。

　マレーシアは，かつてイギリスの植民地であったが，現在は，人口の約30％

強が華僑・華人系であるといわれている。マレーシア人は，人種的に中国人と遠く，言語，宗教（イスラム系が多い），風俗が著しく相違していたため，華僑とマレーシア人との同化は進んでいない。政治的には，マレーシア人優先主義**ブミプトラ政策**がとられ，華僑には厳しい環境にあるが，経済的にはかなりの地位を占めている。

　インドネシアは，かつて，オランダの植民地であったが，現在では，約860万人の華僑・華人がいるとされているが，対総人口比は３％程度で，その比率はきわめて低い。政治的には，華僑の強制移住など，相次ぐ弾圧，迫害を受けてきたが，経済的にはインドネシアの経済に影響力をもつ実力があるとされる。

　フィリピンは，かつて，アメリカの植民地であった。現在では，華僑・華人とフィリピン人との混血は多いが，アメリカ統治以来，中国人の激しい移民制限がとられているため，純粋の華僑は約１％弱であるとされており，東南アジア諸国では最も少ない。華僑の政治的立場はきわめて不安定であるが，経済的には依然として流通部門を中心として強い基盤をもっている。

　ベトナムは，かつて，フランスの植民地であったが，現在では，華僑・華人の人口は数％と少ないが，大都市の流通分野で力をもっている。ホーチミン市のチョロン地区が中国人街として知られている。

　ミャンマーは，かつて，イギリスの植民地であったが，現在では，華僑・華人の人口は少ないが，流通分野を中心として一定の影響力をもっている。以前の首都のヤンゴン市（現在の首都はネピドー）などに中国人街がある。

　カンボジアと**ラオス**は，かつてフランスの植民地であったが，華僑・華人は，経済では一定の地位を占めている。

　以上，東南アジアでの華僑・華人の実態を簡単に概観したが，アジア的経営を研究する上で，華僑・華人研究は，次の点で重要である。

　第１は，東南アジア諸国では華僑・華人系企業の各々の国における**経済に占める影響力が大きい**ということである。第２は，**華僑・華人系企業と日本企業との関係が密である**ことである。合弁，戦略提携，貿易などのパートナーとしての日本企業の活動は華僑・華人を抜きにしては語れないし，東南アジアでの

合弁相手は，政府以外では華僑・華人系が多い。

1−2　東南アジアの華僑・華人系企業の文化・価値構造と経営

1−2−1　所属主義，個別主義優位の価値構造

　ベラーは，パーソンズの価値類型から中国を「個別主義」と「所属主義」に重点を置いた，ベラーの言葉を借りれば「**統合価値**」を第一義とする社会であると規定した[2]。

　中国では，目標達成よりも体系維持に重点を置く**所属主義が優位**の社会であり，人間関係の面では個人主義的色彩の強い「普遍主義的価値」よりも**親族構造や地縁**を中心とした「**個別主義的価値**」が優位な社会である。統合価値が第一義である社会は，資本と労働の合理的組織化を基礎にする近代化（モダン）の発展を妨げる。思想的にみると，中国人のこの体系重視の所属主義は，儒教思想から生じたものであろう。個別主義の価値は，中国人が人間中心的であり，実用主義という現実主義的傾向から生じたと考えられる。

　この個別主義と所属主義優位の価値は，現代でも依然として東南アジアのアジアの華僑・華人の価値観を特徴づけている。

1−2−2　権力の格差

　東南アジアの**華僑・華人社会**はアジアのなかでは**権力の格差が比較的少ない**社会であろう。社会階層の下層から上層への上昇といった社会の流動化現象がかなり生じている。華僑・華人の社会は，出身の階級，階層，身分に制約されず，実力，能力があれば社会的成功を収めることのできる一律的，**平等的身分観念**をもった社会である。この平等主義的価値は，たぶん儒教の影響によるものであろう。**儒教**の理念は，教育を重視し，生まれつき人間は平等であるという考えがある。また，華人に影響を与えている**大乗仏教**も，比較的平等主義の思想である。これに対して，インドのヒンドゥー教では，カースト制度として生まれつきの階層による差別を認めているのとは対照的である。

　さらに，東南アジアの華僑・華人社会が権力の格差が少ない理由は，華僑は

大部分**移民**として無一文の労働者から出発したという事情，華僑社会の階層は，**華僑団体の血縁的，地縁的伝統による相互扶助**によって，その階級意識が著しく薄められたためであると考えられる。

1-2-3　家族構造

　東南アジアの**華僑・華人系企業の経営**に最も影響を与えている文化的側面として，**家族制度**がある。華僑・華人系企業が一般的に所有と経営の分離が遅れ，経営者が同族によって占められている原因の１つとして，華僑・華人系企業の家族制度，家族主義がある。**中国人の家族制度**は，複合家族制，大家族制という特徴をもっている。この**複合・大家族を中心とした血縁関係の重視**は，華僑・華人系企業の経営に**家族主義的傾向**を強めている。

　中国人は，家族の重要性はきわめて高く，個人は自己の家族の拡張である安定した親族組織のなかで深く位置づけられ，自己の栄達が親族の栄達と同一視され，親族への忠誠は地域社会や国家社会への忠誠に優先する。中国人の企業は，家族支配の企業が多く，親族の結びつきが強い。

1-3　東南アジアの華僑・華人系企業の経営構造
1-3-1　東南アジアの華僑・華人系企業のトップマネジメントと経営戦略

(1)　所有と経営の未分離と専門的経営者

　東南アジアの華僑・華人系企業の経営構造の特徴は，一般的に**所有と経営が分化されておらず専門的経営者の出現が少ない**という企業形態にある。この所有と経営の分離の遅れは，東南アジア経済が発展途上であるのみならず，華僑・華人系企業の文化・価値構造にも原因があろう。華僑などの中国人は，**大家族制，複合家族制**に代表されるように，家族，同族同士の結び付きはきわめて強く，企業のなかでも同様である。華僑・華人系企業にとって企業は公的なものであるというより，**企業は家族・同族の所有物である**という意識があり，企業の成功は家族・同族の成功とイコールとなる。経営者や会社の利益は，公

的な存在としての企業のものというよりは，家族・同族のものと考えているので，所有と経営が分離されず血縁に無関係な専門的経営は生まれてきにくい。**この華僑・華人系企業の家族主義，同族主義**は，世界的にみても強い。

　しかしながら，一部の華僑・華人系企業で今までの同族，同郷中心の経営者，資本から脱して，**所有と経営の近代化（モダン）への道**に進みつつある企業もみられる。日本や欧米企業との合弁会社の設立から進んだ経営思想に刺激され，いわゆる華僑的経営行動から脱しつつ，経営の近代化（モダン）へ進もうとしている企業である。**台湾や東南アジアの大手華僑・華人系企業の一部**は，このような**経営の近代化（モダン）の動き**が顕著にみられる。

　理論的にみても，企業規模の拡大は同族のトップマネジメントの不足を生じ，複雑で高度の経営管理能力が必要になり，専門経営者出現の圧力となる。また，東南アジア諸国の経済発展は著しく，教育水準が向上し，大学，大学院卒が増大している。この高学歴化は，専門経営者出現の圧力となっている。将来のこのようなトップマネジメントや経営行動の近代化（モダン）の動きについて注目していきたい。

(2)　商業資本家的経営行動とその脱却の動き

　東南アジアの華僑・華人資本家は，産業資本家ではなく**商業資本家的傾向**がある。すなわち，1つの事業を長期的視点から投資，事業拠点を立て永続的に発展させようという産業資本家的体質が希薄である。華僑・華人系企業の資本家は，短期的視点から利益や投資を最大にしようという行動をとったり，事業経営が悪化すると，事業拠点を売って別の事業に転換する経営行動をおこなう。また，事業拠点の追加の設備投資などをためらう傾向がある。さらに，華僑は，技術，生産の重要性に対する認識が薄く，販売を重視した経営になるきらいがある。さらに，華僑系資本は，**第3次産業，特に流通，サービス業に重点**を置いている企業が多い。

　合弁事業の製造企業の場合，**技術，生産は外国資本から全面的援助**を受け，**華僑は販売や人事中心**に運営している事例が多くみられるのはそのためである。

　日本企業の合弁形態による東南アジア進出という観点からみると，このような華僑の商業資本家的経営行動は，製造業の場合，必ずしもデメリットばかりではなく，むしろメリットとなる側面もある。現地の合弁企業において，日本側は出資比率が半数または半数以下であっても製造と技術に関しては日本側が一手に担う場合が多いので，日本が主導した形での工場での生産ができる。そのため，現地生産において，日本側がコントロールし，品質，技術，部品など高いレベルでの生産が可能となる。また，技術流出の可能性も比較的少ない。日系企業は，一般的に現地での販売，マーケティングの能力が現地経営の課題であるので，この点で，現地の合弁パートナーとの協力，支援を受けられるというメリットも大きい。

　しかし，近年，東南アジアの華僑・華人系企業の一部に，このような商業資本家的体質から脱し，産業資本家的体質をもった企業も生じてきている。アジア全体でみると，経済の発展レベルが高く，ハイテクなどの製造業が発展している台湾企業（ホンハイ，TSMC，エイサー等のハイテク企業など）などが，産業資本家的体質に転換してきている代表的なケースである。特に，製造業の経営は，本質的に長期的に設備投資をおこない，技術開発を促進するといった産業資本家的経営行動が不可欠である。今後，東南アジアの企業における，このような産業資本家への変化の動きは注目する必要があろう。

(3)　コングロマリット的事業展開

　東南アジアの華僑・華人系企業は，同一の事業・業種や技術，販売などに関連をもつ事業に多額の投資を集中するといういわゆるトラスト的事業展開をおこなう企業や企業集団はもちろんあるが，多角化や危険分散などのため，本業とほとんど関連をもたない複数の他業種に事業投資をおこなうという資本の分散を目的とするコングロマリット的事業展開をおこなう企業や企業集団も多く存在する。これは，1つの事業拡大よりも，小規模で多業種の拡大行動をとっている。

　その理由は，東南アジアの華僑・華人を取り巻く政治的不安定性，中国人の

家族主義，外国資本との合弁企業の活用，などのためなどであろう。中国人の大家族制を反映して，華僑・華人系企業は兄弟あるいは家別に企業を分割，分担して経営をおこない，多数の企業を同族で支配している企業もみられる。東南アジアの華僑系財閥は，このようなコングロマリット的事業展開により企業集団として成長していったケースも多い。

　たとえば，タイの華僑系財閥である**CP（チャンロン・ポカパン）グループ**は，アグリビジネスが発祥であるが，食品（明治乳業との合弁会社がある），工業，流通（セブン・イレブンのフランチャイズ展開でタイ小売業のトップ企業となっている），鉱業，石油，不動産，通信などの多業種に進出し，外国資本との合弁会社の設立や提携も多くおこない，コングロマリット的企業集団として発展している。

⑷　外国資本への技術の依存性とその将来

　東南アジアの華僑・華人系企業の特徴として**外国資本への技術の依存性，従属性**という傾向がある。この外国資本への依存性は，前述した華僑・華人系企業の商業資本家的体質に関連がある。すなわち，外資と合弁や提携をおこなっている華僑・華人系企業の経営者は，外資側に全面的に技術生産の援助を期待し，華僑経営者は，もっぱら人事・販売を中心に経営するか，合弁企業を単なる投資対象とする形が多い。

　このような外国資本への技術の依存性は，**日本企業においてメリット**もある。それは，日本企業が全面的に技術生産を担うため，**技術流出**の恐れが少ないことや，現地合弁のパートナーが技術の習得により**将来の競争相手**になるという可能性が少ないことである。

　しかし，将来，独自技術により成長する**東南アジア多国籍企業**が出現してくるかもしれない。この点も注視していくべきであろう。

１－３－２　東南アジアの華僑・華人系企業の組織・人事行動

⑴　温情主義的組織行動

　東南アジアの華僑・華人系企業の組織行動として温情主義的な傾向がある。

リーダーシップ，労務管理，労使関係などで，いわゆる**温情主義的行動**もみられる。これは，華僑・華人系企業では純然たる他人の従業員にも中国人の精神の中心である家族制度が擬制され，家父長的支配，義理人情的人間関係の存在による温情的組織行動が残っている。この点からみると日本企業のいわゆる家族主義的労務政策は，華僑・華人系企業に適合する場合もあり，その経営移転は一部可能であるケースもある。たとえば，近年変化しつつあるが，いわゆる**日本的経営**の特徴とされる年功を重視した賃金・昇進，長期雇用，身分の均一性（ブルーカラーとホワイトカラー），企業別組合，大部屋制，各種行事の実施，階層間の密のコミュニケーション，などの慣行である。

　華僑との合弁である東南アジアの日系企業の労務管理は，このような家族主義的労務政策が採用され，成果を上げている事例も一部ある。

⑵　血縁，地縁を中心としたヨコ社会とネットワークと独立，起業志向

　東南アジアの華僑・華人系企業の組織行動の第2の特徴は，血縁，地縁を中心とした「**ヨコ社会の人的ネットワーク志向**」である点である。従業員は，企業に対する忠誠心，一体感が比較的弱く，ヨコ型の人的ネットワークである**血縁・同族・地縁への忠誠心，一体感**が強い。また，友人，同業者，同郷者，関係者などとの**人的ネットワーク**を重視している。さらに，ヨコ社会の人的ネットワークなどを活用した**独立・起業志向**も強い。

　具体的には，東南アジアの華僑・華人社会は，地縁・同郷組織としての「**公館（会館）**」（広東・福建・広西会館などが代表的である），業種ごとの組織としての「**公会（行会）**」（たとえば，建造行会（建設業者の組織），中医中薬行会（中医・中薬者の組織），屠行会（肉屋の組織）），血縁組織としての「**宗親会（聯宗会）**」（たとえば，李氏・黄氏・劉氏聯宗会）などが各地で設けられている。歴史的にその設立の経緯をみると，労働者として東南アジアに渡って，中国人は，中国政府や現地政府からの保護もなく，仲間同士で協力・助け合いながら生活しなければならず，そのための組織・団体であった。会館には郷土神，行会では行神（職業神），聯宗会では歴代の神位が祀られている。現在では，子弟教育のための会

館付属の**中華学校**（小学校・中学校など）をもっているところも多い。華僑・華人は，このような**相互扶助的組織**に加入することなどで，活発な交流をおこない，人的ネットワークを広げ，活用している。

　華僑・華人は，比較的簡単に転職したり，自分で事業を起こす**職業独立志向**が強い。そのため，日本と比較すると，内部昇進，企業内熟練形成がやや困難である。しかし，世界的にみても，**日本のタテ社会の人的ネットワーク志向，内部労働市場の優位性**は一般的ではなく，その意味で，ヨコ社会の人的ネットワーク志向たる華僑・華人の組織行動は必ずしも特異ではない。

第2節　タイの文化・社会と企業経営風土

　アジアと比較経営のケースとして，タイを取り上げ，**タイの固有文化・価値構造**と**タイ従業員の組織行動**を中心としたタイの企業経営風土について考察する(3)。

　タイは，多数を占めるタイ族以外に多くの**少数民族**（カレン族，モン族，ヤオ族など）が住む多民族国家である。特に，**中国人（華人）**は古くからタイに南下，移住し，かなりの人口を占めている。さらに，**中国人とタイ人との同化**が進み，現在のタイ人の多くは中国人の血が入っていると言われている。この点は，他の東南アジア諸国のマレーシア，インドネシアなどとの相違である。タイは，伝統的なタイ族の文化をもちながら，中国人などとの同化も進み，独自の文化を築いている。

　東南アジアで唯一，過去に**タイは欧米の植民地にならなかった国**である。その理由として，長い歴史をもつ王制がタイの政治・社会においてしっかりとした基盤となっていたことがある。また，イギリス，フランス，オランダなどの欧州主要国が，**タイを植民地獲得戦争の緩衝地域**にしたためもある。

　タイは，気候的に暑い国である。また雨季には多くの雨がスコールのように降り，蒸し暑い。このような猛暑の気候は，のんびりした，楽観的で，ゆったりとしたタイの文化をもたらした。**気候と文化は密接な関係**がある。

2-1　宗教文化—小乗仏教

タイは宗教的には，仏教国家である。タイの文化に，仏教の影響が色濃く存在している。タイの仏教は**小乗仏教**であるという特徴がある。タイの小乗仏教の民衆レベルでの理解について考えてみよう。

タイの小乗仏教の基本思想の第1として，**因果応報観**がある。この思想は，善行をおこなえば善果を得ることができ，悪行をおこなえば悪果を得る，という考え方である。悪果には，「地獄」の存在も内在している。

第2の基本思想として，**功徳（ブン）** とよばれる考え方である。すなわち，人間は，生前におこなった善行と，悪行との帳尻により，死後の運命が決定されると考える。善行の結果として得られる功徳（ブン）が悪行を上回っていれば，死後でも幸福な状態であるとする。

第3は，**輪廻転生**の思想である。人間はこの世で終わるものではなく，人間は生まれかわり死にかわりしてとどまることがない。現在の人間の生存の状態は，過去の無数の生存における帳尻の総和としての**業（カム）** により決定されると考える。この思想は，ある種の宿命論であろう。しかし実際には，タイ人は宿命論特有の暗さがない。それは，今の功徳の蓄積によって，死後の運命を現世においてさえも，ある程度変えることができるという，**希望的楽観観**が内在されているためである。この輪廻転生という考え方は，身分，階層が固定的なものではなく，自分の努力によって変えられるという，**身分の流動性**という思想をもっている。タイは，このような輪廻転生との関連で，身分の上下を超えて，人間はすべて同じであるという思想があるようである[4]。

第4は，**地獄（バープ）** と**天国（サワン）** の存在が示されていることである。悪行が善行を上回れば，死後の世界としての地獄の存在が指摘されている。反対に，善行が悪行を上回る功徳の状態であれば，天国（サワン）があるとする。タイ人の民衆は，天国よりむしろ，人間の世に生まれて，富貴権勢に恵まれた現世の幸福の状況を功徳（ブン）に対応するものとして理解しているようである。功徳を積んで，死後再びこの世に戻って，王様や大金もちになって楽しく

暮らせるようになりたい，というのはその代表的考え方である。

　第5は，**出家**が功徳を得るための最良の手段として認識されていることである。タイでは，男性は若い一時期に出家するという習慣がある。

　このようなタイの小乗仏教の思想は，タイ従業員の価値観にも影響を与えている。

2−2　現実享楽主義

　タイの文化・価値構造として指摘したいのは，**現実享楽主義**である。タイの人は，与えられた現実のなかで，一日を楽しく生きようとする。タイ人は，「**サヌック**」を大切にするという。サヌックとは，面白いとか，楽しいとかの意味である。また，サヌックであるためには，その底に「**サバーイ**」がなければならない。サバーイとは，幸福とか健康とかを含めて快適という意味である。タイ人は，サヌックやサバーイで表現されるような，楽しく快適な生活を好む。将来のために現在を犠牲にするより，現在の生活を重視する。楽しく生き，美味しいものを食べ，一日一日が平穏無事に過ぎ行くことがタイ人の心情である。また，タイでは「**マイ・ペン・ライ**」という言葉に代表されるような楽天的でおおらかな気質がある。マイ・ペン・ライは，何とかなるという楽天的で挫折感を伴わない心情である。

　たとえば，タイの庶民は，貯金をするよりあるお金を使ってしまうという話をよく聞く。日本の江戸庶民のように「宵越（よいご）しの銭をもたず」という精神であろう。タイの人は，将来のために今を犠牲にするより，今の生活を重視するという心情で，意思決定論からみると**不確実性への回避が低く**，現実享楽主義的であると言えるかもしれない。この考え方は，タイは，気候が暑く多雨で，**自然が豊饒**のため，国土が豊かで食べるものには困らないという状況にあったということも「マイ・ペン・ライ」という楽天的でおおらかな気質を生んだのであろう。

　企業でタイ人は残業をしたがらないという声も聞くが，タイ人は仕事より家族生活を重視する。タイの町を歩くと，夕方から家族や友人どうしなどが屋台

や飲食店で食事を楽しんでいる姿をよく見かける。バンコクのような大都会でも，夜遅くまでデパート，ショッピングセンター，路地の露店商などで買い物をしている家族づれが見られる。毎日が，夜までお祭りのようである。このようなことは，日本にはあまりないことで，タイ人のほうが日本人より生活を楽しむ術を心得ているようにもみえる。

2－3　権威主義－ナーイの社会

　タイ人は，**勤勉価値**はあまり重要視されてこなかった。また，タイのエリートは，肉体労働，工場現場での労働を低くみており，軽蔑する傾向がある。日系企業の日本人は，タイでは，大卒技術者が現場に入りたがらないという印象をもつ人が多いが，それは労働に対する価値が日本と相違しているためである。文化的，歴史的にみると，それはタイの「**チャオ・ナーイ社会**」に求められるという。

　チャオ・ナーイというのは，タイの旧社会の制度であるサクディ・ナー制における高級貴族官史のことである。タイ社会を特徴づける**サクディ・ナー制**とは，全国民を領有する国王が，平民に一定の土地の耕作権を下賜し，平民はその代償として，賦役，兵役，納税などの義務を果たすという，封建制度に近い社会制度である。サクディ・ナー制は，貴族官史が平民を支配し，貴族階層と平民階層という2つの階層の階層分化をもたらす結果となった。タイでは，現在でもエリートは，チャオ・ナーイたる貴族官史のようになること，チャオ・ナーイのような生活・価値観をもつことが理想とされている。**チャオ・ナーイの理想的生活規範**は，手を使っての労働，**肉体労働をしない**こと，**金銭的に出し惜しみしない**ことだとされていた。働かないで，金を浪費して生きるという貴族官史のような人が，タイではエリートの生活の理想であり，社会から威光を獲得できる人なのである。このような価値観が現代のタイ社会に依然として存在している。

　ただし，ここで注意すべきは，タイのチャオ・ナーイに代表される身分制度は，現世や来世において，硬直的なものではなく，流動的過程であるというこ

とである。たとえば，古い時代のアユタヤ王朝時代の身分制度にも，貴族は一世代下がるごとに官位が下がり，五代を過ぎると平民と化すというきまりがみられ，下級官史と平民の間にも出生による身分上の差異はなかった。出生によって身分が固定されるものではなく，各身分間に融通性がみられた。すなわち，タイ社会は，階層は存在するものの，現世においても**階層内の移動，階層の上昇は可能な社会**であった(5)。

　現在においても，大学においても優秀な学生は，官史を目指して法文系の学部に集中し，技術系学部は人気がないという。大卒者は，会社に入っても生産現場に入りたがらないし，現場を管理したり技術的援助をしたがらないという。タイでの現地経営の問題点として，**技術系の人材の不足**が指摘されているが，このような文化的背景がある。

　タイのある日系企業の工場長は，工場長である自分が率先して働けば，労働者も働くようになると思って一生懸命に働いてみたが，タイ従業員で誰もついてくるものがなかったと述懐していたが，これは日本と勤労に対する考え方が相違している好例であろう。タイ社会の最高の価値たるチャオ・ナーイの理想は，労働しないことであり，この工場長は，日本人と同じように「工場長さえこんなに働いているのだから，我々も頑張らなければ」とタイの労働者が考えてくれるだろうという期待があったのだろう。しかし，現実は，全く逆に軽蔑され，おそらく「こんな暑いところまできて，あんなに働かなければならないのは，日本ではよほど使い物にならない人間だったのだろう」とタイ人に思われたためである。

2-4　個人主義

　タイの企業経営に影響を与える文化・価値構造として**個人主義的価値**が指摘できる。ただタイ文化の個人主義といっても，それは西洋における個人主義とは異質のものである。周知のように西洋の個人主義は一神教たるキリスト教文化を基盤として成立し，神と人間との一対一の関係としての個人主義である。タイが個人主義的文化をもつといっても，それは個人が自由で，独立的であり

拘束・規制を嫌うという意味である。では，なぜタイで個人主義が醸成されたのであろうか。

　タイは，稲作文化を中心とした村落社会で，川などでの漁業も盛んであった。「川に魚あり，田に米あり」，「タイには貧困あれど餓死なし」と言われるように，国土の豊かさがあった。歴史的にみるとタイの村落社会は，厳密な階層関係が存在していなかった。個人の社会的位置を支配するような固定した規則がなく，階層的な人間関係や共同労働的まとまりはあるが，それは全面的服従を意味するものではなかった。タイの村落社会では，村民個人の独立性・自主性が守られた上での，村長と村民，老若のある種の社会的位置・階層が認定されているくらいである。ただ，年長・先輩といった年功的要因は，かなり村落での人間関係で重視されていた。このようなタイの村落での個人主義的価値観は，現在でも依然としてタイの文化の特徴として残っている。

　さらに，タイにおける個人主義の醸成の原因として考えられるのは，タイ社会の家族制度が，東南アジアで一般的な父系でもない母系でもない双系的親族制が支配的で，核家族であったということである。タイでは，中国のような拡大家族，日本のような直系家族とは異なり，結婚すると双方の両親から離れて独立して家を構える核家族形態が村落において一般的であった。タイの親族・家族制度は，母系的家族にはじまり，現在でも母方要素の濃い双系的形態が目だっている。核家族制は，個人の独立，自主性や自由を助長し，個人主義的価値を植え付ける。

　タイ人の個人主義的文化が，タイ人従業員は集団への忠誠心・一体感が希薄である，独立したがる，規律を厳格に守らない，上下関係・年功を重視するといったタイの企業経営風土の特徴を生み出している。

第3節　ベトナムの文化・社会と企業経営風土

3-1　中国文化の影響

　ベトナムは，東南アジア諸国で唯一，歴史的に中国文化圏である。中国で

「**越**」とよばれていたベトナム民族はもともと中国東南部に住んでいた民族で，中国での漢民族の発展に押されて中国南部から南下してインドシナ半島北部の紅河デルタに定着した。「ベトナム」とは，漢字の「**越南**」のベトナム読みである。中国の秦の滅亡後，**南越王国**は，この紅河デルタをその領域としていた。しかし，やがて南越王国は紀元前111年，中国の漢王朝に征服された。これを契機に，ベトナムは，以後1,000年にわたり中国の直接的政治支配を受け，これに対する抵抗の歴史が続いた。紀元後938年，ベトナムでは，呉権が独立の悲願を達成し**呉朝**を建国し，以後しだいに勢力を南進させて領土を拡げ，15世紀には，中部ベトナムに東南アジア系民族（マレー・インドネシア系民族）の**チャム族**が築いていた**チャンバ王国**を征服した。さらに17世紀末には，メコンデルタに居住していた**クメール族**（カンボジア系民族）を追い出して，ここに領土を拡大した。ベトナムの歴史は，このように中国による支配とそれに対する抵抗，および南進の歴史であったといえる[(6)]。

　このような歴史的経緯によりベトナムは，他の東南アジア諸国とは文化，社会的に相違した中国文化圏であった。ベトナムは，長い間，話し言葉はベトナム語であるが，文字は漢字を使用するという，日本と同様の**漢字文化圏**であった。このようなこともあり，ベトナムは，東南アジアでは唯一と言っていいほど異質な社会で，むしろ中国，韓国，日本といった東アジア諸国と文化的な共通点がある。ベトナムは，固有のベトナム文化・社会を維持しながらも，中国の文化を受容しながら，独自の文化・社会を発展してきた。企業経営風土の視点からみると，ベトナム企業の特徴は，他の東南アジア諸国とは異質な，中国の文化の影響を受けつつ，独自の文化や制度が形成されたと言えるであろう。

3-2　稲作文化と村社会

　ベトナムは，**米の稲作が中心の村落共同体**としての性格が強いという特徴がある。すなわち，歴史的，文化的に稲作文化の村社会であったという色彩が強い。**ベトナムの村落**は，第1に**地方行政組織の末端**（「総」と「社」）としての性格，第2に**血縁集団**としての性格，第3に村の守護神崇拝とその祭祀，村落

共有地（公田）の耕作，共同労働，各種相互扶助組織の存在などによる地縁的性格，などによって**村社会としての結合性**が強化されていったと思われる[7]。

　第1の総や社とよばれた地方行政組織の末端としての村落の性格については，歴史的にみると，19世紀初頭，**フエ**を首都とし全ベトナムを支配した**グエン（玩）王朝**は，中央集権的な統治をおこない，地方行政組織を整備したことが大きい。しかし，地方行政組織の末端に位置する村落としての**総と社**は，それ以前から歴史的に自治的性格が強かった。すなわち，地方行政組織の末端に位置する村落については，中央政府がその内部まで直接関与せず，その**統治は村落自治**に任せていた。中央政府は，村に対して村落自身の選んだ代表，すなわち「**社長**」（シャチュオソ）あるいは「**里長**」（リチュオソ）とよばれる者を通じて，間接的に治政をおこなったにすぎなかった。複数の部落からなる村落は，国家に対して税金（人頭税と地租）と軍役のための人力，それに公共事業のための賦役を提供する義務を負った。中央政府は，それらの課税額および支払いの形態などについて村単位で決定をおこなった。そして一旦政府からの村単位の割当てが決まると，村内での各戸への配分はもっぱら村内居住者の決定に委ねられた。このように，**ベトナムの村落**は，歴史的には多少変化があるが，**強固な自治的性格**をもっていた。「村落は小皇廷なり」，「社のしきたりは王のおきてに優先する」，「王の法律は村の垣根で止まる」とかいう語やことわざが生まれたのである。

　ベトナム戦争では，村落を拠点としたゲリラ活動が盛んであったし，現在でも村落の結びつきが強い。このような**村落共同体**の存在は，**米の稲作社会の性格**と相まって，**ベトナム人の絆の強さ**，一面では**集団主義の意識**を醸成した。ベトナムの社会は，集団内に対しては仲間意識や助けあい意識が強いという性格は，このような村社会の伝統からきていると考えられる。ただし，一面，村社会の内では仲間意識・団結心が強いが，**村の外に対しては閉鎖的**で，時には**敵愾心を生む**ということもあった。**ベトナム戦争での農村部の抵抗活動**は，このようなベトナムの村社会の特徴から生じたことも1つの理由としてあるであろう。

　第2の**血縁集団としての村落**の性格については，ベトナム村落内での血縁集団として**家族**を基本に宗族，同姓集団がある。ベトナムの**家族制度**は，**家父長**が強大な権威をもち，**父系家族制**である。家族の絆は強く，かつては男子の多くは同一の村落に暮らした。宗族は，同一の祖先より発した子孫より成り，男系を原則とし，通常は同姓を名乗り，また同一祭祀を執りおこなう親族集団である。同一の宗族成員間での婚姻は禁じられている。このような宗族は，中国の家族制度にもみられる。**同姓集団**は，これは同一の姓を名乗る者の全体で構成され，通常同姓者間での婚姻は禁じられている。以上のように，ベトナムの村落では，家族，宗族，同姓集団などの血縁集団を中心として構成されていた。

　第3の**村の守護神崇拝とその祭祀，村落共有地（公田）の耕作，共同労働，各種相互扶助組織**の存在などによる地縁的性格については，村落共有地である**公田**の存在が重要である。公田とは，村落が財産としてもっている耕地で，譲渡しえないという特色がある。ベトナムでは，歴史的に稲作地域の部落では，耕地面積に占める公田の比率は，19世紀前中葉頃で約20％から100％程度と地域によりかなり差があったが，公田が全耕作面積中において，きわめて重要な地位を占めていた。さらに，村落内で共同労働や相互扶助がかなりおこなわれ，それが村落民の地縁的紐帯を強化する要因として作用した。

　以上のように，**稲作が中心のベトナム村落**は，**共同体的性格**が強く，**集団主義**が明確にみられる。ベトナム村落の血縁的および地縁的性格からみて，村内の個人を規制する社会的紐帯が強く，村落は自律的で，かつ排他的であり，それは**自己完結した閉鎖的共同体**という特徴があるであろう。このようなベトナムの村社会的な意識は，企業経営組織においても影響を与えている。

3-3　家族制度

　ベトナムの家族制度は，**家父長**が強大な権威をもち，**父系家族制度**という特徴をもっている。ベトナム人の家族の絆は強い。このベトナム人家族の絆の強さは，宗教的には**祖先崇拝**のためである。祖先崇拝は，本来儒教の教えに基づく思想が基礎になっており，中国文化の影響によるものであるが，ベトナムの

祖先崇拝思想は，この儒教にのみ依拠したものではなく，**ベトナム民族の基層文化ともいうべきアニミズム**（精霊崇拝）や**仏教的な輪廻の思想**とも深く関わりをもっているという点で，独特の特徴がある[8]。

ベトナム人家族では，通常**長男が父の家を継ぎ同居**し，次男以下は父の家を去って新家となる。女子は婚姻によって家を離れ，その子孫は，もはや母の実家の祭祀には関係しない。

ベトナムにおける**相続**は，第1に遺産相続，第2に祭祀相続に分けられる。祭祀相続は，ベトナム特有のユニークな祖先儀礼財産の制度である。

第1の**遺産相続**は，通常の財産遺産の相続で，特に遺言がない場合，嫡出子・庶子（正式な妻子でない女性が産んだ子供）の区別を問わず，財産は女子をも含めて全ての子に**均等に相続**される。すなわち，後述する祖先祭祀のための田地（香火分）を除いて，私有地は相続に際して嫡庶男女に関係なく，すべての子供に均分相続される。ベトナム特有の土地の細分化と多数の小土地所有者の出現は，こうした**均等相続制**によるところが大きかった。

第2の**祭祀相続**は，家父長を中心とした**祖先祭祀のための儀礼財産（香火分）の制度**である。祭祀相続においては，家父長は長子相続を原則とし，男系長男子のみが祖先祭祀を司祭する権利と義務を有する。このように，ベトナム家族制度は，父系的で，長子相続という特徴がある。もし家に男系子孫なくて家父長が死んだ場合には，傍系同族の次男以下の中から養子が採られ，それが不可能であれば，祖先祭祀は停止される。ベトナムには「子孫を残せ」とか，「三つの不孝のうち後継者がないのが最大の不孝である」ということわざがよく語られている。実子も養子もない者は，その財産を，村落の寺院または亭に寄付して，祖先祭祀を依頼することとなる。

ベトナムでは祖先の祭祀の儀礼財産を永久に継続していくために**香火分（ファソ・フォソ・ホア）という土地財産の制度**が設けられている。近年では，子供1人の相続分というのが一般的慣行となっている。香火分は，村の土地台帳たる地簿に記載され，香火分はその所有権は家に属するが家父長がこれを管理する。家父長が死亡した場合は長男が，長男がすでに死亡している場合は次

男，三男とその順序で相続管理される。香火分は譲渡を許されない。このような**家父長による香火分の祭祀相続**の制度は，ベトナム社会がいかに家族の存続と祖先祭祀の維持を重視しているかがわかる。

　以上のように，ベトナムの家族制度は，**祖先崇拝**を中心として強固に団結する父系家族であり，通常の財産相続は均等相続制であることに，その特色が見出される。企業経営風土の視点からみると，**ベトナム民間企業のトップマネジメントやコーポレートガバナンス**において，**家族主義的傾向**が強いという特徴を生み出している。

おわりに　―アジア企業の経営の課題

　本章では，国際・歴史比較経営の視点から，アジアの経営，そのなかでも東南アジアの華僑・華人系企業の文化・価値構造と経営，タイの文化・社会と企業経営風土，ベトナムの文化・社会と企業経営風土，に関するケースを考察した。

　近年，アジア諸国では，日本のみならず，アセアン，中国，インドなどを中心として急速に産業化が進展している。「**21世紀はアジアの時代**」といわれるほど，その経済発展は世界的に注目されている。しかし，アジアの経営の将来を展望すると，その課題は山積している。本章で取り上げた東南アジア華僑・華人系企業，タイとベトナムの企業は，東南アジアの代表的な経営のケースであるが，視野を広げて，将来のアジアでの企業経営のさらなる発展を考えるとまだ克服するべき課題も多い。

　アジアの経営における将来の課題の第1は，所属主義の価値観の強い文化のなかでいかに**業績主義の価値観**を取り入れていくかである。所属主義の価値観が支配する経営の特徴と考えられる企業の経営者・資本の同族支配，所有と経営の未分離がアジアの多くの国で依然として多くみられる。アジア諸国の急激な産業化のなかで，この**同族支配と所有と経営の未分離**を克服してテクノクラートたる**専門経営者**をどう育成するか，アジアのこれからの企業経営発展の

鍵となるであろう。そのために，中等，高等教育のさらなる拡大なども必要であろう。

アジアの経営の第2の課題は，アジア社会の急速な**近代化（モダン）・産業化**につれて社会的平等を求めるようになっている背景のなかで，どうアジアに存在する**権力の格差**の大きい文化・社会を克服していくかという問題である。大きな権力の格差を内包していると考えられる南アジアのインドのヒンドゥー教といった宗教文化，階級格差があって当然と考える文化など，アジアには，まだ権力の格差が大きい価値観がある。また，アジアでは，**貧富の格差**の大きい国がまだ多い。アジア近代化（モダン）・産業化圧力としての**平等化・民主化**といったイデオロギーとアジアの伝統文化・社会をどう調和・調整させていくか，困難な問題であるがアジアの経営にとって重要な問題である。

現在のアジアをみて興味深いのは，アジアで経済が急成長している国は**華僑・華人系企業**の支配力の強い国である点である。**台湾，シンガポール**は華人国家であり，華僑・華人系企業がほぼ経済を支配している。最近，経済発展が注目されているアセアン諸国，特に**マレーシア，タイ，フィリピン**は，華僑・華人系企業の経済支配力が強いし，**中国**はもちろん華人社会である。華僑・華人社会は，一般的に**権力の格差が比較的小さい社会**である。近年，**儒教文化圏の経済発展**が注目されているが，儒教は権力の格差が小さく，教育・秩序を重視した価値観をもつという特徴を考えるときわめて興味深い。また，**ベトナム**も比較的権力の格差が小さい。

東南アジアは，多様な民族・文化・社会をもつ**多民族国家**がほとんどであるが，比較的**階級制度がゆるやか**で，**階層間の流動性**もある傾向にある。今後，アジアでは，**貧困の克服**と共に，**平等主義的発展**が必要となるであろう。

アジアの経営の第3の課題は，特に東南アジアの華僑・華人系企業にみられる**商業資本家的経営行動**をどう展開していくかという点である。これまでの東南アジアの華僑・華人系企業は，**技術・生産に関して多くを外資に依存**する傾向があった。東南アジアの華僑・華人系企業では，その外資への依存をうまく利用し，結果として成功した面もあった。しかし，現在，東南アジア諸国の産

業の高度化，高付加価値化といった状況に対応して，従来の商業資本家的経営行動から**産業資本家的経営行動**が重要となってきている。華僑・華人系企業の商業資本家的行動を生かしながらどう展開していくか，これからの華僑・華人系企業の発展にとって重要な問題になろう。その点で，先駆的なのは**台湾**である。台湾は，**ハイテクの産業国家**として発展しており，産業資本家的経営行動が強くなっている。特に，**台湾のコンピューターや半導体の産業**は発展し，世界的な企業も生まれている。このような台湾などのハイテク企業については，注目すべき存在であろう。また，他のアジア諸国において，台湾のようなハイテク企業が台頭し，世界的な**東南アジアの多国籍企業**が出現するかについても注視していきたい。

　アジアの経営の第4の課題は，**法治主義**，**民主主義**，**公正・公平**，正直，能率，合理主義などのいわゆる**近代化（モダン）意識・制度**の育成である。また，制度理論のいう**執行**，すなわち**法律や規則の厳格な実行**，およびそのための**司法の公正**が必要であろう。アジアの社会は，依然として，不法，不正，賄賂といった行為が社会の一部に存在している。アジアの企業や社会のなかに，当然もつべき近代化（モダン）意識や制度をどう築くかが重要な課題である。2021年，**ミャンマーは軍部によるクーデター**が起きた。クーデターは，民主主義国家ではあり得ないことである。

　文化・制度は時間と共に変容していくものである。将来の「モダン・情報化・グローバル化・SDGs」にむけて，アジア諸国の文化や制度・経営の歴史的変化について，今後注目していきたい。

〔注〕

(1)　華僑研究の代表的文献としては，呉主惠（1944），須山卓（1972），須山卓・日比野丈夫・蔵居良造（1974），游仲勲（1969），瀞仲勲（1970），戴国輝（1980），内田直作（1982），李国卿（1980）等がある。

(2)　Bellah R. N.（1957）。

(3)　タイの文化研究の代表的文献としては，田中忠治（1981），田中忠治（1988），田中忠治（1988），河部利夫・田中忠治（1970），河部利夫（1972），河部利夫（1989），河部利夫（1997），綾部恒雄（1971），岩城雄次郎（1985），石井米雄（1975），石井米雄

　（1975），クリット・プラモート，チット・プーミサック著，田中忠治編訳（1975）
　などがある。
(4)　綾部恒雄（1992），288-289頁。
(5)　綾部恒雄（1992），282-284頁。
(6)　高橋保・真保潤一郎（1971），19-20頁。なお，ベトナムの農村村落の文化・社会
　　的特徴については，桜井由躬夫（1987），ピエール・グルー（内藤完弥訳）（1945），
　　山川壽一（1942）等の研究がある。
(7)　高橋保・真保潤一郎（1971），14-54頁。
(8)　高橋保・真保潤一郎（1971），38-45頁。

〔参考文献〕

河部利夫・田中忠治（1970）『東南アジアの価値体系―タイ』現代アジア出版会。
河部利夫（1972）『タイ―その変動の中で』泰流社。
河部利夫（1989）『タイ国理解のキーワード』勁草書房。
河部利夫（1997）『タイのこころ―異文化理解のありかた』勁草書房。
綾部恒雄（1971）『タイ族―その社会と文化』弘文堂。
綾部恒雄（1992）『東南アジアの論理と心性』第一書房。
グエン・スアン・オアイン，丹野勲編訳（1995）『概説ベトナム経済』有斐閣。
Hsu F. L. K.（1963），*Clan, Caste, and Club*, D. Van Nostrand.（作田啓一・浜口恵俊
　　訳（1971）『比較文明社会論―クラン・カスト・家元』培風館）。
服部民夫（1988）『韓国の経営発展』文眞堂。
岩城雄次郎（1985）『日タイ比較文化考』勁草書房。
石井米雄（1975）『上座部仏教の政治社会学』創文社。
石井米雄（1975）『タイ国―ひとつの稲作社会」創文社。
クリット・プラモート，チット・プーミサック著，田中忠治編訳（1975）『タイのここ
　　ろ』めこん。
ピエール・グルー（内藤完弥（莞爾）訳（1945）『仏村の村落と農民　上巻』生活社。
李国卿（1980）『華僑資本の生成と発展』文眞堂。
桜井由躬夫（1987）『ベトナム村落の形成』創文社。
須山卓（1972）『華僑経済史』近藤出版社。
須山卓・日比野丈夫・蔵居良造（1974）『華僑』日本放送出版協会。
戴国輝（1980）『華僑』研文出版。
田中忠治（1981）『タイ事情（上）（下）』日中出版。
田中忠治（1988）『タイ―入門』日中出版。
田中忠治（1988）『タイ―歴史と文化』日中出版。
高橋保・神保潤一郎（1971）『東南アジアの価値体系3　ベトナム』現代アジア出版会。
丹野勲（1994）『国際比較経営論―アジア太平洋地域の経営風土と環境―』同文舘。
丹野勲，原田　仁文（2005）『ベトナム現地化の国際経営比較―日系・欧米系・現地企
　　業の人的資源管理，戦略を中心として―』文眞堂。

丹野勲（2005）『アジア太平洋の国際経営―国際比較経営からのアプローチ―』同文館。

丹野勲（2010）『アジアフロンティア地域の制度と国際経営―CLMVT（カンボジア，ラオス，ミャンマー，ベトナム，タイ）と中国の制度と経営環境―』文眞堂。

丹野勲（2021）『日本の国際経営の歴史と将来―アジアとの交易・投資の通史と国際交流―』創成社。

内田直作（1982）『東南アジア華僑の社会と経済』千倉書房。

山川壽一（1942）『仏印の住民と習俗』偕成社。

游仲勲（1969）『華僑経済の研究』アジア経済研究所。

游仲勲（1970）『東南アジアの華僑』アジア経済研究所。

第2編
企業・株式会社の形態と経営行動

第3章 —————————————————————————

企業とは何か

第4章 —————————————————————————

株式会社とは何か

第5章 —————————————————————————

公企業，協同組合，公益法人，NPO法人，農業法人

第6章 —————————————————————————

コーポレートガバナンス（企業統治），独占と不公正な取引

第7章 —————————————————————————

企業成長と経営戦略

第8章 —————————————————————————

M&Aと戦略提携

第9章 —————————————————————————

多国籍企業と国際経営

　　　―企業の経営資源の国際比較優位性

第**3**章 企業とは何か

はじめに

　日本の大規模な企業の形成は，江戸時代に遡る。江戸時代になると，規模の大きい，**商家**などの**商業資本**，**マニュファクチェア（工場制）**経営をおこなう**産業資本**などが出現した。商業資本では，代表的なものとして三井（越後屋），白木屋，松坂屋などの**呉服屋**があった。マニュファクチェア（工場制）経営の産業資本では，**酒造**（伊丹，灘など），**醤油**（野田，銚子など），**繊維・織物**（西陣，桐生など），**鋳物**（高岡，川口など），などがあった。さらに，産業資本としての**鉱業**として別子銅山（住友・銅商泉屋）などがあった。これらは，株式会社などの近代的企業形態ではなかったが，**大規模な企業の萌芽**といえるであろう。

　明治維新後に，本格的に株式会社制度が出現し，発展していった。その際，重要であったのは，欧米の会社法や会社制度の著書を日本語に翻訳して出版（福地源一郎（1871）**会社法**など），紹介され，それが影響を与えたことである。

　日本で最初に株式会社制度が**法的に承認**されたのは，1872（明治5）年の**国立銀行条例**であるといわれている。これは，アメリカのナショナルバンク制度をモデルにしたものである。これにより，同年1872（明治5）年に最初の国立銀行として**渋沢栄一**（初代頭取となる）により創設された**第一国立銀行**が設立された。1879（明治12）年に国立銀行が最後となり，設立された銀行数は合計153行であった[1]。**国立銀行**は，**株式会社制度**をとり，**紙幣**を発行する権限を有した。1882（明治15）年に日本銀行が設立されると，紙幣発行は全て**日本銀行**が

おこなうことになった。

　その後，**株式会社としての事業会社**が相次いで設立された。1882（明治15）年に設立された大阪紡績会社が，本格的な株式会社としての事業会社であるとされている。さらに，鐘淵紡績（現在のカネボウ），倉敷紡績（現在のクラボウ），日本郵船，明治火災保険（現在の東京海上），王子製紙，などが株式会社として設立された。1884（明治17）年からは，官営工場，官営鉱山などの**公企業の民間払い下げ**が開始され，多くの株式会社が設立され，三井財閥，三菱財閥，住友財閥，古河財閥，浅野財閥といった**財閥の基礎が形成**されていった。

　合名会社や合資会社といった企業も，明治維新以降，株式会社と比較すると数は少なかったが発展していった。戦前の**三井財閥**の持株会社は三井合名会社という合名会社形態であり，戦前の**三菱財閥**と**住友財閥**の持株会社は三菱合資会社，住友合資会社という合資会社形態であった。

　本章では，**企業とは何か**について，**企業形態**，企業制度を中心として論じる。

第1節　現代の企業，会社，組合とは何か

　企業とは，継続的に生産，流通，商業，金融，サービスなどの経済活動，事業活動をおこなう独立した単位である。企業には，私人，民間が出資する**私（民間）企業**，および，国や地方公共団体などが直接運営するか，または出資する**公企業**がある。なお，**出資**とは，事業のために資金を提供し，事業活動によって生じる利益を受け取る地位を得ることである。

　私（民間）企業とは，個人や民間が出資して，事業を営む企業をいう。私企業には，個人企業と共同企業がある。**個人企業**は，原則として1人が出資して事業を営む企業形態で，**共同企業**は原則として2人以上が出資して事業を営む企業形態である。

　共同企業や組合には，現在の日本の法律では，**会社，民法上の組合，匿名組合，有限責任事業組合，投資事業有限責任組合**などがある。そのなかで，会社が最も代表的で，**合名会社，合資会社，株式会社，（特例）有限会社，合同会**

社などの形態がある。

　さらに，組合員の相互扶助地位の向上を図る目的で事業を営む**非営利法人**形態の事業である**協同組合**がある。

　国際的に企業形態をみると，国営・国有企業，公営・公有企業などの公企業，個人企業，合名会社，合資会社，株式会社，有限会社などの私企業（民間企業），および協同組合，などが存在しているという点ではほぼ共通している。ただし，国により各種の企業形態の比重が違っていたり，同じ株式会社，有限会社であっても各国の会社法制により微妙に相違している。また，これ以外の企業形態が存在している国もある。**中国やベトナム**といった共産党政権の諸国では，最近，**民営化**（**株式会社化**など）が進展しているが，基幹産業の大企業では**公企業**や公的資本が所有する**持株会社**により支配する形がかなり存在する。

　かつては中国，ベトナム，旧ソ連などの旧社会主義諸国では，原則として**私的所有**が認められていなかったため，個人企業や民間企業は存在できない状態であったが，現在では私的所有が認められていることから，多くの個人企業や民間企業が存在し，発展している。**協同組合はヨーロッパが起源**ではあるが，日本を含めて，全世界的規模に広まっている。国際的視点でみると，零細規模の事業者は個人企業が一般的で，中小規模以上の事業では株式会社が多い。

　このように，日本を含めて国際的にみると，企業・事業は，個人企業，および合名会社，合資会社，株式会社，有限会社，合同会社などの共同企業，民法上の組合，匿名組合，有限責任事業組合，投資事業有限責任組合などの組合，公企業，公私混合企業，協同組合，など多様な形態が存在する。

第2節　個人企業

　個人企業は，原則として個人が出資し，経営・運営する形態である。なお，**出資**とは，金銭やその他の財産などを提供することである。歴史的にみると，最初の企業形態である。

　歴史が古いのは，農業や漁業，行商や商店などの商業，交易・貿易や廻船，

職人などによるモノづくり，織物，酒造，飲食，各種サービス業，などの業種である。また，国際的にみても，個人企業は最も多い企業形態である。

　個人企業主は，通常，経営の決定を1人でおこない，得た利益はすべて自分のものにできる。しかし，損失や債務はすべて個人事業主が負うことになる。以上のように，**個人企業**は，企業の債務に対して**無限責任**を負うことになる。

　個人企業は，現在でも，最も数の多い企業形態である。たとえば，商店，サービス事業店，農家，職人などは，多くは個人企業である。さらに，ネットショップに出店する個人事業主も多くなっている。個人企業は，許認可・資格などが必要な業種を除いて，原則として誰でも起業できる。そのため，最初に**起業・独立**したい個人にとっては，最も簡単な方法である。

　個人企業は，個人が集めることのできる資金には限界があるため，事業が拡大すると，一般的に共同企業形態としての会社に発展する。

第3節　会社—共同企業

　原則として2人以上が出資して事業を営む形態が**共同企業**である。共同企業で代表的な形態が**会社**である。日本の法律では，会社には，①**合名会社**，②**合資会社**，③**株式会社**，④**有限会社**（特例有限会社），⑤**合同会社**，がある。

　2006（平成18）年に施行された日本の**会社法**（以下新会社法と明記する）では，株式会社以外の会社である合名会社，合資会社，合同会社の3つの会社形態を合わせて**持分会社**とした。

　会社は，日本の商法では，営利目的で設立された**社団法人**であると定義している。会社は，経済的な利益を得るという，**営利**を目的とするものである。社団法人は，法律用語である。社団とは団体としての組織・機構を備えた人の集合体を意味する（これに対して**財団**は，財産の集合である）。また，**法人**とは，文字どおり法律がつくった人である。すなわち法人とは，本当の人（これを法律用語で**自然人**といっている）と同等の権利能力をもつ法律上の主体をいう。したがって，法人は自然人と同様に，契約の締結，取引行為，財産の所有などの**権**

利能力をもつのである。たとえば，会社は，会社名義で取引をしたり，財産を
もつことができる。

　ただし，法人格の濫用または法人格の形骸化が認められるような場合に，当
該法人かぎりで法人格が否定される，**法人格否認の法理**が，判例により認めら
れている。法人格の濫用とされるのは，経営者としての株主が，**違法・不当な
目的**（たとえば，強制執行・財産などの隠匿する目的で会社を用いる場合など）のた
めに法人格を乱用する場合である。また，**法人格の形骸化**とされるのは，**会社
の実質が個人企業**のようであり，取引相手が会社としてされたのか個人として
されたのか明確でないような場合である。ただし，法人格否認の法理は，慎重
に用いるべきだという見解もある。

3-1　合名会社

　合名会社とは，１人以上の者が出資して共同で事業を営む形態で，**出資者**
（法律用語では社員という）**全員**が会社債務に対して**無限責任**を負う企業形態で
ある。合名会社の出資者は，原則として，会社の業務を執行し，会社を代表す
るという，**企業の所有と経営が一致**している**機能資本家**である。出資者の持分
を譲渡する場合，他の出資者全員の承諾を必要とする。このように，合名会社
は，基本的には機能資本家のみの出資で，相互的な**共同体的結合関係**である[2]。

　ここで重要なのは，**無限責任という概念**である。無限責任とは，出資者が，
会社債務に対して個人財産で限度なしに責任を負うことである。たとえば，も
し会社が倒産し，会社に10億円の債務があるとすると，出資者は出資額が少額
であったとしても，他の出資者と連帯責任で10億円の会社債務の義務を負うこ
とになる。すなわち，**無限責任の出資者**は，出資額にかかわらず，会社債務に
対して個人財産を差し出しても責任を負うのである。

　歴史的にみると，共同企業としての**会社企業の中で最も古い形態**で，最初の
合名会社は，中世ヨーロッパのイタリアやポルトガルに生まれた**ソキエタス**
（societas）という共同企業であるとされる。合名会社は，中世欧州での商業資
本の規模の拡大による，商業資本家の共同企業的結合の中から生じた[3]。

　日本では，江戸時代の「**三井組**」などの豪商は，いわゆる社団的形態で，一族により事業を営む合名会社に類する組織であった。明治以降，会社制度が確立され，戦前の財閥，たとえば三井財閥では，本社としての持株会社は**三井合名会社**という合名会社形態であった。現在の日本では，合名会社形態は，会社総数の１％以下ときわめて少ないのが実情である。

３−２　合資会社

　合資会社とは，２人以上が出資（無限責任出資者と有限責任出資者各１名以上）して共同で事業を営む形態で，**無限責任の出資者**（機能資本家の社員）に加えて，会社債務に対して出資額限りの責任しかとらない**有限責任の出資者**（これを**無機能資本家**ともいう）を加えた企業形態である。有限責任の社員は，何ら企業の支配・経営には参加せず，会社の利潤の一部を配当として与えられる。

　合資会社の無限責任の出資者は，合名会社と同様に，原則として，会社の業務を執行し，会社を代表するという，**企業の所有と経営が一致**している。無限責任出資者の持分を譲渡する場合，他の無限責任出資者全員の承諾を必要とする。このように，合資会社は，機能資本家と無機能資本家との両方の社員の出資より成る。たとえば，合資会社の**有限責任の出資者（社員）**は，もし会社が倒産し，会社に10億円の債務があったとしても，出資額が10万円であれば，その出資額限りの責任を負うだけである。

　合資会社は，海上商業がいち早く発達した10世紀頃の中世イタリアの地中海沿岸，特にイタリアの諸都市で発展した**コンメンダ**（commenda）を起源にしているといわれる。コンメンダとは，**委託**するという意味で，資力ある貸主（無機能資本家）が，資力の乏しい商人（機能資本家）に資本を委託（出資ということになる）し，船舶による交易・貿易をおこなう**海商的企業**を営ませることであった。この海商企業によって得られた利潤は，機能資本家と無機能資本家に一定割合で配分され，損失については機能資本家が無限に責任を負い，無機能資本家が出資を限度とする有限責任を負った。

　日本でも，戦前の財閥，たとえば，三菱財閥，住友財閥では，本社としての

持株会社は**三菱合資会社**，**住友合資会社**という合資会社形態であった。

　有限責任の出資者を加えたことで，多くの出資者から資本を調達することが可能となった。

3－3　株式会社

3－3－1　株式会社の歴史

　株式会社の起源は，1602年設立の**オランダ東インド会社**（江戸時代の**長崎出島**はオランダ東インド会社の支店であった）であるといわれている。オランダ東インド会社を代表とする欧州の初期の株式会社の特質の1つは，政府の**特許状**（charter）によって設立され，その設立とその後の企業活動に政府の影響力が強く，公共的性質をもっていたことである。オランダ東インド会社は，戦前期，オランダ政府の特許状により，オランダ植民地であったインドネシアをはじめ日本を含むアジア地域の貿易や商業に独占的な地位を与えられていた。**イギリス東印度会社**も同様である。この会社は，当時イギリスの植民地であったインド，マレーシア，シンガポールなどを中心として活動した。

　日本で最初の株式会社は，1872（明治5）年に**渋沢栄一**により設立された**第一国立銀行**である。その後，大阪紡績会社，鐘淵紡績，倉敷紡績などが株式会社として設立された。1884（明治17）年からは，官営工場，官営鉱山などの公企業の民間払い下げが開始され，多くの株式会社が設立された。

3－3－2　株式会社の制度と特徴

　株式会社は，人類の経済発展のなかで画期的な制度で，現代でも最も重要な経済単位の1つである。歴史的観点からみると，**蒸気機関の発明**を契機とする**産業革命**に匹敵する，いわば「**株式会社革命**」とよんでもいいものであろう。

　株式会社は，現在では私企業の代表的形態である。日本では，合名会社や合資会社の数はきわめて少ない。国際的にみても，資本主義国のみならず，中国やベトナムなどの諸国（共産党政権の諸国）においても，株式会社（特に**大企業**）は，もっとも一般的な企業形態となってきている。株式会社は，小規模な企業

から巨大企業まで，きわめて多様である。

株式会社の第1の特徴は，資本を出資した株主は，**全員有限責任**である。たとえば，もし，ある株式会社が倒産し，その株式会社に10億円の債務があったとしよう。株主は，株式への出資額が10万円であれば，その株式が無価値になり投資を回収できなくなるかもしれないが，それ以上の会社債務返済の義務はない。すなわち，株主は自己の出資額を限度として会社の債務に責任を負えばよく，それを超えた部分に対しては責任を負わない。そのため，出資のリスクが限定されることから，株式会社は多数の人々から多額の資本を集めることを可能とした。

第2の特徴は，**資本の証券化**である。株式会社は，原則として**株式という証券**を発行して株主から資金を調達する。株式会社のなかで，**公開会社で上場企業**の場合，株式は，原則として，**証券市場**で自由に売買することができる。証券（株式）市場は，発展途上国を含む世界の多くの国に存在する。

3-4　（特例）有限会社

株式会社の特徴をいかして，小さな企業でも設立しやすいような企業形態が**有限会社**である。株主が全員有限責任で，一般的には**株式が非公開（閉鎖会社）**の企業形態である。日本では，小企業の多くに有限会社形態が存在する。

国際的にみると，**ドイツ**では，大企業でも株式会社ではなく有限会社形態の企業が一部存在する。国際的にみると，会社法において，**非公開会社法と公開会社法**の2つを区別する国もある（日本では，会社法に統一されている）。

新会社法では，有限会社制度を廃止した。ただし，既存の有限会社については，経過措置が設けられて，**特例有限会社**として存続可能である。

3-5　合同会社

新会社法で創設された新しい会社形態である。

合同会社は，出資者（法律用語では社員）はすべて**有限責任**であり，**法人格**をもち，内部関係については民法上の組合に近く，定款自治が強く認められる企

業形態である。

　合同会社の出資者としての社員は，原則として，会社の業務を執行し，会社を代表するという，企業の所有と経営が一致している。合同会社は，原則として，出資者全員の一致で定款の変更や会社経営の決定がおこなわれ，各社員が会社の業務を執行する。**合同会社は出資額にかかわらず社員の総意で経営事項を決定**することができる。会社の持ち分の譲渡については，原則として社員全員の一致が要求される。このように，**合同会社は民主的で参加的な企業形態**と言える。欧米や日本などで，少数の合同会社が存在する。

　合同会社は，**アメリカのLLC**（Limited Liability Company）に見倣った企業形態である。合同会社は，新時代の日本で注目される企業形態の１つである。

　合同会社は，ベンチャー企業，産学共同事業，会計事務所や弁護士事務所などのプロフェッショナル企業，民主的経営を目指す企業などに適している企業形態である。

第4節　会社の種類

4−1　大会社と小会社，中小企業

　資本金が５億円以上，または負債が200億円以上の会社が，**大会社**である（新会社法第２条６号）。資本の額が１億円以下の企業を，**小会社**と定義している（商法特例法）。**中会社**は，大会社，小会社以外の会社である。

　なお，**中小企業基本法**では，以下のような企業を**中小企業**と定義している。
① 　製造業等では，資本金３億円以下または従業員数が300人以下。
② 　卸売業では，資本金１億円以下または従業員数が100人以下。
③ 　サービス業では，資本金5,000万円以下または従業員数が100人以下。
④ 　小売業では，資本金5,000万円以下または従業員数が50人以下。

4−2　公開会社と非公開会社

　公開会社は，すべての種類，または一部の株式について譲渡制限がない株式

会社である。公開会社のなかには，会社の株式を**証券取引所**などの証券市場で売買される企業として**上場会社**がある。

　一方，**非公開会社（閉鎖会社）**は，すべての種類の株式について譲渡制限がある株式会社である。すなわち，非公開企業は，株式のほとんどが特定株主などにより所有され，流通市場をもたない会社である。

　一般的には，上場会社は大企業である。ただし，大企業でも，一部の企業で非公開会社が存在する。

4-3　親会社と子会社，連結子会社

　他の会社の株式を原則として過半数以上所有する企業が**親会社**であり，所有される側の会社が**子会社**（従属会社ともいう）である。親会社のうち，他の会社の株式を100％所有する企業を**完全親会社**，所有される側の子会社を**完全子会社**という。

　セブン＆アイ・ホールディングスのケースをみてみると，親会社としてのセブン＆アイは，セブンイレブン・ジャパン，イトーヨーカ堂，そごう・西武，7-Eleven, Inc.（米国），などの多くの子会社をもっている。

　連結子会社とは，会計上，企業の連結財務諸表の対象となる子会社である。連結子会社は，親会社が子会社の株式の過半数以上を所有し，かつ親会社が役員派遣などで子会社の経営を支配している会社である。

4-4　外国会社，外資系企業

　外国会社とは，外国の法令に準拠して設立された法人その他外国の団体で，日本の会社と同種または類似のものをいう。すなわち，外国会社は，日本で設立された会社などの法人・団体ではなく，外国で設立された法人・団体の日本での事業である。外国で設立した会社の**法人格**は，原則として日本でも承認される。なお，外国会社が，日本で継続的に事業活動しようとする場合，日本で代表者を定め，外国会社の登記をしなければならない。外国会社は，日本で持株会社などの法人形態を設立せず，日本で活動する外国の企業である。

外資系企業とは，外国企業が日本に直接投資をおこない設立した，100％出資の完全子会社，合弁会社，および，外国会社が日本企業を買収し経営権を獲得した会社，をいう。そのため，外資系企業は，日本の法律に依拠して設立された企業で，外国企業と違い**日本企業**ということになる。

第5節　日本の法律上の組合

5－1　民法上の組合（契約）

　共同事業の簡単な形は，民法上の組合である。2人以上（法人でもよい）が出資し，共同で事業（営利事業である必要はない）を営むことに合意すれば，**組合契約**が成立し，**民法上の組合**となる。なお，**出資**は，金銭その他の財産のほか，組合のために働くという労務，または名前を連ねるなどの信用でもよい。民法上の組合の構成員は，債務に対して**無限責任**を負う。民法上の組合は**契約**であり，会社と違い**法人格**をもたない。構成員相互間の契約関係で結ばれており，各構成員の独立性は強い。組合の業務執行は，原則として組合員の1人1票という多数決でおこなうが，業務執行者を選ぶこともできる。

　たとえば，友人同士で，資金や労務を出してベンチャーやネット販売などの事業を始めた場合，民法上の組合という契約で始めることができる。友人などと事業を始め，株式会社形態などをとらない場合，法律上は民法上の組合となり，無限責任となるので注意を要する。

5－2　匿名組合（契約）

　事業をおこなう者（営業者）と名前を出さないで出資する者（匿名組合員）との間で，出資とその事業から生じる利益分配の契約をすると**匿名組合**が成立する。匿名組合員（法人でもよい）は業務執行権をもたず，出資した財産を限度として危険を負担する**有限責任**のみである。匿名組合は，**契約**であり，**法人格**はない。匿名組合は，出資している事実を公にしたくない者にとって，利用価値のあるものである。

匿名組合は，航空機リースや不動産の証券化などの事業で利用されている。

5−3　有限責任事業組合

出資者は**全員有限責任**で，**民法上の組合**に近い新しい共同事業形態が，**有限責任事業組合**（LLP：Limited Liability Partnership）である。2005年に施行された有限責任事業組合法に基づく新しい事業形態である。これは，総組合員が業務執行権限を有する形で，出資者全員が有限責任である。

事業運営は，原則として自由な運営が可能で，設立が容易である。有限責任事業組合は，会社と違い，**法人格**がない。そのため，不動産登記や内部留保ができない。また，法人課税はされず，出資者に課税される。

有限責任事業組合は，中小企業の連携，共同研究開発，投資ファンド，街おこし，イベント開催などの組織として設立されている。将来の企業間とのネットワーク戦略において，有限責任事業組合は，有効に活用できるであろう。

5−4　投資事業有限責任組合（契約）

投資事業有限責任組合は，ベンチャー企業や一般企業などへの投資を目的とする，無限責任組合員（業務執行者）および有限責任組合員（投資家）からなる**組合契約**である。

日本のベンチャー企業などへの投資を目的とするかなりの**ファンド**が，この形態である。近年，このようなファンドが，日本のみならず米国などの海外で増加しており，その投資額は世界経済に影響を与えるほど巨額となっている。

第6節　公企業

国や地方などが直接運営するか，または出資する企業が，**公企業**である。私企業以外の企業形態として，中国やベトナムなどの共産党政権の諸国のみならず，資本主義国においても，**国営・国有企業**，**公営・公有企業**などの公企業が存在している。最近，中国やベトナムなどでは，純粋な公企業は減少し，公的

部門が所有する**持株会社**により企業を間接支配する形態，および，**公企業を株式会社化**し，株式のかなりを公的部門が所有する形態となってきている。

　公企業の民営化の動きが，先進諸国を中心として，世界的な趨勢としてみられることは注目される。なぜ公企業の民営化がおこなわれるのであろうか。それは，一般的に公企業は，国や地方からの規制や天下り，経営自主権の制約，地域・事業独占などにより，結果として**企業経営が非能率**の傾向があるからである。公企業を民営化することにより，**自由競争の原理**をとり入れ，**経営自主権を高め経営を効率化**しようとするものである。

　発展途上国では，一般的に国営・国有企業や公営・公有企業の比重が高い傾向がある。**経済発展の初期段階，発展途上の段階の場合，公部門による産業基盤整備，産業育成**が必要であるためである。日本でも，**明治初期に官営事業**として多くの公企業を設立した歴史がある。

おわりに

　以上のように，企業は，**多様な企業形態・事業形態**が存在する。企業，会社の将来について，重要な点に関して考察してみよう。

　第1は，現在では，世界的にみても，企業形態は個人企業と株式会社，公企業が多いが，このような形態以外の企業が発展するかである。特に日本で注目すべきは，**合同会社**である。合同会社は，株式会社と同じく，出資者は全員有限責任で，法人格をもつ。合同会社の特徴は，出資者は，1株1議決権という株式会社と異なり，原則的に**合同会社の出資者は出資額にかかわらず，平等の議決権**を有し，出資者の総意で会社の重要な意思決定がなされる。**合同会社は，より民主的で，参加的な企業形態**であると言える。現在の日本では，合同会社は，専門家集団などの**プロフェッショナル企業**を中心としてみられ，その企業数はまだ少ない。合同会社は，株式会社に比較すると，出資者としての社員からみると，より民主的で，参加的な企業形態である。合同会社は，**出資者の総意**など運営上で困難な点もあるが，今後注目されるべき企業形態であると言え

よう。

　第2は，将来，**新しい企業形態，企業制度が出現するか**である。**制度は人間が作るものである**。**株式会社を超える企業組織・制度**の出現の可能性である。株式会社制度には，多くのメリットがあるが，その弊害もある。その最大の問題は，株式会社は，**株主主権主義**で，株主に重きを置いた経営がなされていることである。企業には，株主以外に，従業員，供給業者，顧客，金融機関，地域，など多様なステークホルダーが存在する。このような，**多様なステークホルダーの要求**し対応するような企業制度の構築も今後もとめられるであろう。

　第3は，**公企業が復権，復活する可能性**である。多くの国で，公企業の民営化，株式会社化が進展している。しかし，特に，**公益的企業**については，その弊害も指摘されている。公益事業の民営化は，結果として国民の利益を損なうこともある。将来の公企業のありかたについて注視していくべきであろう。

　将来・未来の「**モダン・情報化・グローバル化・SDGs**」に向けた企業・株式会社の経営行動が，もとめられるであろう。

〔注〕
(1)　菅野和太郎（1966）『日本会社発生史の研究』経済評論社，342－343頁。
(2)　大塚久雄（1954）『株式会社発生史論』岩波書店，13頁，110頁。
(3)　大塚久雄（1954）『株式会社発生史論』岩波新書，27－30頁。

〔参考文献〕
神田秀樹（2017）『会社法』弘文堂。
菅野和太郎（1966）『日本会社発生史の研究』経済評論社。
中山健・丹野勲・宮下清（2018）『新時代の経営マネジメント』創成社。
大塚久雄（1954）『株式会社発生史論』（1969）岩波書店。
丹野勲・榊原貞雄（2007）『グローバル化の経営学』実教出版。

第4章 株式会社とは何か

はじめに

　株式会社は，**出資者の有限責任**，**資本の証券化**などの特徴をもつ会社形態で，歴史的にみても企業の代表的形態である。人類の資本主義の発展は，株式会社制度の発明によってもたらされたといっても過言ではない。

　株式会社の起源は，1602年設立の**オランダ東インド会社**であるといわれている。このような欧州の株式会社制度の発生は，基盤として**船舶所有の共有化**（船舶共有組合）が背景としてある。船舶による交易・貿易をおこなうために，すべて有限責任で出資という形態としての株式会社が誕生した。船舶は高額で，海難などのリスクがあるため，共同で出資する株式会社を設立し，事業経営をおこなった。オランダ東インド会社は，持分としての株式の自由な譲渡，利益分配としての配当がなされた。オランダ東インド会社は，インドネシアなどのオランダ植民地などでの事業や貿易，またインド，東南アジア，台湾，日本，中国などのアジア地域に支店を設け貿易活動などをおこなった。日本の**長崎出島**には，江戸時代，オランダ東インド会社の支店が設けられていた。

　株式会社は，近現代の世界の経済発展のなかで中心的役割を担った。**現代は，「株式会社の時代」**と言ってもいい。株式会社は，先進国，中進国，発展途上国，においても中核的な事業主体である。株式会社の制度，特に**証券市場に上場（公開）**している**大企業**の場合，国により複数の株式会社制度のパターンがあるものの，世界的に**企業制度**に共通性が多く，その意味で**収斂**してきている。

本章では，このような歴史的起源と特徴をもつ株式会社について，現代の日本の株式会社制度を中心として論じる。

第1節　現代の日本の株式会社制度

1－1　株式会社制度の特徴と株式会社の設立

　現在の日本の大企業は，ほとんどが株式会社の形をとっている。国際的にみても，大企業は株式会社形態が一般的である。

　株式会社では，資本を出資した**株主**（日本の法律では**社員**という）は，会社に対して出資義務を負うだけで，会社債務に対してまったく責任を負わない。すなわち，株主は，**全員有限責任**である。事業に失敗しても，株主は，株式が無価値（会社の残余財産の分配を受ける場合もある）になるだけで，それ以上の会社債務返済の義務はない。そのため，**出資のリスクが限定**されることから，株式会社は**多数の人々から多額の資本を集める**ことを可能とした。

　日本の**新会社法**において，株式会社の**最低資本金制度**がなくなり，資本金1円でも株式会社を設立することが可能となった。資本金1円では，出資者は1人のみということになり，いわゆる**1人会社**も認められている。そのため個人が，**独立，起業**しやすくなった。

　株式会社を設立する場合，会社の基本的規則としての**定款**を作成し登記をする必要がある。定款には，会社の商号，企業の目的（事業内容など），本社の所在地，設立に際して出資される財産の価額またはその最低額，発起人の氏名または名称と住所などのほかに，会社が発行する株式の総数（**授権株式数**），および会社の設立に際して発行する株式の総数を必ず明記しなければならない。そして，実際に発行する株式数（**発行株式数**）は，**授権株式数の4分の1以上**でなければならないとしている。なお，**授権株式数の枠内であれば，取締役会の決議のみで新株を発行（増資）**できる。定款の変更により既存の授権株式数を増加する場合には，公開会社のみ，発行済株式数の4倍までしか増加できない。これらの規定は，**敵対的買収の防衛策，第3者割当による増資，資金調達のた**

めの増資，などにおいて重要である。

　株式会社の設立にあたって，発起人のみが株主となって会社を設立する**発起設立**，および発起人以外にも株主を募集して会社を設立する**募集設立**がある。

1-2　株式会社の機関

　株式会社の機関は，国際的にみても，**株主総会，取締役会，監査役会**の3つを基本とするのが一般的である。この3機関は，**国の3権分立**にならって，株主総会が国会，取締役会が内閣，監査役会が裁判所という役割として機能している。

　日本の新会社法では，株式会社の機関として必ず置かなければならないのは，**株主総会**と**取締役**のみで，それ以外の機関は，公開会社と非公開会社，大会社と小会社の区分によりオプションとして規定されている，自由度の高いものとなった。すなわち，**新会社法で規定された会社機関の組み合わせのオプションのなかから株式会社の機関は自由に選択**できるようになった。

　たとえば，**公開会社**で**大会社**の場合は，株主総会，取締役会，監査役会，会計監査人という**従来の会社機関の会社**，または，株主総会，取締役会，3委員会（指名委員会，監査委員会，報酬委員会），会計監査人という**委員会設置会社**という2つのパターンがある。

　図表4-1は，**新会社法による株式会社の機関**に関して，公開会社と非公開会社，大会社と小会社の区分により，会社機関設置のパターンを表したものである。

1-2-1　株主総会

　株主の総意によって**会社の最高意思決定**をする機関が**株主総会**である。株主は，原則として**1株1票の議決権**をもつ株主総会に参加し，議決権を行使することができる。通常の**普通決議**では**出席株主の過半数以上**で決定するが，一定の重要な事項の**特別決議**では**出席株主の3分の2以上**で決定する。

図表4-1　新会社法による株式会社の機関

	大会社	大会社以外の会社
公開会社	取締役会＋監査役会＋会計監査人 取締役会＋3委員会等＋会計監査人	取締役会＋監査役(会) 取締役会＋監査役(会)＋会計監査人 取締役会＋3委員会等＋会計監査人
非公開会社	取締役(会)＋監査役(会)＋会計監査人 取締役会＋3委員会等＋会計監査人	取締役 取締役(会)＋監査役(会) 取締役(会)＋監査役(会)＋会計監査人 取締役会＋3委員会等＋会計監査人 取締役会＋会計参与

(注)　3委員会等とは，委員会設置会社における指名委員会，監査委員会，報酬委員会のことである。

　主要な株式会社の法律上の**株主総会での決議事項**として以下などがある。

① 　取締役・監査役などの機関の選任・解任に関する事項。

② 　会社の基礎の根本的変動に関する事項（定款変更，授権株式数の増加，資本減少，合併，会社分割，解散など）。

③ 　株主の重要な利益に関する事項（利益処分，損失の処理，自己株式の買い受け，第3者に対する新株・新株予約権の有利発行など）。

④ 　取締役にゆだねたのでは株主の利益が害されるおそれのある事項（取締役の報酬の決定など）。

　それ以外の事項の決定については，取締役会に委ねられる。ただし，定款で定めれば，これ以外の事項を株主総会で決定する権限とすることができる。

　上場企業などの株主は，**配当**や**株式の値上がり利益**を求める**一般株主**が増えたことから，株主総会は形骸化している傾向にあるという指摘もある。また，内外の**投資ファンド**などの大株主による**株主提案**がなされるケースもある。

1-2-2　取締役，取締役会

　会社の経営をおこなうのが，**取締役**である。取締役の全員で**取締役会**を構成する。**株主総会が取締役を選任**する。会社を対外的に代表するのが**代表取締役**である。一般的に，代表取締役は，会長，社長，副社長クラスである。

　日本では，近年，外部の人が就任する**社外取締役**が導入されつつあるが，取締役の多くは会社の従業員のなかから出世していった，いわゆる**内部（企業内）昇進取締役**が一般的である。

　日本で，**重役**とよばれるのが取締役である。取締役には，会長，社長，副社長，専務，常務，平取締役のような，ランクがあるのが通常である。かつては，日本の大会社では，取締役の数が多い会社があったが，近年，その取締役の数が減ってきている。その理由は，後述する**執行役員制度や委員会設置会社の導入**などのためである。

　日本では，事業部長，本部長，部長，支店長，工場長といった部門管理職と兼任の取締役も多い。

　公開会社における重要な**取締役会の決定事項**は以下などである。

① 重要な財産の処分および譲受け。多額の借財。
② 支配人，その他の重要な使用人の選任，解任。
③ 支店，その他の重要な組織の設置，変更，廃止。
④ 株主総会の招集。
⑤ 代表取締役の選定・解職。
⑥ 定款での授権資本内による新株発行。
⑦ 株式の分割（たとえば，1株を10株とするように株式数を増やすこと）。

　すなわち，社長などの**代表取締役の選任と解任，授権資本内の増資は，取締役会の決定事項**となる。そのため，社内のクーデターなどにより，**取締役会で社長が解任**されるようなケースもある。

　大企業の場合，取締役の数が多い場合，頻繁に**取締役会**を開催することが難しい。取締役会は，法的に議事録の公開義務がある。このような事情から，大企業では，現実には取締役会は形骸化しており，常務会などが実質的に重要事項を協議，決定している企業も多い。会社によっては経営委員会，最高経営会議などの名称が使われている。

1-2-3　監査役，監査役会

　株式会社の監査をおこなう機関が，**監査役，監査役会**である。新会社法では，監査役の設置は，公開会社を除いて任意となった。監査役，監査役会は，取締役の業務執行を監督する機関である。**監査役は株主総会で選任**する。

　従来から日本の監査役制度はあまり機能していないといわれている。それは，監査役の多くが企業内部の出身であること，監査役の社内ランクが低く，取締役会を監査する力が弱いこと，などのためである。そのため，近年は，企業外部の有識者などに監査役を引き受けてもらうという，**社外（外部）監査役**を置く企業が増えている。

1-2-4　委員会設置会社（3委員会），執行役設置会社

　監査役（会）を置かず，**取締役会，執行役，および3委員会（指名委員会，監査委員会，報酬委員会）**から構成される会社が**委員会設置会社**である。2002年から施行された改正商法で，委員会設置会社では，執行役の制度が法制化された。

　この委員会設置会社は，**アングロサクソンモデル**としてのアメリカの経営（執行）委員会を見習ったトップマネジメント構造である。執行役制度の導入により，執行役員から構成される**執行委員会**が会社の業務をおこない，**取締役会は執行委員会を監視する**という役割分担をするという制度である。

　執行役および代表執行役は，取締役会により選任される。執行役は，取締役会で選任される会社の業務執行の責任者である。執行役の中で，会社を代表する権限をもつのが，**代表執行役**である。取締役によって構成される指名委員会，監査委員会，報酬委員会の**3委員会**は，取締役は3人以上で，かつ過半数は**社外取締役**でなければならない。**指名委員会**は，取締役の候補者を決める機関である。**監査委員会**は，取締役や執行役の業務監査し，会計監査人の候補者を決める機関である。**報酬委員会**は，取締役や執行役の報酬を決定する機関である。最近，日本の大企業では，委員会設置会社を採る企業が増えてきている。

第2節　株式とは何か

2-1　株式とは

　資本の単位で，**証券化**したものが，**株式**（stock）である。株式は，**均一性**を有する。株式は，借入れではないので返済する必要のない**自己資本**である。**公開会社で上場企業**の場合，原則として，株式は，**証券市場**を通して自由に譲渡できるし，購入することもできる。

　株主は，株式を通じて会社の一部を所有していることになる。

　株式には，株式の価格が明記されている**額面株式**と，株式の価格が明記されていない**無額面株式**とがあった。額面株式は，1株当たり，50円，500円，5,000円の価格が一般的であった。しかし，2001（平成13）年度以降，このような**額面株式が廃止**され，**株式はすべて無額面株式**となった。したがって，株券には，1株の金額の定めがない。それは，株式を額面株式の価格で取引することはほとんどないためである。さらに，株式を印刷して株券として発行するのではなく，**株式の電子化**が認められるようになった。

　株式には，原則として以下のような**株主の権利**がある。

　第1は，**議決権**である。株式会社の場合，普通株を所有する株主は，株主総会で意思決定を行使することのできる議決権をもっている。また，一定の要件をもつ株主については，株主総会における質問権や提案権，総会招集権などがある。なお，普通株以外の議決権をもたない**議決権制限株式**も存在する。

　第2は，**配当権**である。株主は，会社が利益を出した場合，利益の株主への還元として配当権をもっている。ただし，会社の利益が少ない場合や赤字の場合，無配当ということもあり得る。

　第3は，**残余財産の分配権**である。会社が，解散・清算する時，会社の債務一切を弁済した後で，なお残る会社財産の分配を受ける権利である。このように，会社は，まず債権者に対して優先して弁済する必要があり，株式の株主は，その後，残余財産がある場合のみ分配するという**株式の劣後性**がある。

　第4は，**株主代表訴訟権**である。株主は，株主の利益に反するような行為を
した場合，会社や取締役を裁判所に訴えることのできる権利をもつ。

2-2　1株1議決権の原則

　株式会社の株主が，**株主総会**において，その有する株式1株につき1つの議
決権を有することを，**1株1議決権の原則**という。つまり，株式会社において
は，出資額に応じて会社意思決定に参加する権利を与えられている。ただし，
株式の種類に**議決権制限株式**がある場合，その株式の議決権は制限される。

　たとえば，A氏が会社の株式の51％を所有しているとすると，株主総会の議
決権の51％をもっていることになる。すると，A氏は，理論的には株主総会で
決定する会社の重要な意思決定を単独でおこなえることになる。

　このように，会社の株式を過半数または多数所有すると，会社を実質的に支
配することが可能となる。最近，企業の株式を，株式市場，公開買い付け（TOB），
増資による第3者割当て，などで取得する，**企業買収**が増加している。

　一方，**協同組合**は，1株1議決権ではなく，**組合員1名に対して1票の議決
権**があるという形態である。すなわち出資額にかかわらず，平等な議決権をも
つのである。

2-3　議決権制限株式

　一般的には，前述したように株主は議決権を行使することができるが，**株式
の多様化**により，この議決権を制限する株式があり，これを**議決権制限株式**と
いう。議決権制限株式には，すべての事項について議決権を有しない**完全無議
決権株式**と，一定の事項についてのみ議決権を有する**一部議決権制限株式**があ
る。公開会社については，議決権制限株式の総数は発行済株式総数の2分の1
を超えてはならないと規定されている。

　議決権制限株式は，配当などに期待し，議決権の行使には関心のない一般投
資家のニーズにこたえた株式であり，一般的には，**利益配当などについて普通
株より優遇**されている。会社としても，議決権制限株式は従来の支配関係の変

動を与えないで増資をおこなうことができ，また株主総会の招集通知などの費用を節約することができるというメリットがある。

2-4　優先株式と劣後株式

　株式は，剰余金の配当または会社の解散や倒産などの場合での**残余財産の分配**の観点から，以下の3つに分類することができる。

　優先株式は，他の株式に優先して配当，財産分配などを受ける権利のある株式をいう。**劣後株式**は，他の株式より遅れてしか配当，財産分配などを受け取ることができない株式をいう。**普通株式**は，配分，財産分配などの標準となる株式をいう。

2-5　株式の発行

2-5-1　新株の発行

　新しい株式，すなわち**新株**を発行して，**増資**（資本の増加）して資金を調達する主要な方法として，**株主割当て，第3者割当て，公募，新株予約権**という4つがある。なお，新株発行の決定は，定款に特に規定がない限り，**取締役会が決定**する。また，発行すべき新株の数は，**授権株式数**（定款で決めた株式数）の範囲内であることを要するが，それを超過して発行したい場合は，**定款**（株主総会の決議事項）を変更しなければならないとしている。なお，定款の変更により既存の授権株式数を増加する場合には，公開会社では発行済株式総数の4倍までしか増加できないという**授権株式数の4倍ルール**が規定されているが，非公開会社ではそのような制約はない。

　このように，会社事業の発展，または敵対的ないし友好的な他社からの**買収**の場合，公開会社では株主総会を開催せず，取締役会の決議のみで，授権資本内（発行可能株式総数内）で増資をおこなうことができる。このようなこともあり，公開会社の場合，他社からの**敵対的買収に備えて授権資本を多めにしておく政策**も必要であろう。

２－５－２　株主割当てによる新株発行

　既存の株主に対して，その持株数に応じて新株の割当てを受ける権利を与えておこなう新株発行が，**株主割当てによる増資**である。通常は，**新株の発行価格（価額）は株式の時価**（株式の市場価格）より低いことが多い。なお，株主割当てによる方法の場合は，発行価格（価額）はいくら安くても株主の利害は害されないので，発行価格（価額）はどう定めてもよいとされている。なお，既存の株主は，新株を購入しないという権利もある。

　たとえば，株主は，A社の株式を1,000株所有し，その株価（時価）は1,000円であるとしよう。A社は，1,000株当たり100株，発行価格（価額）は800円で株主割当てによる新株発行を決定した。その株主は，新株を時価より200円安い価格（価額）で，100株の株式を手に入れることができることになる。

２－５－３　第３者割当てによる新株発行

　特定の株主や株主以外の第３者に，新株式を引き受けて購入してもらう新株発行が**第３者割当てによる増資**である。第３者割当てによる新株発行は，**会社の再建，安定株主対策，買収の防止，他社との関係強化**，などの目的がある。なお，公開会社では，定款所定の発行可能な授権株式数の限度であれば，原則として**取締役会の決議によって新株の募集株式の発行**ができる。そのため，第３者割当てによる新株発行は，取締役会の決議だけでおこなえるため，その迅速な決定が可能である。

　第３者割当てによる新株発行のような株主割当てによらない場合には，株主の経済的利益を害さないよう，**公正な新株の発行価額**であることを要するとしている。

　たとえば，シャープは，台湾のホンハイ（鴻海）グループによる第３者割当て増資により，経営再建をおこなったという事例がある。

２−５−４　公募による新株発行

　新株の購入を募集し，応募した者に新株を割当てるのが**公募による増資**である。すなわち，公募とは，不特定の者に株式の引き受けの勧誘をして株式を割り当てることである。日本では，通常，一度証券会社が株式の総数を引き受けてから投資家に販売している。

　近年，公募による増資（**公募増資**）が急速に普及し，**新株発行**で最も多い方法となっている。公募による新株は，株式の時価に近い価格で新株を発行する**時価発行**が一般的である。

２−５−５　**新株予約権**による株式の発行

　将来において，新株を購入する権利をもつことを**新株予約権**という。現時点で，将来の一定期間内（行使期間）に，いくらの価格で何株購入できるという権利である。実際に，ある時期に，新株予約権を行使すると，新株予約権による新株の発行となる。

　たとえば，A社は，2021年1月にB氏（社）に対して，2022年1月に1株1,000円で，1万株の新株予約権を与えたとしよう。B氏（社）は，2022年1月に，このような条件でA社の株式を購入することができる。しかし，A社の株式の時価が，その時点で，1株700円に下落してしまったという場合，B氏（社）は，新株予約権を行使せず，購入しないこともできる。逆に，株式の時価が上がった場合，B氏（社）は新株予約権を行使すれば，時価より安い価格でA社の株式を購入できることになる。

　新株予約権は，以下の目的で利用される。

　第1は，**将来の企業買収を防ぐ手段**としてである。新株予約権を，あらかじめ一定の価格（通常安い価格）である特定の株主に与えておくことにより，もし会社が買収されそうな場合でも，買収を困難にさせるのである。新株予約権を行使すると，新株予約権による増資となり，買収側の持株比率は低下するので，これは買収の対抗策になるし，買収の抑止力にもなる。

　第2は，**資金調達の手段**としてである。新株予約権を行使すると，新株予約権による新株の発行となり，自己資金（自己資本）を調達することができる。

　第3は，**ストック・オプションの利用**である。ストック・オプションとは，会社の経営者などに対して，新株予約権を与えることをいう。ストックオプションは，経営者に対する報酬，モチベーションを高める目的で，日本でも使われるようになった。アメリカなどの欧米では，これはかなり一般的である。

　近年，このような目的で，新株予約権を与える日本企業が，大企業を中心として増加している。

2-6　自己株式の取得

　会社が，自分の会社の株式を取得することを**自己株式の取得**という。2001（平成13）年の商法の改正以前は，自己株式の取得は認められていなかったが，この商法改正で原則として認められるようになった。新会社法では，自己株式の取得の条件が緩和され，さらに自己株式の取得ができやすくなった。自己株式の取得には，すべての株主に申込機会を与える取得，特定の株主からの取得，子会社からの取得，市場取引による取得，などの方法がある。

　自己株式を取得するのは，株価を下支えすること，所在不明株主の株式買取り，合併後消滅する会社からの株式の承継，などが主な狙いである。なお，会社はその保有する自己株式については，**議決権を有しなく**，また**余剰金の配当ができない**。自己株式の取得は，自社の業績が良く，株価が高い場合は，資産価値も高く，自己株を売却してもかなりの売却利益を確保できる。しかし，自己株式の取得の最大のリスクは，自社の業績が悪く，株価が低い場合では，資産価値が下がり，自己株を売却しても売却損になるという問題である。

2-7　従業員持株制度

　会社の従業員が，従業員持株会などにより自社の株式を取得・保有するのが**従業員持株制度**である。日本企業でも，この制度を導入している企業も多い。

　従業員持株制度は，従業員に対して，自社の利益および経営への参加を実現

しようとするものである。また，従業員の士気高揚や福利厚生となることもある。会社にとっては，持株会が安定株主となる利点がある。しかし，従業員にとっては，会社が倒産，危険という場合，自社株という自らの財産までリスクにさらされるという問題がある。

第3節　株式の上場と株式市場

　会社の株式が証券取引所などで正式に売買されるようになることを上場(じょうじょう)という。会社の株式を上場するためには，会社が上場の申請をして，証券取引所が定める各種の**上場基準**をクリアーしなければならない。株式を上場している企業を**上場企業**という。上場企業の株式は，市場での売買が可能になるため，株主は売りたいときに株式を売却することができる。また，原則として，**外国人を含む誰でも**（個人，機関，会社など）その株式を取得できる。

3-1　上場のメリット

　会社が上場するメリットとして以下がある。

　第1は，**証券市場からの資金調達**が可能となり，より資金調達の範囲が広がる。新株発行による増資などがやりやすくなり，証券市場から巨額な資金を調達する道が開かれることになる。

　第2は，上場企業になると，**社会的信用**が高まる。上場企業は，人材確保，販売，銀行からの借入などで，有利となる。

　第3は，会社が株式市場に上場し，**株式の市場価格**がかなり高くなると，株式を所有している**株主**は大きな利益を得ることができる。特に，自社株を多く所有する創業者や経営者，持株会を通して自社株を所有する従業員などは，多くの利益が得られる。また，**増資**の際，株価が高いと，**時価発行**で1株当たり高い価格で発行でき，会社の多くの資金が得られる。たとえば，**ソフトバンク**は増資を繰り返し，巨額な資金を獲得し，巨大な企業グループとなった。

3-2　上場のデメリット

しかし，会社が上場すると以下のようなデメリットもある。

第1は**買収される可能性**があることである。会社の株式を上場すると，原則として誰でも（外国人投資家，法人，ファンド，機関投資家などを含む）会社の株式を取得することができるようになるため，会社が望まない者が会社の株式を大量に取得し，会社を買収するという危険性が存在する。近年，**海外の企業や投資家が日本の上場企業を買収するという事例**も生じている。

第2は，**経営が株価の変動に左右**されることである。株価があまりにも下がると時価発行での公募増資ができにくくなる。株価がかなり下がると，会社格付けが落ち，会社の信用が損なわれることがある。短期的な株価の変動ばかり気をとられて，会社が長期的視点で経営できにくい状況を生む可能性がある。

第3は，**創業者や有力株主の経営支配が薄れる**可能性があることである。上場企業は，証券取引所の**上場基準の規制**のため，大株主の持株比率などが制限されている。創業者や有力株主は，上場するとこのような規制のため，場合によっては株式を手放さなければならず，経営支配を維持できなくなるのである。

3-3　上場しない大企業のケース

上場は，以上のようなメリットとデメリットがあるため，大企業でも，一部の企業で上場していない企業のケースが存在する。上場していない大企業には，以下のような企業がある。

第1は，**証券取引所の上場基準を満たしていない企業**である。各証券取引所では，企業の業績，規模，大株主の持ち株比率，などに基準がある。その基準を満たさないと上場できない。

第2は，外国企業が経営支配する**外資系企業**である。外国企業が，100％出資か過半数以上出資して日本で設立された会社で，成長して大企業になっても，依然として上場していないことも多い。たとえば，ネスレ，IBM，HP，インテル，マイクロソフト，アマゾンなどの外国籍企業の日本法人である。

　第3は，**合弁企業**である。日本の企業が共同で出資した合弁企業や，日本企業と外国企業が出資した合弁企業で，成長して大企業になっても，上場しない企業もある。たとえば，ニベア花王，東芝キャリア，ジェトスター・ジャパンなどがある。

　第4は，**公益性中立性の維持**のためである。株式を上場すると，買収されたり，特定の株主の影響力が強くなるという懸念がある。マスコミのような公益性，中立性を要求される業界では，株式を上場しない企業もある。新聞社，広告代理店，出版社，放送局といったマスコミ企業などである。朝日新聞社，読売新聞社，産経新聞社，毎日新聞社，日経新聞社は上場していない。

　第5は，**会社の経営戦略**のため，または買収防止のために非公開にしている。また，会社が，上場するメリットがないと判断すれば，非上場という経営判断もあり得る。たとえば，YKK，エースコック，オーディオテクニカなどがある。

　第6は，**オーナー所有，家族所有**の企業である。森ビル，パロマ，などは非公開企業である。

　第7は，**大企業が出資した子会社**，または**持ち株会社が所有しているグループ会社**である。たとえば，セブン＆アイ・ホールディングス（持ち株会社）が所有しているセブン・イレブン・ジャパン，そごう・西武，セブン＆アイ・フードシステムズ（デニーズ）は上場していない非公開企業である。

3-4　日本の株式市場

　日本の証券取引所には，東京，名古屋，札幌，福岡の4カ所，および，**ジャスダック，マザーズ**，などの**証券取引所**が存在する。**東京証券取引所**では，市場は1部と2部に分けられているが，2022（令和4）年4月より，**プライム市場，スタンダード市場，グロース市場**に区分される。プライム市場（旧1部市場の企業が中心）の上場企業は，有力企業としての大企業が中心である。海外でも多くの国に証券取引所が存在している。

　証券取引所の株取引は，通常の取引時間内におこなわれる**時間内取引**と通常の取引時間外に取引がおこなわれる**時間外取引**がある。時間外取引の乱用を防

ぐため，企業の３分の１以上の株式を取引する場合，原則として株式の公開買付けによる必要があるとしている。

第4節　株式の公開買付け（TOB）

　不特定かつ多数の者に対し，公告により株式を買うという勧誘をおこない，証券市場外で株式の買付けをおこなうことを，**株式の公開買付け（TOB：Take Over Bid）** という。株式の公開買付けは，他の会社を買収するための方法として，日本でもおこなわれるようになった。敵対的なケースとして，2005（平成17）年の堀江貴文が率いるライブドア社のニッポン放送への敵対的買収への対抗策として，フジテレビジョンによるニッポン放送株のTOBなどがある。友好的なTOBの代表的ケースとして，2009（平成21）年のパナソニックによる三洋電機の買収があり，2020（令和２）年の伊藤忠商事によるファミリーマートの買収，など最近増えている。

　株式の公開買付けでは，A社がB社の株を一定の期日までに，１株いくらで，発行株式の何パーセント買い付けます，というような**公告**を出す。そして，期日までに目標の株式が集まれば，それらの株式を取得する。もし，目標に達しない場合は，一定期間延長するか，中止する。中止しても，応募した株式を買い取る義務はない。公開買付けの株式価格は，通常，時価より高めに設定して，公募しやすくしている。このような株式の公開買付けは，株式市場で徐々に株式を取得した場合に比較して，株価の高騰や失敗のリスクが少ないので，買収側企業にとっては有利である。グローバルにみると，M&Aの手法として米国など欧米主要国で多くおこなわれている。

　TOBの最大の問題点は，**買収する企業にとってきわめて有利な制度**であることである。買収する企業は，リスクが少なく，他社の企業買収を試みることができる。一方，買収される企業の立場に立つと，特に敵対的買収の場合，限られた対抗策をとって買収を阻止しなければならないことになる。

第5節　MBO（マネジメント・バイアウト）とLBO（レバレッジド・バイアウト）

5-1　MBO（マネジメント・バイアウト）

　上場している会社を，非公開にする戦略の1つとしてMBO（マネジメント・バイアウト）がある。**MBO**（Management Buy-Out）とは，自社やグループの経営陣などが，それらの会社の株式や事業を取得して経営権をもつという企業買収である。すなわち，子会社や会社・事業部門の経営陣などが，その会社・事業の継続を前提として，株式の買い取り（株式譲渡である），または部門の買い取り（営業・事業譲渡である）によって経営権を取得することである。MBOの目的には，以下のような非公開会社化と関係会社の独立などがある。

　第1は，**上場会社を非公開化**するという方法としてのMBOである。現経営陣などが，自社の株式を買い増し，会社を非公開にするのである。第2は，企業グループのなかにある関係会社が，企業グループの経営戦略により**分離し，独立**する方法としてのMBOである。これは，オーナー経営者などとして独立することで，いわば暖簾分けである。

5-2　LBO（レバレッジド・バイアウト）によるM&A

　LBO（レバレッジド・バイアウト：Leveraged Buy Out）とは，M&Aにおいて，買収する相手企業の資産を担保に借金して買収する手法である。LBOのメリットは，買収者は手元資金が少なくても，相手企業の資産を担保として資金調達するため，買収が可能となることである。デメリットとしては，買収に失敗した場合や買収後に資産・事業価値が減少した場合には，調達資金の返済が困難になる可能性があるということである。

　LBOは，米国をはじめ多くの国でのグローバルなM&Aの手法として用いられている。なお，**M&Aのための買収資金の調達方法**としては，このLBOによる以外に，**自己資金，金融機関からの融資，新株発行などによる増資，転換**

社債の発行，などがある。

第6節　社債

6-1　社債とは何か

　会社が，有価証券という債券を発行し，多数の公衆からお金を借りるという債権を**社債**という。株式発行は自己資本であるのに対して，社債は**他人資本**である。そのため，社債は，株式と違って，原則として，一定期間後に借り手にお金（元本）を返さなければならない。また，社債には，一定の**利息**が付く。

　会社にとっては，社債は，銀行などの金融機関以外の公衆から資金調達することが可能であるというメリットがある。さらに，社債は，銀行などからの借入より安上がりになる場合がある。社債は，国内のみならず海外を含めた，一般個人，法人，投資家，機関などから，巨額の資金を借り入れることができる。

　投資家にとっては，社債は，株式より，リスクが少ないというメリットがある。社債の方が株式より，企業破綻時の債権回収の順位は一般的に高い。

　新会社法では，社債の発行は，株式会社のみならず，合名会社，合資会社，合同会社，（特例）有限会社でも認められた。

　社債は，以下のように分類することができる。

6-2　無担保社債と担保付社債

　社債の返済確保のために，社債に担保が設定されているのが**担保付社債**である。社債に，担保が設定されていないのが**無担保社債**である。かつては，担保付社債が原則であったが，最近では，一定の条件で無担保社債も認められるようになった。

　かつて，1997（平成9）年，ヤオハンジャパンは会社更生法を申請し，発行した無担保社債が事実上の**債務不履行（デフォルト）**となったこともあった。無担保社債は，会社が破綻すると，このような危険性がある。

6-3　普通社債と新株予約権付社債

通常の社債が，**普通社債**である。これに対して，会社の新株予約権がついている社債を**新株予約権付社債**という。

新株予約権とは，将来，新株を一定の条件で購入する権利を持つことである。投資家にとって新株予約権付社債のメリットは，ある時期に新株予約権を行使すると，株主になることができることである。一方，会社側のこの社債のメリットは，新株予約権を付加する分だけ，社債を低利で発行することができることである。また，新株予約権を行使すれば，株式資本も増強できる。

なお，新株予約権付社債には，新株予約権を行使したときに，**社債が株式に転換**されるタイプ（社債が新株に代わるので，新たな金銭的払い込みはない）と，**社債はそのままで新たに新株を持つことができる**（新株に対して金銭の払い込みが必要）タイプがある。

6-4　内国債と外国債

社債の募集地が国内の場合が，**内国債**である。社債の募集地が海外の場合が**外国債**である。日本企業の大規模な外国債による資金調達も活発化してきている。外国債の額面額は，外貨での表示と，円建ての表示，のケースがある。

近年，日本の大企業は，外国で社債を募集するという外国債の発行を活発におこなっている。たとえば，トヨタ，ソフトバンク，富士通，三菱商事，ニコン，オリックスなどの大手企業が米ドル建ての社債を発行した。

第7節　資金調達

7-1　自己資本と他人資本

企業の資金調達は，まず自己資本と他人資本に分類される。**自己資本**とは，株式発行による払込金としての資本と内部留保（留保利益，剰余金など）である。**他人資本**とは，借入金，社債，支払手形などの外部からの借金である。内部留

保が多いと，いわば貯金を多くもっている企業ということになり，経営の安定性は高いと言える。

　企業の財務をはかる指標として，自己資本と他人資本を使った自己資本比率がよく用いられる。

　　　自己資本比率＝自己資本／総資本（他人資本＋自己資本）

　この比率が高いと健全で，低ければ不健全であると一般的にいわれる。

　ただし，自己資本の増加としての株式の発行（増資）は，株式の配当圧力が高まり，また，株価の下落の懸念もあり，巨額な増資は，時には経営にとって不健全になることもあり得る。

7-2　主要な財務指標

　資金調達に関連する主要な**財務指標**として以下がある。

　　　負債比率＝負債（他人資本）／自己資本

　　　総資産利益率（ROA） ＝当期純利益／総資産（＝総資本）

　　　自己資本利益率（ROE） ＝（税引後）当期純利益／自己資本

　　　1株当たりの利益（EPS） ＝（税引後）当期純利益／発行済株式総数

　　　株価収益率（PER） ＝株価／1株当たり（税引後）当期純利益

　　　配当性向＝配当金／（税引後）当期純利益

7-3　直接金融と間接金融

　また，資金調達には，直接金融と間接金融という分類もある。**直接金融**とは，株式および社債による資金調達をいう。**間接金融**とは，銀行などの金融機関からの借入による資金調達をいう。

　日本の大企業では，以前は資金調達において主に銀行からの融資による間接金融の比重がかなり高かった。近年，直接金融の比重が高くなってきている。

　日本企業は，最近まで，**メインバンクシステム**とよばれる，取引銀行からの融資を通して密接な関係を保っていた。しかし，日本企業の資金調達が直接金融に移るにつれて，メインバンクシステムは，徐々に崩れてきている。

おわりに

　最後に，**株式会社制度の将来・未来**に関して，著者の考えを述べてみよう。

　現代の資本主義経済の発展の原動力の1つが，株式会社制度であることは厳然たる事実であろう。**株式会社制度は，人類の歴史の中で，社会・経済制度として最大の発見**の1つであると言える。株式会社制度の特徴である株主の全員有限責任，資本の証券化，結果としての所有と経営の分離と専門経営者の出現など，株式会社制度は人類の経済発展に多大な貢献をした。さらに，共産党が支配する諸国においても，公企業の民営化・株式会社化，民間企業の発展など，株式企業制度が支配的となってきている。

　このように，企業制度についてみると，歴史的に国により相違はあるものの，共同企業については株式会社が中心となってきている。すなわち，現在の世界経済では，**株式会社中心の企業社会**だと言える。将来・未来も株式会社形態が支配する経済社会であるのであろうか。

　著者は，株式会社制度のメリットは高く評価するものの，また株式会社制度の問題点についてもみていく必要があるのではないかと考えている。現在，株式会社制度の光と影が浮き彫りにされてきているように思われる。すなわち，**株式会社制度の問題点や課題**も顕在化してきていることである。

　第1の課題は，**株主主権論**である。株式会社制度は，株主が資本を出資しているのであるから，株式会社は株主のものであるという考え方が根底にある。そのため，企業経営は，株主を最も重視する株主主権主義によりおこなわなければならないとする。確かによく考えてみると，株主は会社の資本は所有しているが，会社のすべてを所有しているわけではない。会社の設備，土地，技術，建物，知的所有権などは，通常，法人としての株式会社の所有物である。従業員などの人材は，所有するという権利はそもそもない。このように考えていくと，株主は，単に会社の広い意味での財産・資本の中で，株式形態の資本金を所有しているのみである。歴史的にみると，株式会社の株主は，合資会社の有

限責任の株主と同じく，多くは**無機能株主**ともいえる。このように，会社は株主のものであるという**株主主権論には制限**があると言わねばならない。大規模な株式会社の株主は，近年，世界的に**機関投資家**の比重が増大し，このような機関投資家はどちらかというと短期的な収益（配当，株式の値上がり利益など）を目的としている。このような機関投資家の意向に沿うと，企業経営が短期的視点になりやすい。たとえば，株主は会社の自社株買い（自己株式の取得）を歓迎するが，長期的視点に立つと，果たして自社株買いは会社の競争優位を促進するのであろうか。自社株買いの資金があれば，企業の競争優位を向上するような他の投資，たとえば，設備投資や研究開発投資などに資金を当てたほうがよいかもしれない。また，従業員への還元として，給与・ボーナスなどの賃金の引き上げの原資になるかもしれない。M&A，事業再編，リストラなどの戦略でも，株主の意向にかなうことが，長期的にみると企業の価値を向上させるとは限らない。

　株式会社制度において，将来・未来に重要になってくるのは，株主だけではない，他の**ステークホルダー**（利害関係者）の存在であろう。従業員，取引先，供給業者，金融機関，顧客，消費者，地域などのステークホルダーが重要となってくる。すなわち，将来・未来の株式会社制度は，多様なステークホルダーとの良好な関係がさらに必要となってくるであろう。特に，会社構成員の中核としての**従業員重視**は特に重要であろう。

　第2の課題は，**会社制度の多様化**である。会社制度の将来・未来において，株式会社制度の変革のみならず，会社制度の多様化が生じるかもしれない。合同会社，有限会社（非閉鎖会社），または**全く新しい会社制度の出現の可能性**である。さらに，**株式会社（営利目的の会社形態）と非営利組織である協同組合や各種法人との共存**もあるであろう。このような非営利組織の拡大の可能性も将来，大いにあるであろう。人類の将来のSDGs（**持続可能な開発目標**）において，営利追求を目的とする株式会社などの組織だけではなく，協同組合や各種法人などの**非営利組織**の存在がより一層重要となっていく可能性がある。

　以上のように，**株式会社制度は歴史的転換点**に立っていると言えよう。

〔注〕
⑴　大塚久雄（1954）『株式会社発生史論』中央公論社，166–170頁。

〔参考文献〕
神田秀樹（2017）『会社法』弘文堂。
中山健・丹野勲・宮下清（2018）『新時代の経営マネジメント』創成社。
大塚久雄（1954）『株式会社発生史論』（1969）中央公論社。
丹野　勲・榊原貞雄（2007）『グローバル化の経営学』実教出版。
丹野勲（2010）『アジアフロンティア地域の制度と国際経営―CLMVT（カンボジア，ラオス，ミャンマー，ベトナム，タイ）と中国の制度と経営環境―』文眞堂。

第**5**章 公企業，協同組合，公益法人，NPO法人，農業法人

はじめに

　民間の個人企業や共同企業（株式会社，合名会社，合資会社，合同会社など）以外でも，多様な事業形態が存在する。公企業，協同組合，公益法人，NPO法人，農業法人などの事業形態である。**公企業**は，世界的に民営化が進展しているが，公益事業などを中心として重要な事業形態である。**協同組合**は，ヨーロッパが起源であるが，歴史が古く，世界の多くの国でかなり存在している。**NPO法人**も世界中に存在し，特定の分野で活躍している。**農業法人**は，日本で最近つくられた法人であり，今後の日本の農業政策において注目される存在である。

　本章では，このような公企業，協同組合，および公益法人，NPO法人，農業法人などの事業について考察する。

第1節　公企業，独立行政法人

　国や地方などが直接運営するか，出資する企業が，**公企業**である。

　日本では，明治初期に**官営事業**として多くの公企業を設立した。たとえば，1868（明治1）年に石川島造船所，横須賀製鉄所，横浜製鉄所，1872（明治5）年に**富岡製糸場**（**世界遺産**として登録された），滝野川紡績所，1875（明治8）年に深川セメント製造所，1876（明治9）年に品川ガラス製造所などの官営事業を創設した。その後，多くは**民営化**された。

公企業の目的とその国際的事例として，以下がある。

① **公益性**の強い事業。道路，港湾，鉄道，空港などの輸送施設，郵便，通信，電話などの通信施設，水道，下水，電力，ガスなどの公益事業サービス。

② **財政収入**のため。タバコ，酒などの事業。

③ **経済発展の基盤形成**のため。経済発展の初期段階におけるインフラ（産業基盤）整備，幼稚産業の育成の事業。

④ **国家的安全の確保**のため。防衛，軍需，原子力などの活動，事業。

⑤ **資源の確保**のため。原油，天然ガス，鉱物などの開発事業。

⑥ **経済政策**のため。日本では，住宅金融支援，中小企業支援，産業支援など。

⑦ **社会的共通資本**の建設と管理のため。公共財，国防，警察，消防などの国家の安全や社会の治安維持，公共施設，福祉，病院，道路，公園などの公衆衛生や生活環境，学校，図書館，博物館などの教育・文化施設。

⑧ **先端・先進的技術開発**のため。宇宙，電子技術，コンピューター，環境技術，医療，エルギーなどの開発・研究。

　かつては，日本の公企業として，国鉄，電電公社，専売公社などがあったが，国鉄は，JR各社に，電電公社はNTT各社に，専売公社はJTに，郵政事業は日本郵政などの各社に民営化された。このように，日本では，多くの公企業が株式会社などの形態に民営化され，公企業はかなり少なくなってきている。

　日本の公企業として，以下などがある。

　第1は，**官公庁企業**である。これは，官公庁が直接事業をおこなっている形態である。国有林野，航空管制，税関など公益的で国が直接おこなう必要のある事業である。官公庁企業は，郵政の民営化などにより少なくなってきている。

　第2は，**独立行政法人**である。独立行政法人とは，これまで行政機関が担ってきた業務について，それに特化しておこなう独立の法人である。それは，公共性を有する業務・事業について，業務の効率化をはかることを目的として2001（平成13）年からスタートした。主要な独立行政法人として，以下がある。

① **機構**：中小企業基盤整備機構，都市再生機構，労働政策研究機構，国際協力機構，日本貿易振興機構，宇宙航空研究機構，原子力安全基盤機構，情報

通信研究機構，国立病院機構，など。

② 研究所：理化学研究所，産業技術総合研究所，国立環境研究所，国立感染症研究所，国立がん研究センター，など。

③ 政府系銀行，国際支援：日本政策金融公庫，日本政策投資銀行，国際協力銀行，国際交流基金，など。

④ 通貨・紙幣：造幣局，国立印刷局，など。

⑤ その他：国立公文書館，国民生活センター，大学入試センター，水産大学校，航空大学校，防衛大学校，など。

第3は，国の法律に依拠した公的な事業を営む**特殊法人**である。放送法による**日本放送協会（NHK）**，日本銀行法による**日本銀行**などがある。その他に，官公庁に関連する多くの特殊法人がある（官僚の天下りという問題も生じている）。

第4は，**地方公営企業**である。地方公共団体が運営，または出資する事業である。水道，下水，鉄道・バス事業などがある。

第5は，**公私混合企業**である。国や地方と，民間が出資した企業である。公私混合企業の1つとして，**第3セクター**という形態がある。第3セクターとして，地域開発事業，インフラ建設，地方鉄道の再建，新鉄道の建設などがある。

第2節　協同組合

2－1　協同組合とは何か

2－1－1　協同組合

協同組合とは，組合員の相互扶助と地位の向上を図る目的で設立された法人である。協同組合の国際組織である**国際共同組合同盟**（ICA：International Cooperative Aliance）では，協同組合を以下のように定義している[1]。

> 協同組合とは，人びとの自治的な協同組織であり，人びとが共通の経済的・社会的・文化的なニーズと願いを実現するために自主的に手をつなぎ，事業体を共同で所有し，民主的な管理運営をおこなうものである[2]。

協同組合は，組合員（消費者，事業者など）のための**非営利法人**としての事業

であるともいえる。日本では，農業協同組合（農協），森林組合，漁業協同組合，消費生活協同組合（生協），事業協同組合，信用協同組合（信用組合），信用金庫，労働金庫，労働者協同組合（ワーカーズコープ）などがある。

　協同組合の特徴として以下がある。

① 　共同組合員は，出資口数の多少にかかわらず，原則として，**1組合員に1票の議決権**を有する。すなわち，協同組合は，株式会社のような1株1票主義ではなく，1人1票主義という民主的運営の原則を採用している。

② 　**協同組合の加入，脱退は原則として自由**である。ただし，組合員の資格が限定されている場合（たとえば，農協の場合は農業従事者，生協の場合は一定の地域や職域による人）は，その範囲の人が組合員になることができる。

③ 　組合員は，原則として，**出資1口以上**を有しなければならない。協同組合の組合員になるためには，出資して持ち分を得る必要がある。

④ 　余剰金が生じた場合，原則として，組合員の利用分量に応じて**剰余金の割戻し**を受けることができる。共同組合では，剰余金の分配は，株式会社のような出資額によるのではなく，組合からの購買額，利用額に比例する方法である。

　協同組合は，今日，欧州，アジア，米国，南米，豪州など世界の100か国以上に存在し，その発展が期待されている。

2−2　世界の共同組合の歴史

2−2−1　ロッチデール公正開拓者組合

　ヨーロッパでは，19世紀前半ごろから共同組合の萌芽がみられ，特にイギリスは最も早く協同組合が発達した。協同組合の原型は，1844年に設立されたイギリスのランカシャー工業地帯のロッチデールにつくられた**ロッチデール公正開拓者組合**（The Rochdale Society of Equitable Pioneers）であるといわれている。これは，労働者が，消費物資を共同で買い入れ，分けあうというという協同組合であった。

　ロッチデール公正開拓者組合は，組合加入者に1人1ポンドの出資金を義務

づけ，組合員はわずか28人でスタートした。ロッチデール組合の創立宣言では，出資金によって組合員の金銭的便益，社会と家庭状態の改善のための施策をおこなうことを目的とし，生活用品などの店舗の設立，住宅の購入・建設，雇用を生み出す生産，土地購入・借入による農業耕作，生産・流通・教育・自治の確保または共通利益による自助的コロニー（村）の建設，コロニー建設をおこなう他の組合に対する支援，禁酒の推進と禁酒ホテルの開設を掲げていた[3]。運営では，すべて掛け売りではなく現金売りとし，価格は市価主義をとった。

　ロッチデール公正開拓者組合は，以下のような理念，原則により運営した[4]。

(1) **民主主義の原則**（1人1票制）

(2) **開かれた組合員制度の原則**（加入・脱退の自由）

(3) **出資に対する利子制限の原則**（最低の利子だけ支払う）

(4) **利用高に比例した割り戻しの原則**（購買高に応じて配当する）

(5) **市価販売の原則**（値引きはしない）

(6) **現金取引の原則**（掛け売りはしない）

(7) **公正な商売の原則**（純良な品質，正確な計量）

(8) **教育重視の原則**（図書室・各種講座の設置）

(9) **政治的・宗教的中立の原則**（自主独立）

　このような，ロッチデール組合の運用理念は，現在の協同組合の運営原則の基礎となっており，**ロッチデール原則**とよんでいる。

　ロッチデール公正開拓者組合は，しだいに発展し，その後の世界の協同組合運動の1つの基礎になっていった。

　このような事情もあり，協同組合は，イギリス，フランス，ドイツをはじめとしたヨーロッパで最初に発展を遂げた。1895年には，ロンドンで14か国の協同組合代表によって第一回国際協同組合大会が開かれ，協同組合の国際組織である**国際協同組合同盟（ICA）**が創立され，現在も活動を続けている。このように，ヨーロッパでは，現在においても，多様の協同組合が存在し，各国の経済のなかで一定の地位を占めている。

２-２-２　社会主義国の誕生と協同組合

　最初の社会主義国として1917年に成立したソビエト社会主義共和国連邦（ソ連）は，集団生産のために，**コルホーズ**（協同組合集団農場）や消費組合といった協同組織の育成を進めた。社会主義体制の下で，**企業は国有化**されたが，これを補う形でコルホーズや消費組合が設立された。

　戦後，**東ヨーロッパ**では多くの社会主義国が誕生したが，これらの国でも，協同組合の役割が国家によって位置づけられ，急速に共同組合が発展した。

　アジアでは，1949年，中華人民共和国（**中国**）が社会主義国として成立し，農村部で**合作社**という協同組合が発達していった。また，**ホーチミン主席**率いる社会主義国の**北ベトナム**は，ベトナム戦争で勝利し，1975年，ベトナム全土を統一した。北ベトナムでは，中国の合作社に似た協同組合が農村部を中心として発達し，統一後も改革開放政策としてのドイモイ頃まで存続した。現在でも，**ベトナム**では，協同組合形態がある小売業態としてのスーパーが，**COOP**として存在し，ホーチミンなどの都市部を含めた全国に店舗をもっている。

２-３　日本の協同組合の歴史

２-３-１　戦前の日本の協同組合の歴史

　日本では，協同組合のさきがけとして，**江戸時代に各種の講**（頼母子講，無尽講など），幕末に**二宮尊徳**によりつくられた**小田原仕法組合**（報徳社の前身），**小原幽学**によりつくられた**先祖株組合**などがあった。いずれも，信用組合ないし共済組合的な助けあい組織であった。

　明治維新以後，日本でも資本主義が発展するにつれて，販売・購買組合や消費組合の前身にあたるものも現われてきた。**販売組合**では，明治初期に重要な輸出品になっていた生糸や茶の産地で，次々と協同組合的な組織ができた。**消費組合**では，1898（明治13）年，東京砲兵工廠の職工の組合である矯正会の各支部につくられたのが最初で，明治中期には，各種の協同組合が生まれた[5]。

　明治政府においても，協同組合の育成に力を入れるようになった。1900（明

治33）年には，日本最初の協同組合法である「**産業組合法**」が制定され，この法律に基づいてさまざまな協同組合が各地に設立された。産業組合法は後の改正などを含め，加入脱退の自由，議決権の平等，出資利子の制限や利用高配当に関する規定があり，基本的には協同組合の原則に立脚していた。その後，農村部に各種の**産業組合（農業協同組合の前進）**，**購買組合**，**販売組合**，**加工利用組合**などが，都市部に各種の**信用組合**や**購買組合**などが設立された。また，漁村部では，1901（明治34）年に制定された漁業法に基づいて各地に**漁業組合**ができた。さらに，山間部でも1907（明治40）年，森林法の改正で各地に**森林組合**ができた[6]。

　第1次世界大戦後，政府による産業組合や協同組合とは異質な形で，都市の労働者や市民の運動に支えられて，**消費組合**が次々につくられた。これらの運動は，社会改良意識を背景に起こったもので，1919（大正8）年に東京の山の手地区にキリスト教の信者を中心に設立された家庭購買組合，1920（大正9）年に東京の下町の労働者によって設立された共働社，1921（大正10）年に神戸で労働者を中心に設立された神戸消費組合などがある。**賀川豊彦**などが，消費組合設立運動のリーダーとして活躍した。

2−3−2　戦後の日本の協同組合の歴史と発展

　戦後初期，協同組合を1つの協同組合法という枠組で規定するのではなく，農民，漁民，消費者，中小事業者など，職種ごとに別々の協同組合法をつくる形で法律が制定され，協同組合が発展していった。**農業協同組合法**が1947（昭和22）年に制定され，農村部では**農業協同組合**が設立された。**水産業協同組合法**が1948（昭和23）年に制定され，漁民を主たる構成員として**水産業協同組合**が設立された。森林法改正が1951（昭和26）年がおこなわれ，**森林組合**が設立された。また，消費組合は，1948（昭和23）年の**消費生活協同組合法**の制定によって，**生活協同組合**が設立された。さらに，**事業協同組合**や**企業組合**などを規定した**中小企業等協同組合法**が，1949（昭和24）年に制定された。

　1947（昭和22）年に**独占禁止法**が制定されたが，一定の要件をもつ**協同組合**

（連合会を含む）を適用除外とする規定が置かれた。このようなこともあり，日本の経済成長に伴って，共同組合は定着し発展していった。特に，**農業協同組合**は，販売，購買，信用，共済など各種の事業をおこなう**総合農協**や，畜産，園芸，花木など専門的な農業分野ごとに作られた**専門農協**という形で大きく発展した。また，生活協同組合は，高度成長後期の1960年代末頃から，**地域市民生協**という地域や職場などを基本として設立された[7]。

2−4　現代日本の協同組合

2−4−1　協同組合の現状と組織

今日の日本では，農林水産業者のための協同組合として，**農業協同組合（農協）**，**農林中央金庫**，**漁業協同組合**，**森林組合**などがある。消費者のための協同組合として**消費生活協同組合（生協）**，**こくみん共済**（以前の「全労済」）などがある。中小企業のための協同組合として**事業協同組合**などがある。金融業のための協同組合として**信用協同組合（信用組合）**，**信用金庫**，**労働金庫**などがある。さらに，労働者が主体となり事業を営む**労働者協同組合**などがある。

2−4−2　農業・漁業・森林関連の協同組合

農業協同組合（農協，「JA」）は，総合農協と専門農協がある。**総合農協**では，都道府県ごとに各種の**連合会**が作られ，さらにその全国組織として，**全農（全国農業協同組合連合会）**，**全共連（全国共済農業組合連合会）**，**農林中央金庫**などがある。**専門農協**では，園芸（野菜・果実），畜産，酪農などの作目別に，専門の県連合会や全国連合会が設けられている。日本の農協は，巨大な組織で，経済的，政治的に大きな影響力をもっている。

漁業協同組合（漁協，「JF」）は，一定の地区に設立された**地区漁協**と，特定の種類の漁業を営む者ごとに組織された**業種別漁協**があるが，地区別が圧倒的に多い。地区漁協では，県レベルで**漁連（漁業協同組合連合会）**と，信用事業をおこなう**信漁連（信用漁業協同組合連合会）**があり，全国レベルで**全漁連（全国漁業協同組合連合会）**がある。また業種別漁協についても，全国レベルで業種別

の連合組織がある。

　森林協同組合 (J Forest) は，組合員の森林経営の指導，組合員の委託を受けて森林の生産事業などをおこなう**森林組合**と，共有林や入会林野について組合自身が森林経営をおこなう**生産森林組合**がある。森林組合では，県レベルで**森連（森林組合連合会）**，全国レベルで**全森連（全国森林組合連合会）**がある。

２−４−３　消費者関連の協同組合

　消費生活協同組合（生協）は，共同購入や店舗・個配によって生活物資の供給をおこなう購買生協が多い。近年，共済，福祉，旅行，葬祭など生活関連事業も増えている。たとえば，共済事業をおこなう**こくみん共済**は，かなり大きな共同組合で，共済事業をおこなう。**購買生協**では，**地域生協，職域生協，職場生協，大学生協**などがある。さらに，「**生活クラブ**」があり，地域や連合会が組織されている。生協にも，県連合会・全国連合会などがあるところがあるが，農協や漁協より自主的でゆるやかな加盟形態の組織になっている。

２−４−４　事業者・金融関連の協同組合

　事業協同組合は，商業，工業，鉱業，運送業，サービス業などを営む小規模事業者のための協同組合である。たとえば，事業協同組合として，**同業者組合，商店街組合**，工業団地などにおける**団地組合，産地組合，下請組合，地区組合**などがある。

　組合員の金融機関として，**信用協同組合（信用組合）**がある。その他に，**信用金庫，労働金庫，農林中央金庫**，などがある。

２−４−５　労働者関連の協同組合

　労働者組合は，他の協同組合と異なって，個人が主体となり事業を営む協同組合である。たとえば，労働者同士が共同出資して事業を営む**労働者協同組合（ワーカーズコープ）**などがある。労働者協同組合は，設立の歴史が新しく，主として中高年や主婦の仕事おこしとしてスタートした。

　近年は，高齢者・障害者ケア，子ども・子育て（児童館・保育園，自律援助ホーム，こども食堂など），自律就労ケア，農業・林業・食などの地域生活活動，などにも広がりをみせている。

第3節　公益法人

3－1　公益法人とは何か

　公益法人とは，学術，技芸，慈善，祭祀，宗教，その他の公益を目的とする法人（民法第33条）である。日本では，公益法人には，公益社団法人，公益財団法人，学校法人，医療法人，社会福祉法人，特定非営利活動法人（NPO法人），などがある。

3－2　公益法人の種類

　公益社団法人は，公益性の認証を受けた原則非課税の社団法人である。なお，**社団**とは，団体としての組織・機構を備えた人の集合体を意味する（公益性をもたないの社団法人として**一般社団法人**の設立が認められている）。**公益性の認証**については，学術・科学技術の振興，文化・現術振興，障害者・生活貧困者などの支援，高齢者福祉，就労支援，公衆衛生の向上，児童・青少年の健全育成，勤労者の福祉向上，教育・スポーツを通じて国民の心身の健全発展に寄与，など23事業が認定されている。

　公益財団法人は，公益性の認証を受けた原則非課税の財団法人である。なお，**財団**は，財産の集合体を意味する（公益性をもたないの財団法人として**一般財団法人**の設立が認められている）。公益性の認証については，公益社団法人と同様の23事業が認定されている。

　学校法人は，幼稚園，小学校，中学校，高等学校，大学，専門学校などの私立学校の開設を目的として設立される法人である

　医療法人は，病院，診療所，または介護保険施設の開設を目的として設立される法人である。

　社会福祉法人は，老人福祉事業，児童福祉事業，生活保護事業，障害者支援事業などの社会福祉事業の開設を目的として設立される法人である。たとえば，老人介護施設，老人ホーム，老人デイサービス，障害者支援施設，児童保育所，児童養護施設，などがある。

第4節　NPO法人

4-1　NPO法人とは何か

　特定非営利活動法人（NPO法人）は，公益法人の1つの形態であるが，日本で近年注目されている法人組織である。

　NPOとは，英語で**Non Profit Organization**のことで，非営利組織を意味する。日本では，NPO法として，「**特定非営利活動促進法**」が1998（平成10）年に公布され，同年12月に施行された。日本では，**NPO法人**を，正式には特定非営利活動法人という。

　NPO法人は，営利を目的とせず，公益性をもつ活動をおこなう団体に法人格を与えるものである（公益法人として，そのほかに社会福祉法人，学校法人，宗教法人，医療法人などがある）。NPO法人設立の狙いは，ボランティア活動をはじめとする市民がおこなう自由な社会貢献活動としての特定非営利活動を促進しようとするものである。なお，国際的に援助や支援などの活動をおこなうNGO（Non-Government Orgnization）も注目されている。

4-2　NPO法人の活動分野

　NPO法は，**NPO法人が主たる目的としておこなう分野**として，①保健，医療，福祉，②社会教育，③まちづくり，④観光，⑤農山漁村の振興，⑥学術，文化，芸術，スポーツ，⑦環境，⑧災害，⑨地域安全，⑩人権擁護，平和，⑪国際協力，⑫男女共同参加，⑬子供の健全育成，⑭情報化，⑮科学振興，⑯経済活性化，⑰職業能力・雇用機会，⑱消費者保護，などの活動をあげている。

　日本では，介護施設，福祉施設，児童館，学童クラブなどの運営，ボラン

ティア活動，文化・スポーツ活動，まちづくり，環境，災害，国際協力（一部のNGOを含む）などを目的とする多種多様なNPO法人が数多く設立されている。

　特に，2011（平成23）年3月に発生した東日本大震災におけるNPO法人の活動は，日本で大きな注目を浴びた。

第5節　農業法人

5−1　農業経営の法人化—農事組合法人，家族経営法人

　近年，日本は，農村部の過疎化，高齢化などに対応して，農業を活性化させる目的で，各種の農業法人の設立，民間の株式会社の農業参入などといった規制緩和の動きが生じている。将来，日本の農業の生産量の拡大，生産性・品質の向上，などにより，農業物の輸出拡大や農業自給率向上を目指している。

　日本では，このような農業経営の改善，近代化をはかる目的で，従来の個人や家族による農業に加えて，**農業経営の法人化**が進展してきている。たとえば，農事組合法人，家族経営法人，会社法人などがある。

　農事組合法人とは，農業の協業による共同利益の追求を目的とする，農業に限定した法人組織である。**図表5−1**は，**会社法人と農事組合法人との比較**を表わしたものである。農事組合法人の形態は，構成員の公平性が重視されており，議決権が1人1票制，常時従事者の外部雇用の制限，構成員が農民等3人以上必要，などの規定がある。したがって，農民による農業経営と同時に，農業施設の共同利用や農作業の共同化を主としておこなう場合，構成員の利害関係が相反する可能性が低い場合，などでは農事組合法人の形態が選択される。

　もう1つの農業法人である**家族経営法人**は，家族経営がそのまま法人化したものである。そのため，1戸1法人で，農家を農業法人形態としたものである。

図表5－1　会社法人と農事組合法人との比較

		株式会社	合同会社	農事組合法人
根拠法		会社法		農業協同組合法
事業		事業一般		① 農業に係る共同利用施設の設置・農作業の共同化に関する事業 ② 農業経営，附帯事業
構成員	資格	制限なし（ただし，農地所有適格法人となる場合には，農地法の要件を満たす必要がある）		農民等
	数	1人以上（上限なし）		3人以上（上限なし）
会社の基本方針の決定		1株1議決権による株主総会の議決	1人1議決による全員一致（定款で変更可）	1人1票制による総会の議決
役員		① 取締役1人以上（必置・株主外も可）。ただし，公開会社の場合は3人以上 ② 監査役（任意・株主外も可）	① 業務執行社員1人以上	① 理事1人以上（必置・農民である組合員のみ） ② 監事（任意・組合員外も可）
雇用労働力		制限なし	制限なし	組合員（同一世帯の家族を含む）外の常時従業者が常時従業者総数の2／3以下
資本金		制限なし	制限なし	制限なし
法人税(注3)	税率	資本金1億円超の法人　　　　　　　　　　23.9%(注1) 資本金1億円以下の法人 年所得800万円以下　　　　　　　　　　15%(注2) 年所得800万円超　　　　　　　　　　23.9%(注1)		① 構成員に給与を支給する法人（普通法人に該当）左記に同じ ② 上記以外（協同組合等に該当） 年所得800万円以下　15%(注2) 年所得800万円超　　19%
	その他	同族会社の留保金課税の適用あり		同族会社の留保金果税の適用なし（会社でないため）
事業税(注3)		資本金1億円超の法人　　　外形標準課税 資本金1億円以下の法人 年所得400万円以下　　　　　　　　3.4% 年所得400万円超800万円以下　　5.1% 年所得800万円超　　　　　　　　6.7%		農地所有適格法人が行う農業（畜産業，農作業受託※は除く）は非課税 普通法人に該当する場合は左記に同じ ※ 一定の場合は非課税
設立時の登録免許税		資本金の額の7／1,000（15万円に満たない場合は15万円）	資本金の額の7／1,000（6万円に満たない場合は6万円）	非課税
組織変更		合同会社に変更可 農事組合法人への変更は不可	株式会社に変更可 農事組合法人への変更は不可	株式会社又は一般社団法人に変更可 合同会社への直接変更は不可

（注1） 平成27年度税制改正大綱によって，平成27年4月1日以降に開始する事業年度に適用されることとなっています。

（注2） 平成24年4月1日から平成29年3月31日までの間に終了する事業年度に時限的に適用。本来は19%。

（注3） 平成26年度税制改正によって平成26年10月1日以後に開始する課税事業年度から法人税額に対して4.4%の地方法人税が創設され，それに伴い法人住民税の法人税割の税率が引き下げられ，一方で法人事業税の税率が引き上げられて地方法人特別税の税率が43.2%（改正前81%）に引き下げられました。

（出所） 「農業法人化マニュアル〔改訂第4版〕」19頁。

５−２　農家の株式会社化，株式会社などの農業参入

　さらに，農家の株式会社化，および株式会社などの一般法人の農業参入が，一定の条件を満たせば認められるようになった。そのようなこともあり，農家の大規模な経営を目指した農業法人（農業組合法人など），異業種の大企業や一般企業などが設立した会社法人としての農業会社などが誕生し，成長している。

　一般法人（株式会社など）の農業参入については，各種の規制・制限があり，すべての株式会社が自由に農業に参入できるわけではない。一般法人が農地を借りて農業をおこなう場合，農地として適切に利用すること，周辺の農地利用に支障を生じないこと，農業経営面積が一定以上あること，などの規制がある。農地として土地を取得する場合，さらに厳しい規制がある。農地の取得し所有する法人は，「農地所有適格法人」である必要がある。農地所有適格法人とは，農地法で定義されたもので，農地の使用収益権を取得するための要件を満たしている法人を意味している。その要件としては，①形態，②事業，③議決権，④役員の４つがある。

　第１の農地所有適格法人の形態要件は，会社法に基づいて設立される非公開株式会社（公開会社ではない），合資会社，合名会社，合同会社，および農業協同組合法に基づいて設立される農事組合法人のいずれかである必要がある。

　第２の農地所有適格法人の事業要件は，主たる事業が農業と関連事業（法人の農業と関連する農産物の加工・販売など）であることである。農業と関連事業が売上高の過半であれば，その他の事業をおこなうことができる。

　第３の農地所有適格法人の議決権要件は，株式会社や持分会社（合名，合資，合同会社）については，原則として当該法人の総議決権の過半数は，農業関係者が占める必要がある。

　第４の農地所有適格法人の役員要件は，法人の役員の過半数の者が法人の農業（関連事業を含む）に常時従事する構成員であることに加えて，役員または重要な使用人のうち１人以上が一定日数以上農作業に従事すること，とされている。

以上のように，農業の法人化，株式会社などの企業の農業への参入ついては各種の厳しい規制が存在するが，近年の規制緩和，一般企業による農業ビジネスへの積極的進出，従来農家の法人化による大規模農業経営などにより，農業の法人化が進展している。たとえば，楽天，イオン，セブン＆アイ，トヨタ，などの大企業グループが農業に参入してきている。

おわりに

日本の経済における事業単位は，個人企業や株式会社などの企業が多いが，それら以外の公企業，協同組合，公益法人，NPO法人，農業法人などの事業形態もかなり存在する。世界的にみても，同じように**事業形態の多様性**がみられる。

公企業の存在意義は，公益的事業や公共財の管理・運営など，民間では営利事業としてなじまない事業の経営である。また，先端技術開発，民間では担えない大規模な研究開発などの事業である。将来の公企業は，公益的事業，未来の技術開発をおこなう担い手として，効率的運営形態を模索しつつ，国民の生活に貢献していくことが重要であろう。

協同組合は，民主的運営，参加的組織，共同利益の追求，共同体的組織という特徴をもち，歴史も古く，世界中で運営されている点で，事業形態としても最も重要な存在である。利益・営利を目的とする株式会社の弊害が多く指摘されている現代，非営利組織としての共同組合は益々注目されるべき存在であろう。人類の将来は，競争的発展も大事であるが，人間同士の助け合い・共存としての発展も重要であろう。このような理念からすると，協同組合は最も適した組織の1つである。将来の人類社会の競争と共生，株式会社と協同組合が共存する可能性である。経済・事業単位の多様性の存在の重要な担い手として，協同組合は最も発展が期待される事業形態の1つであろう。

公益法人は，日本の医療，社会福祉，教育などの公益的事業の担い手として中心的な組織である。特に，日本社会の高齢化などにより，日本経済の中に占

める社会福祉・医療・介護などの公益法人事業の比重が拡大している。正規教育についても，株式会社形態の大学が一部出現しているが，ほとんどが学校法人形態で運営されている。このように，将来における公益法人の存在は，日本の将来にとっても重要な存在である。また，公益法人の就業者も増加するであろう。公益法人の公益性と効率性の両立が，今後の重要な課題となろう。

　日本における**NPO法人**の歴史は新しいが，現在，多くのNPO法人が設立され，その存在感は増している。NPOの基本的理念は，社会貢献活動であり，震災・災害ボランティアなど市民のボランティア活動の高まりとともに，注目される存在となっている。また，若者，女性，高齢者・退職者などの雇用の受け皿ともなっている。NPOの活動は，社会貢献ということであり，社会的に意義のある仕事という意味で，働きがいのある職場である。社会福祉，介護，子育て，などの公益的事業でも重要な存在となっている。世界的にみても，国際的に活動するNGO（たとえば，「**国境なき医師団**」など）も多く，国際的支援機関としての存在感も増している。NPO法人は，将来の人類社会における市民のボランティア活動の担い手としてますます重要な存在となろう。

　農業法人は，日本の農地の過疎化や農民の高齢化などの課題，農業の共同化による競争力の向上など，将来の日本の農業の発展の組織として期待されている。また，制約はまだ多いが，株式会社の農業への参入が徐々に認められてきている。農村の活性化と農業の発展は，日本の文化・社会・経済にとってもきわめて重要な問題である。日本の美しい**自然・環境を維持する**という意味でも大事である。さらに，国連はSDGs（**持続可能な開発目標**）として17の目標を掲げ，第2の目標として「餓死を終わらせ，食糧安全保障及び栄養改善を実現し，持続可能な農業を促進する」と規定している。日本でも**食糧自給率の向上としての食糧安全保障**に関して，農業法人は今後重要な担い手となろう。

　日本の農業政策では，株式会社などの農業への参入による産業としての**農業競争力の向上**と，農業法人などの施策による**農民・農地の活性化**との両立が将来の課題であろう。

〔注〕

(1)　協同組合とは何かについての**国際協同組合同盟（ICA）声明による定義**。なお，その全文は以下である。（日本協同組合連携機構（2018）『新　協同組合とは』日本協同組合連携機構，157–158頁による）

協同組合とは何か（定義）

　協同組合とは，人びとの自治的な協同組織であり，人びとが共通の経済的・社会的・文化的なニーズと願いを実現するために自主的に手をつなぎ，事業体を共同で所有し，民主的な管理運営をおこなうものです。

協同組合にとって大切なものは何か

　協同組合は，自分たちの力と責任で，民主的に，平等で公平に，そして連帯してものごとをすすめていくことを基本理念とします。また先駆者たちの伝統にしたがって，協同組合の組合員は，倫理的な価値観として，誠実でつつみ隠さず，社会的責任と他者への思いやりをもつことを信条とします。

協同組合の原則

　協同組合原則とは，協同組合がみずからの基本理念（価値観）を実現していくにあたっての，行動指針です。

第一の原則―自発的でオープンな組合員制度

　協同組合は自発的な組織であり，組合の事業を利用し・組合員としての責任を果たす意志のある人なら誰でも，性別や社会的・人種的・政治的・宗教的な理由での差別を受けることなく，組合員になることができます。

第二の原則―組合員による民主的運営

　協同組合は，組合員の運営によって支えられた民主的な組織です。組合員は組合の方針の策定や意思決定に積極的に参画し，また・組合員によって選出された代表の人たちは，すべての組合員に対して責任を負います。単位組合の組合員は一人一票の平等な議決権をもち，他の段階の協同組合もまた民主的な方法によって組織運営されます。

第三の原則―組合員による財産の形成と管理

　組合員は，協同組合に対して公平に出資するとともに，組合の財産を民主的に管理します。組合財産の少なくとも一部は通常，組合の共有財産であり，組合員が拠出する出資金に対して配当が支払われる場合でも，通例それは制限されたものとします。そして剰余金は，次の目的のいずれか，またはすべてに充当されます。

・　その組合の発展のため（なるべく積立金とし，少なくともその一部は分割できないような形にする）。

・　組合の事業利用に応じた，各組合員への還元のため。

・　組合員が認めるその他の活動を支援するため。

第四の原則―組合の自治・自立

　協同組合は，自治にもとづく組合員の自助組織であって，組合員が管理するもの

です。政府も含め他の組織と取り決めをおこなったり，外部からの出資を受ける場合であっても，組合員による民主的な管理が確保され，組合の自立性が維持されることが条件です。

第五の原則―教育・研修と広報活動の促進

　協同組合は，組合員や選出された役員，管理者，従業員に対して教育や研修を実施し，それぞれが組合の発展に有効に貢献できるようにします。また組合は，一般の人びと（とくに若者やオピニオンリーダー）に対して，協同活動の本質と意義とを広めます。

第六の原則―協同組合間の協同

　協同組合は，組合員に対する役割を最も効果的に果たし，協同組合運動を強化するために，地域的・全国的・広域的・国際的なしくみをつうじてお互いに協同します。

第七の原則―地域社会への配慮

　協同組合は，組合員がよいと思うやり方によって，その地域社会の永続的な発展に努めます。

⑵　この定義の日本語訳は，中川雄一郎・杉本貴志（2017）『協同組合を学ぶ』日本経済評論社，55頁，による。

⑶　日本協同組合連携機構（2018）『新　協同組合とは』日本協同組合連携機構，24－25頁。

⑷　中川雄一郎・杉本貴志（2017）『協同組合を学ぶ』日本経済評論社，19頁。

⑸　日本協同組合連携機構（2018）『新　協同組合とは』日本協同組合連携機構，23－39頁。

⑹　日本協同組合連携機構（2018）『新　協同組合とは』日本協同組合連携機構，40－42頁。

⑺　日本協同組合連携機構（2018）『新　協同組合とは』日本協同組合連携機構，40－41頁。

〔参考文献〕
中山健・丹野勲・宮下清（2018）『新時代の経営マネジメント』創成社。
中川雄一郎・杉本貴志（2017）『協同組合を学ぶ』日本経済評論社。
日本協同組合連携機構（2018）『新　協同組合とは』日本協同組合連携機構。
日本農業法人協会編（2015）『農業法人化マニュアル』全国農業委員会ネットワーク機構。
丹野勲・榊原貞雄（2007）『グローバル化の経営学』実教出版。

第6章 コーポレートガバナンス（企業統治），独占と不公正な取引

はじめに

　本章では，企業統治としてのコーポレートガバナンス，独占と不公正な取引，といった企業経営課題について考察する。コーポレートガバナンスについては，所有と経営の分離や専門経営者の出現，企業の最高経営意思決定機関の制度と運営，などの観点から論じる。なお，コーポレートガバナンスに関するアメリカ，ドイツ，日本との国際比較についても言及する。独占と不公正な取引については，独占，寡占，企業取引，カルテル，などの観点から論じる。

第1節　コーポレートガバナンス（企業統治）

1－1　トップマネジメントと所有構造
1－1－1　トップマネジメントの制度

　企業の最高意思決定としての**トップマネジメント**（top management）の制度・構造は，株式会社制度の場合，ほとんどの国が**取締役会**（**執行役会**がある国もある），**株主総会**，**監査役会**（**監査委員会**という名称の国もある）などをその機関としている。ただし，その制度は，グローバルにみると国により若干相違がある。

　コーポレートガバナンス（企業統治：Corporate Governance）の視点からみると，国際的に共通性は多いが，トップマネジメントの各機関のパワーや制度が国により微妙に相違している。取締役の選任については，株主総会で選任される国

（日米など多くの国）や，監査役会で選任される国（ドイツなど）がある。

　取締役の経歴については，取締役のほとんどが企業内部の出身か，または親会社・関連会社出身のいわゆる**社内（内部）取締役**であるケースと，かなりの割合で内部出身以外の取締役である**社外（外部）取締役**をおいているケースがある。また取締役は，企業内部の昇進による**内部昇進取締役**と，そうではない取締役のケースがある。日本では，内部取締役や内部昇進取締役も多い。

　企業が大規模化し，経済が発展するにつれて，株主構造が個人・家族を中心とした構造から，法人機関や投資家などによる所有に移行し，**所有と経営の分離**という動きは，グローバルな視点でみてもほぼ同様である。

　ただし，国により，大企業においても**所有形態が個人・家族所有**の傾向が強い国が存在する。個人・家族所有といっても，直接出資するのではなく，**家族の持株会社**を通しての間接投資という形態での支配という形もある。そのケースとして，アジアでは，**東南アジアの企業**，特に**華僑・華人企業**で典型的にみられるいわゆる**ファミリービジネスの支配構造**である。また，ヨーロッパ，特にドイツ，フランスにおいては，大企業においても同族企業がかなり存在する。

　以上のように，所有と経営の分離は，グローバルな観点からみると同じ程度の経済的発展レベルの国であっても，その進展が微妙に相違している。

　私企業以外の企業形態として，いわゆる共産党政権の諸国（中国やベトナムなど）のみならず資本主義国においても，**国有・公有企業，協同組合**が存在している。近年，**国有・公有企業の民営化**の動きが，**中国やベトナム**などだけではなく資本主義諸国でも共通する世界的趨勢となっていることは注目される。

1−1−2　所有と経営の分離と経営者支配

　1932年にアメリカの**バーリ**（Berle Adolf Augustus）と**ミーンズ**（Means Gardiner Coit）が，**経営者支配**とよんだことにより，その概念は確立した。

　経営者支配とは，以下の現象である。

① **株式所有の分散**により，**大株主が減少**すること。

② 企業経営の複雑化・専門化により，株式をほとんど所有していない**専門経**

営者が事実上経営権を握ること。

　歴史，グローバルな視点でみると，経済が発展し，株式会社が大規模化し，資本金が巨額になるにつれて，株主数が増大する。それに伴い，株主の多くが小株主化し，発行株式の過半数以上を所有する**大株主**が少なくなっていく。また，株主の大部分が，株式の値上がり利益や配当などを目的とし，経営に関心をもたない株主が増えてくる。このように，企業は大規模化すると，**株式所有の分散による大株主の減少**という現象が生ずる。

　さらに，株式会社が大規模化し，経営が高度に専門化してくると，**テクノクラート**（高度な知識・技能・技術をもつ専門家）としての経営者の発言力が増大する。自分ではほとんど株式を所有しない経営者が，大株主の減少，および経営に関心をもたない零細株主から委任状を集めることによって**株主総会が無機能化**し，株主総会を事実上支配し，**専門経営者**が事実上経営権を握るようになる。

　以上から，近代化（モダン化），産業化が進むと，企業の所有者・大株主ではない，専門経営者による支配という**所有と経営の分離**という現象が生ずる。

1-2　アメリカのコーポレートガバナンス（企業統治）

　アメリカの場合は，**株主総会**によって選任された**取締役会**（board of directors）が会社の業務執行をおこなう機関として法律上定められているが，現実には，取締役会によって選任された**最高経営責任者**（CEO：Chief Executive Officer）を代表とする**経営（執行）委員会**（executive committee）が業務執行を事実上担当する形が一般的である。

　取締役会は，実質的には株主の意向を反映して，経営（執行）委員会をモニタリングし監督するという機能を果たしている。取締役は，会社の内部から選任された**社内取締役**と，かなりの割合で存在する会社外部の人材から登用する**社外取締役**によって構成される。

　経営（執行）委員会の最高経営責任者（CEO）は，**代表取締役会長**を兼任することもある。経営（執行）委員会のメンバーについては，取締役であるケースとないケースがある。また，経営（執行）委員会は，最高経営責任者（CEO）

149

を代表として，**最高執行責任者**（COO；Chief Operation Officer），**最高財務責任者**（CFO：Chief Financial Officer）など会社の各業務の責任者から構成されている。アメリカは，この経営（執行）委員会が，トップマネジメントの業務執行機関として機能している。

　そのほか，**取締役会から選任**される，監査委員会，指名（人事）委員会，報酬委員会などの各種委員会が設置されている。**監査委員会**は，会社の財務，会計を監査する，重要な委員会である。**指名（人事）委員会**は，経営者の候補者を選び，会社の人事全般の助言をおこなう。**報酬委員会**は，経営者の報酬を決める委員会である。そのほかに，各種委員会を設置している企業が多い。

　以上のようなアメリカのトップマネジメント構造は，英国，オーストラリアをはじめいわゆるアングロサクソン諸国で多くみられることから，**アングロサクソンモデル**とよぶこともできよう。

　アメリカの大企業では，所有と経営の分離が進展しているが，株主の力が相対的に強く，企業経営においても**株主の利益を最大化する行動**をとりやすい。アメリカでは，**年金基金や投資信託などの機関投資家**による株式保有割合が高く，これらの機関投資家は，どちらかというと短期的視点で自己の利益を最大化すること，すなわち，そのポートフォリオからの収益を最大化するという行動を志向する傾向がある。アメリカの機関投資家は，近年，年金基金などで変化もみられるものの，長期的に株式を保有し，安定株主として会社の経営をみつめるという意識はやや希薄である。

1-3　ドイツのコーポレートガバナンス（企業統治）

　ドイツの場合は，他の国と比較して**監査役会の権限が強い**。

　大会社については，**ドイツでは監査役会の半数を従業員代表として従業員が選任**する形となっている。さらに，**ドイツの監査役会**（supervisory board，ドイツ語ではAufsichtsrat）は，執行役を選任する権限をもち，**ドイツの執行役会**（board of management，ドイツ語ではVorstand）は実質的に，経営の業務執行を担う機関として位置づけられている。また，執行役と監査役の兼任は認められ

ない。ドイツでは，業務執行機関としての執行役会と監査機関としての監査役会を明確に分離して，別個の機関とするシステムである。また，株主総会もある。

　以上のような，**ドイツの経営参加**は，法律により明確に制度化されており，世界的にみても注目すべき**ドイツ型経営参加の制度**である。

　ドイツでは，このような監査役会に従業員代表が参加するという経営参加の制度が，1951年に制定された石炭・鉄鋼共同決定法，1952年に制定された経営組織法に始まり，1976年に制定された**共同決定法**により確立された。共同決定法では，2,000人以上の従業員を雇用する株式会社，株式合資会社，有限会社などにおいて，資本側代表としての経営者，従業員代表としての一般従業員・中間管理者・労働組合代表は，資本側と従業員側が同数の代表を出すことにより監査役会を構成するとしている。

　以上のような監査役会における経営参加は，ドイツをはじめ，オランダ，デンマーク，ルクセンブルグ，ノルウェー，スウェーデンなど主として**北欧諸国**で導入されている。このような監査役会における経営参加を中心としたトップマネジメント構造を，**ドイツモデル**とよぶこともできよう。

　さらに，ドイツの経営参加には，**事業所における経営参加**もある。事業所における経営参加は，従業員と経営者が**事業所協議会**を通して共同決定する制度である。すなわち，経営参加では，勤務時間，福利厚生，賃金などの労働条件に関する**提案権**，採用，配置転換などに関する**同意権**，作業場所の設計，作業手順，作業範囲などに関する**協議権**，解雇などに関する**意見表明権**，雇用計画に関する**情報共有権**などがある。**提案権，同意権**の2つは，従業員の同意が必要とされる点で，**共同決定事項**であり，その他は**協力事項**である。

　ドイツでは，主に大銀行を中心として，大手企業の株式所有がおこなわれている。ドイツ銀行などの大銀行が，**メインバンク**として，融資，役員派遣，経営モニタリング・コンサルティング，保険機能などの広範な機能を果たしており，金融機関と企業とは相互に密接な関係が存在する。ただし，近年，このような銀行によるメインバンクとしての株式保有が崩れてきている傾向もある。

　なお，ドイツでは，大企業においても株式会社以外の企業形態である，有限会社，合資会社などをとる企業が存在している。また，閉鎖的な**非公開会社の形態**を採用する大企業のケースがあることは注目される。さらに，大企業でも**同族支配の企業**が少なからずみられる。ボッシュ社，BMW社などは，同族支配の強い会社であるとされている。

1-4　日本のコーポレートガバナンス（企業統治）

　日本の場合は，従来，アメリカのような経営執行委員会がなく，**取締役会**が，実質的に業務執行機関である形が一般的であった。日本企業は，**株主総会**が最高決定機関で，**取締役は株主総会で選任**される。取締役は，会社の内部の人材を登用する内部取締役が多く，最近増えてきているものの社外取締役は少ない。

　日本では，業務執行機関である取締役会をモニタリング・監督するトップマネジメント機関として，**監査役会**にその役目が期待される制度となっている。監査役は，株主総会で選出する。しかし，現実には，監査役の多くが企業内部出身の監査役であること，監査役の社内ランクが低いこと，監査役が名誉職的地位にあること，などにより監査役会が取締役会をモニタリングし監督する機能を果たしにくい構造となっている。そのため，社外監査役を置く企業もある。

　ただし，2002（平成14）年に商法が改正され，**委員会等設置会社規定**が導入され，大会社は，アメリカ型の経営機構を選択できるようになった。委員会設置会社には，取締役会の内部に**指名委員会，監査委員会，報酬委員会**という3つの委員会を設置するとともに，業務執行の担当者である**執行役**を置かなければならず，監査役会を廃止した。取締役会の意思決定権限は執行役に大幅に委譲することが認められている。3つの各委員会構成員の過半数は，**社外取締役**でなければならない。このような**経営**（執行役が担当）**と監督**（取締役会が担当）**とを分離**することで，効率的な経営を実現することが期待されている。

　日本の大企業の一部では，**委員会設置会社の形態**に移行している。

　2006（平成18）年に施行された新会社法では，会社の機関や会社制度などについて大幅な改正が実施された（これについては，第3章第3節以降で説明した）。

すなわち，会社統治制度の選択や合同会社などの新しい会社制度である。

　日本の大企業では，**所有と経営の分離は進展**しているが，企業が長期的な取引関係にある他の企業の株式を保有する**株式の相互持ち合い**がかなり存在していた。また，銀行や保険会社といった金融機関が，そのグループ企業や長期的な取引先の企業の株式を所有することもおこなわれていた。特に大銀行は，**メインバンク**として長期的に資金の貸付を通じて，企業をモニタリング・監視する役割を果たしてきた。このような法人所有の形態は，どちらかというと長期的視点に立った投資であり，**安定株主**という傾向があった。しかし，近年，このような株式の相互持ち合い，法人所有，金融機関による株式所有といった構造が崩れてきている。

　日本の**上場企業の所有者別持株比率の推移**をみると，近年，**金融機関**の比率が低下し，**機関投資家**（投資ファンドや投資信託など）や**外国人投資家**が増えている。金融機関が法人所有，株式の相互持ち合いの主要な担い手であったことを考えると，このような金融機関による持株比率の低下は，株式の持ち合いが崩れてきていることを象徴している。ただし，**株式持ち合いは，買収防止，戦略提携の方策**にもなりうるので，近年，企業グループ間や提携企業間などでの**株式持ち合いの動き**が一部で生じている。

第2節　独占と不公正な取引

2-1　独占，企業結合，不公正な取引，カルテル

　現在の市場経済のもとで，企業は自由競争に勝つために，大量生産をおこなうことによって商品の生産コストを下げようとする**規模の利益**（スケールメリット）の実現を図ろうとする。そのため，各企業は，**市場シェア**（市場占有率）を高めるよう激しい競争を展開する。それに伴い競争力のない企業が市場から消えていき，**市場は少数の大企業によって支配**されるようになる。

　このような，市場を数社が支配する場合が**寡占**（oligopoly）といい，市場を1企業のみで支配している場合を**独占**（monopoly）といい，市場を2社で支配

している場合を**複占**（duopoly）という。

　日本では，独占の弊害を除去し，自由で公正な競争を確保するために，**独占禁止法**を制定し，企業結合，私的独占，カルテル，不公正な取引，不当な取引制限などを禁止している。また，その運用にあたる機関として，**公正取引委員会**を設置している。海外諸国でも，このような規制を設けている国が多い。アメリカの巨大外国籍企業である**マイクロソフト**，**GAFA**と言われている**グーグル**，**アマゾン**，**フェイスブック**，**アップル**などは，主要各国で独占禁止法により規制を受けているケースがある。

　日本の独占禁止法では，以下のような規定がある。

2-2　独占的状態

　日本の独占禁止法において，**独占的状態**を以下のように規定している。

　第1の要件として，一定の事業分野の国内総供給価額が，1年間において1,000億円を超えなければならない。第2の要件として，国内において，1社で50％以上の市場占有率があるか，または2社の市場占有率の合計が75％以上あることである。第3の要件として，市場における弊害の発生が必要である。これは，新規参入を著しく困難にする事情がある，相当の期間にわたって，価格メカニズムが働かず価格の下方硬直性がある，および独占的利潤を得ているなどである。

　以上の要件が満たされると独占的状態にあることになる。公正取引委員会は，さらに各種の配慮事項を考慮し，必要な措置をとることができる。ただし，近年，日本企業は外国企業とのグローバル競争が激化してきており，外資参入や輸入品の脅威，世界市場での市場占有率も考慮させていること，市場の変化が著しいこと，などのため**独占禁止法の運用が緩くなってきている傾向**がある。これは，他の先進国でもほぼ同様である。ただし，アメリカの**GAFA**（グーグル，アマゾン，フェイスブック，アップル）や中国の**アリババ**などの巨大IT・情報企業などについては，独占禁止法による規制の動きも生じてきている。

2－3　持株会社，株式保有・合併などの制限

　持株会社は，傘下企業の株式の多くを所有し支配して，企業グループの経営をおこなっている企業である。1997（平成9）年までは，持株会社は全面的に禁止されていたが，同年の独占禁止法の改正により，規制が緩和され，持株会社は認められるようになった。ただし，超巨大な持株会社だけが禁止されるようになった。さらに，銀行のような金融会社は，国内の他の会社の発行済みの株式総数の5％（保険会社では10％）以上を保有することは原則的に禁止している。日本の大企業では，持株会社を中心として傘下の企業とグループを形成して，事業をおこなうケースが増えてきている。

　たとえば，セブン＆アイ・ホールディングスは，傘下企業として，セブン＆イレブン・ジャパン，イトーヨーカ堂，西武・そごう，セブン銀行，セブン＆アイ・フードシステムズ（デニーズ），赤ちゃん本舗，などをもっている。

　独占禁止法では，企業合併を制限している。国内の会社が，一定の取引分野における競争を実質的に制限することになる場合，または不公正な取引方法によるものである場合，合併が禁止されている。また，日本企業による海外企業の買収の場合，各国の独占禁止法などの審査が必要となる場合がある。

2－4　不公正な取引方法

　独占禁止法において，不公正な取引方法として以下がある。
① 　不当に他の業者を差別的に取り扱うこと。
　　不当である取引の拒否，出荷の停止ボイコットなどがある。自社の系列に入らないと取引を拒絶するという行為も該当する。
② 　不当な対価をもって取引すること。
　　著しい原価割れ販売，不当廉売などがある。
③ 　不当に競争者の顧客を自己と取引するように誘引し，または強制すること。
　　不当である価格表示，景品・表示，広告・宣伝などがある。

④　相手方の事業活動を不当に拘束する条件をもって取引すること。

不当である再販売維持行為，価格の拘束，テリトリー制，拘束条件付き取引，販売業者への販売方法の拘束，事業活動の拘束などがある。

⑤　自己の取引上の地位を不当に利用して相手方と取引すること。

不当である押しつけ販売・協賛金の強要，違約金の強要代金支払いの遅延，返品，購入契約の締結，従業員派遣の要請などがある。

⑥　不当な取引の妨害行為と競争会社の内部干渉。

競争業者に対する不当な取引妨害，並行輸入の不当阻害などがある。

2−5　カルテル

カルテル（kartell）とは，同業者が集まって，互いに競争しないようにしようと決めることである。独占禁止法では，各種カルテルや入札談合を禁止している。重要なカルテルには，以下がある。

① **価格カルテル**

複数の会社が共謀して価格を引き上げる値上げカルテル，価格維持カルテル，最低価格を定めるカルテル，再販売価格を決めるカルテルなどがある。

② **数量カルテル**

数量カルテルは，供給量，生産数量，販売数量を業者が共同して決定するカルテルである。

③ **取引先制限カルテル**

企業間で取引の相手方や販売経路・地域などを取り決めるカルテルである。

④ **入札談合**

入札について談合するカルテルである。

2−6　不当な取引制限と独占禁止法

カルテルのような**不当な取引制限の要件**として以下がある。

第1は，複数の企業が相互に意思の連絡があるという，共同行為であることである。

　第2は，カルテルのような取引制限の目的が，価格，生産，投資調整，販路，技術，その他取引条件であることである。

　第3は，公共の利益に反して，一定の取引分野において，実質的に競争を制限していることである。

　このような不当な取引制限に対しては，**公正取引委員会**は，協定（カルテル）の破棄，刑事罰，課徴金などの措置をおこなうことができるとしている。

おわりに

　企業の**コーポレートガバナンスの将来**について考えてみよう。

　第1は，世界のコーポレートガバナンス制度が，今後，**収斂**するかという点である。すなわち，現在，世界の大企業で多いアメリカを代表とする**アングロサクソン型コーポレートガバナンス**が，将来，支配的な制度になるかどうかということである。アメリカは経済力がきわめて強いこと，**OECDコーポレート・ガバナンス原則**，また主要各国の証券取引所の規則などがアングロサクソン型を基本としていること，などにより，アングロサクソン型コーポレートガバナンス制度が，世界で一般的となっている。しかし，このアングロサクソン型が，唯一優れたコーポレートガバナンス制度と言えないように著者は思われる。この制度は，過度な**社外取締役の導入，取締役会と執行委員会の分離，監査役会の廃止**，など問題点も存在する。制度は，そもそも世界で唯一優れたものはない。たとえば，**ドイツ型コーポレートガバナンス制度**は，従業員代表が監査役会に入るという制度で，その意味で民主的な制度である。このドイツ型コーポレートガバナンスは，ドイツだけではなく，北欧諸国などで一般的となっている。また，いわゆる**日本型コーポレートガバナンス**は，基本的には取締役会，株主総会，監査役会で構成される制度で，政治制度の3権分立（国会，内閣，裁判所）にみならった，シンプルな制度である。この日本型の制度は，中国やアジア諸国の一部でもかなり存在している。このようにみてくると，唯一，正しい，優れたコーポレートガバナンス制度はないと言える。

　第2は，**所有と経営の分離と経営者支配の進展**である。近代化（モダン化）・産業化するにつれて，企業が大規模化し，所有と経営の分離が進む。そして，テクノクラートとしての専門経営者が企業経営を支配するようになる。そのような動きは，世界の国が近代化（モダン化），産業化するにつれて，国により差異はあるものの，進んでいく。たしかに，華僑・華人系企業，アジア企業，発展途上国の企業，先進諸国などの企業の一部においても，依然として大企業においても，家族支配の企業が存在している。しかし，そのような企業であっても，徐々に，ゆっくりではあるが，所有と経営の分離や専門経営者による経営が進展してきている。特に，会社が株式市場に上場すると，各種規制がかかり，所有と経営が分離される動きとなる。

　著者は，世界のコーポレートガバナンスの将来については，**アングロサクソン型**が多くなるものの，その他の制度，**ドイツ型，日本型，中国型，アジア華僑型**，などのコーポレートガバナンス制度が依然として存在するであろうと考えている。さらに，**将来，全く新しいコーポレートガバナンス制度が出現**するかもしれない。また，企業が大規模化するにつれて，国・企業などにより相違があるが，所有と経営の分離や専門経営者による経営が進展していくであろう。将来・未来の**SDGs**の達成に向けて，環境問題や多様なステークホルダーなどにも配慮した企業統治がもとめられるであろう。

〔参考文献〕

神田秀樹（2017）『会社法』弘文堂。

中山健・丹野勲・宮下清（2018）『新時代の経営マネジメント』創成社。

佐久間信夫・出見世信之編著（2014）『アジアのコーポレート・ガバナンス改革』白桃書房。

丹野勲（1999）『異文化経営とオーストラリア』中央経済社。

丹野勲・原田仁文（2005）『ベトナム現地化の国際経済比較』文眞堂。

丹野勲（2005）『アジア太平洋の国際経営―国際比較経営からのアプローチ―』同文館。

丹野勲・榊原貞雄（2007）『グローバル化の経営学』実教出版。

丹野勲（2010）『アジアフロンティア地域の制度と国際経営―CLMVT（カンボジア，ラオス，ミャンマー，ベトナム，タイ）と中国の制度と経営環境―』文眞堂。

第 7 章 企業成長と経営戦略

はじめに

　企業は，成長を求めて**経営行動**をしている。企業の成長政策が**企業戦略**，**経営戦略**であり，その基礎的枠組みとして**基本経営戦略**がある。基本経営戦略には，市場浸透戦略，製品開発戦略，市場開発戦略，多角化戦略，市場創造・新ビジネスモデル戦略がある。**マーケティング（市場）戦略**として，ブランド，価格，広告・販売促進，流通（経路），などがある。

　企業成長の方向性（将来の事業範囲や戦略）としては，製品市場戦略（専業化，多角化など），垂直的統合戦略，国際化戦略，多国籍化戦略（地域的拡大）などがある。

　さらに，重要な経営戦略論として，**ポーターの競争戦略論，資源ベースの経営戦略論，モジュール化の戦略論，企業文化戦略**，などがある。

　本章では，このような主要な経営戦略理論とそのケースについて論述する。

第1節　基本経営戦略

　経営戦略を分析する基礎として，**アンゾフ**（Ansof H. I.）による**基本経営戦略**の概念がある。アンゾフは，**製品と市場**から経営戦略を4つに分類した。この基本戦略は，古典的研究であるが，現代企業の経営戦略の分析枠組みとして依然として有効で，さらに**市場創造・新ビジネスモデル戦略**を加えて詳説する。

　図表7－1は，アンゾフによる**経営戦略の類型**である。アンゾフは，市場浸透戦略，市場開発戦略，製品開発戦略の3つを，多角化戦略と区別して，**拡大化の成長戦略**といっている。

図表7－1　アンゾフによる経営戦略の類型

製　　品 市　　場	現　製　品	新　製　品
現　市　場	市場浸透戦略	製品開発戦略
新　市　場	市場開発戦略	多角化戦略

（出所）　アンゾフ（広田寿亮訳）『企業戦略論』ダイヤモンド社，1969年，137頁，一部著者が修正。

1－1　市場浸透戦略

　既存の製品（現製品）で，既存の市場（現市場）において，市場占有率の拡大をめざす成長戦略が**市場浸透戦略**である。代表的な市場浸透戦略として，価格政策，広告・販売促進政策，市場細分化戦略，地域密着型戦略などがある。

　第1は，**製品価格の引き下げや各種の価格・ブランド戦略**などをおこなって，市場シェア（市場占有率）を高めようとする**価格政策**である。特に，**競争の激しい業界，需要の価格弾力性が大きい製品の場合**，製品価格の引き下げは有効である。なお，各種の価格・ブランド戦略については，次節で詳しく述べる。

　ここで，需要の価格弾力性という概念が重要である。**図表7－2**は，**需要の価格弾力性**が大きい製品のケースと小さいケースをあらわしたものである。需要の価格弾力性が大きいというのは，価格を引き下げると，需要が大きく増える需要曲線をいう。パソコン，スマホ，液晶テレビなどの製品は，価格が下がるにつれて，販売台数が急拡大した。このような需要の価格弾力性が大きい製品の場合，価格を引き下げて，販売台数を増やして，シェアを拡大するという戦略は有効である。ただし，価格の引き下げには，利益率を低下させて，**過当競争や価格競争**になるという危険性もあるので，この点の配慮も必要である。

図表7－2　需要の価格弾力性

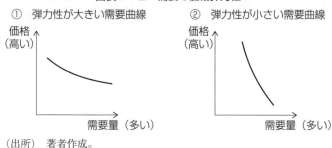

①　弾力性が大きい需要曲線　　　②　弾力性が小さい需要曲線

（出所）　著者作成。

　一方，**需要の価格弾力性が小さい**というのは，価格を引き下げても，需要の変化が小さい需要曲線をいう。米，味噌，醤油などの基礎的食料品，ガソリン，電力，ガスなどは，価格が下がっても需要はそう大きく変化しないであろう。

　第2は，市場浸透戦略としての**広告・販売促進政策**である。テレビ，ラジオ，インターネット，スマホ，新聞，雑誌などの媒体による広告，電車やバスの中吊り広告や駅張り広告，小売り店舗でのPOP広告，メールによる広告，チラシ，などがある。販売促進政策として，キャンペーン，アプリ，クーポン，会員カード（クレジットカード付きもある），ポイントカード，景品，懸賞，試供品の提供，ティッシュの配布（海外ではほとんどない），セール，カタログなどがある。近年，インターネットやスマホなどの電子媒体によるものが世界的に増えている。なお，各種の広告・販売促進戦略については，次節で詳しく述べる。

　第3は，市場浸透戦略としての**市場細分化戦略**である。市場を共通の特性を有する同質の小規模の集団に分割して，この細分市場に焦点を当てた商品・サービスを提供し，シェアを高める戦略である。たとえば，スポーツカー市場でのポルシェ，高級車市場でのベンツ，BMW，レクサスなどの戦略である。

　第4は，**地域密着型戦略**である。特に，小規模な企業の場合，その地域で評価を高め，地域のあらゆる顧客を開拓し，地域でのシェアを高める戦略である。商店，老舗店，工務店，飲食，食品，スーパー，電気店，サービスなどの個人企業や小規模企業は，地元で愛され，地域と共に発展していくという経営姿勢も重要であろう。江戸や明治からといった長い歴史をもつ老舗店も多い。

　なお，市場浸透戦略は，**市場規模が小さく**，または**市場が成熟期や衰退期の**場合，さらに企業が成長すると，別の戦略が必要となることもある。

1－2　市場開発戦略

　既存の製品（現製品）で，新しい市場を開発する成長戦略が，**市場開発戦略**である。新しい市場としては，地域的拡大，新しい顧客層の開拓，ニッチ（隙間）市場の開拓，などが考えられる。

　地域的拡大として，**国内販売地域の新たな開拓**がある。たとえば，地方の名産品を全国で販売するなどがあろう。また，**海外進出や新たな海外市場の開拓**もある。日本のみで販売していた製品を海外に輸出したり，現地生産することにより，世界市場での販売を拡大するのである。海外の市場は，巨大である。

　興味深いケースとして，新たな市場として海外が開拓された**日本食**がある。醤油，海苔，煎餅，そば，うどん，ラーメン，寿司，緑茶，日本酒などの日本食の食材・飲料は，世界的な日本食ブームもあって世界中で販売されている。日本の固有文化が，海外に市場拡大し，現地で受け入れられたケースである。

　新しい顧客層の開拓とは，現製品とは異なる顧客層に対して市場を拡大する戦略である。たとえば，若い者向けの製品を熟年層の市場に拡大，男性向け商品を女性市場に拡大，法人向けの製品を一般消費者の市場に拡大，マニア向けの商品をマニア以外の市場に拡大，職人や作業者向けの商品を一般消費者の市場に拡大，などの戦略がある。新しい顧客層を開拓することで，製品の需要を拡大し，売り上げを増大させるのである。たとえば，ワークマンは，職人・作業者のための衣服などの商品を，一部改良して，女性を含む一般層に拡大することで新しい市場を獲得し，成長している。

　ニッチ（隙間）市場の開拓とは，既存の大企業などが進出していない，成長性があるが従来見逃されていた市場などのニッチ（隙間）市場を狙う戦略である。たとえば，地域（新興国など），顧客層，サービス，社会・経済の変化，技術革新，市場ニーズ，SDGsなどに対応したニッチ（隙間）市場などがある。

1−3　製品開発戦略

　既存市場（現市場）に対して新製品を開発する戦略が，**製品開発戦略**である。現市場にまったく新しい製品を投入したり，現製品に代わる新しい製品を開発し，販売する戦略である。この戦略は，最もよくおこなわれている戦略である。メーカーの場合は，現製品を**モデルチェンジ**した**新型製品**，また，**まったく新しい新製品**を開発する，などの戦略がある。サービス企業の場合も同様で，現サービスの改良，またまったく新しいサービスの開発，などがある。

　たとえば，**自動車市場**において従来にない新しいモデルの新型車を開発すること，および現型車をモデルチェンジし，新しいデザインと性能をもつ新型車を開発するケースがある。日本の自動車メーカーは，海外企業に比較してかなり短い期間でモデルチェンジをおこなっている。日本企業は新製品を出すことで，新たな技術を導入し，品質を向上させ，既存の製品を陳腐化させることにより，市場を拡大した。また，**フルモデルチェンジ**もたびたびおこなっている。

　海外戦略において，**特定の海外市場向けに新たな製品を開発**するという製品開発戦略もある。日本の自動車メーカーが，アジア向けの新型車を開発したり，米国または欧州向けの新型車を開発し，現地販売するケースである。

　いずれにしても，製品開発戦略の基本は，**技術・製品開発力や生産技術の強化**による新製品の開発である。アナログからデジタルへ，デジタル製品（スマホの5Gなど）の進化，半導体など，技術の革新は加速され，**製品のライフサイクル**は，高度な技術製品の場合，特に速くなっている。自動車産業においても，ハイブリット自動車，電気自動車，水素自動車など，まったく新しい技術の新型車が開発され，その製品開発力の核心は企業の技術力となってきている。将来，革新的な技術が開発され，現製品が陳腐化するという現象も起きるであろう。それに備えて，**将来を見据えた製品・技術開発戦略の構築**が要求されよう。

1－4　多角化戦略

　新製品を新市場に販売する成長戦略が，**多角化戦略**である。多角化戦略には，現製品の技術に関連がある製品・事業への**技術関連多角化**，マーケティングに関連がある製品・事業への**マーケティング関連多角化**，技術やマーケティングにあまり関連をもたない製品・事業への**コングロマリット的多角化**，などがある。既存の事業での経験，資源を生かした，**シナジー効果**の発揮できる分野での多角化が多い。なお，この多角化戦略については，第3節で詳しく考察する。

1－5　その他の戦略―市場創造・新ビジネスモデル戦略

　企業が，現在存在している市場ではなく，まったく新しい市場を，新しい製品やサービスで，新たに創りだす戦略を，著者は**市場創造・新ビジネスモデル戦略**とよぶ。この戦略は，企業の能動的でベンチャー的な経営戦略により，今までなかった新たな市場を創りだし，**新ビジネスモデル**を構築し，成長させるのである。当初は市場がそもそもないため，競争企業がほとんどいないが，事業が成功し，市場が成長するにつれて，他企業が参入する可能性がある。

　たとえば，歴史的にみると，就職などの情報サービスを創造したリクルート，コンビニを創造したセブン・イレブン，100円ショップを創造したダイソー，自動車配車や外食宅配をネットでおこなうサービスを創造したウーバー，ECのアマゾン，パソコン・スマホソフトのアップルやグーグル，など数多くある。

　このように，市場創造・新ビジネスモデル戦略は，将来・未来に成長するだろうというアイデア，製品，サービスで，市場を新たに創るということである。そのため，大企業のみならず，**ベンチャー企業**や**中小企業**でも成功し，成長する可能性がある。

　未来の人類の環境問題を改善するSDGsに関連する製品・サービスは，将来最も有望な市場創造戦略の1つであろう。また，現在は夢のようであるが，**未来に存在するかもしれない市場や製品**，たとえば空を飛ぶ車・エアータクシー，人間を助け・遊ぶ鉄腕アトムのようなロボット，などが考えられる。

第2節　ブランド戦略，価格戦略，広告・販売促進政策

2−1　ブランド戦略

　製品やサービスを識別し，競合他社のものと差別化をはかるために，名前，名称，記号，シンボル，デザイン，あるいはその組合せが，**ブランド**（brand）である。ブランドが，法律上の保護を受けたものが**商標**である。企業は，ブランド価値をいかに高めるかが，きわめて重要な経営戦略である。

　ブランドに，階層があるケースがある。その階層として，企業レベル（**コーポレートブランド**），事業レベル（**事業ブランド**），製品カテゴリーレベル（**ファミリーブランド**），製品レベル（**個別ブランド**）などのブランドがある。

　日本を代表する世界的なコーポレート（企業）ブランドとして，ソニー（SONY），パナソニック（Panasonic），ホンダ（HONDA），トヨタ（TOYOTA），ニコン（NIKON），キヤノン（Canon），ユニクロ（UNIQLO），資生堂（SHISEIDO），ヤマハ（YAMAHA），などがある。**ブランドの戦略**として以下がある。

2−1−1　個別ブランド戦略

　個々の製品ライン（レベル）別にブランドをつけるのが，**個別ブランド戦略**である。

　スイスの時計企業であるスウォッチ・グループは，オメガ，ロンジン，ラドー，テッソ，スウォッチ，など商品ラインごとにブランドをつける個別ブランド戦略をとっている。ファッションなどの企業にしばしばみられる。通常，個別ブランド戦略では，コーポレート（企業）ブランドは明記しない。

　個別ブランド戦略の利点は，企業全体の評価と製品の市場での評価が切り離されていることである。高級品メーカーが，低価格製品を個別ブランドで出し，その新製品が失敗しても，企業全体の評価は損なわれない。また，企業が自社名にこだわらず，新製品に最もふさわしいブランドをつけることができる。

　個別ブランド戦略の欠点は，個別ブランドごとにブランドを浸透させなけれ

165

ばならないため，販売促進コストの負担が大きいことである。特に，多数の製品ラインをもつ企業では，より販売促進コストの負担が大きい。また，ブランド浸透に時間がかかり，結果として成功しない可能性があることである。

2−1−2　ファミリーブランド戦略とコーポレート（企業）ブランドの戦略

　企業（企業グループ）の名称をブランドとするのが，**コーポレート（企業）ブランド**である。コーポレート（企業）ブランドの下位にあり，ある製品・サービスカテゴリーにつけられたブランドが，**ファミリーブランド（カテゴリーブランドともいう）**である。企業のなかの製品・サービスカテゴリーのすべてや一部にコーポレート（企業）ブランドをつけているケースもある。

　米国企業のアップル，マイクロソフト，ヒューレットパッカード，日本企業のソニー，キヤノン，パナソニック，マツダ，スバル，セブン・イレブンなどが，世界的に著名なコーポレート（企業）ブランドである。たとえば，ソニーでは，プレイステーション（ゲーム），ブラビア（テレビ），Xperia（スマホ），ウォークマン（オーディオ）などがファミリーブランドである。通常は，製品にはコーポレート（企業）ブランドとファミリーブランドの2つが明記されているのが一般的である。セブン・イレブンは，コーポレート（企業）ブランドでほぼ統一して事業をおこなっている。

　この戦略で最も重要なのは，ファミリーブランドやコーポレート（企業）ブランドの**ブランド価値**を高めることである。もし，ブランド価値を損ねるようなことがあると，企業経営に大きな影響を与えかねない。

　このブランド戦略の利点は，すでに確立されたブランドのため，広告費などが少なくなるなど，製品の市場導入コストが小さくなることである。特に，ファミリーブランドやコーポレート（企業）ブランドが多くの信頼を得ていれば，新製品の市場導入がスムーズにいく。

　このブランド戦略の欠点は，コーポレート（企業）ブランドとファミリーブランドは，企業のなかのすべての製品・サービス，または製品・サービスカテ

ゴリー別に統一したブランドをつけるため，品質，サービスなどがかなり異なる製品であっても，消費者は平均的な品質しか期待しないことである。また，ブランドの信頼を裏切るような不祥事等が発生した場合，企業経営への影響が大きいことである。

２－１－３　複数事業部ブランド戦略

　会社（企業グループ）で，製品・サービスの事業別に２つあるいはそれ以上のブランドをつけるのが，**複数事業部ブランド**（事業レベルのブランドをファミリーブランドとしてとらえ，**複数ファミリーブランド戦略**とよぶこともある）である。

　トヨタ自動車のトヨタとレクサス，ユニクロのユニクロとGU，セイコー時計のセイコーとアルバなど，複数事業部ブランド戦略をとっている。

　このブランド戦略の利点は，企業の製品ラインの品質その他の内容で差異がある場合，２つ以上のブランドとすることで，消費者にその違いを認識させやすいことである。特に，高級品ブランドや顧客層の差別化に有効な戦略である。

　このブランド戦略の欠点は，２つ以上のブランドを浸透させなければならないため，販売促進コストの負担が大きい。特に，新しいブランドを導入する場合，広告・販売促進，販売チャネルなどのコストが高くなることである。

２－２　価格戦略

　近年，グローバル競争の激化により，価格設定は国内企業の市場や状況だけではなく，グローバルな実態を考慮する必要性が増えている。海外からの輸入，海外企業の国内市場のへの参入などもあり，**国際的な価格競争**が激化してきている。**価格の基本的な設定戦略**として，以下がある。

２－２－１　価格設定の基本戦略

　製品価格の主要な設定の戦略として，原価志向価格設定，需要志向価格設定，競争志向価格設定，などがある。

(1)　原価志向価格設定

　原価を基準として価格を決める方法が，**原価志向価格設定**である。この代表的方法として，コストプラス法がある。**コストプラス法**は，製造コストおよびマーケティングコストに一定の利益を上乗せして価格を決定する方法である。

　企業としては，確実に利益の出る価格設定であるが，消費者からみると魅力ある価格になっていないかもしれない。これは，基本となる価格設定である。

(2)　需要志向価格設定

　消費者の知覚・心理や需要を基準に価格設定をおこなう方法が，**需要志向価格設定**である。この代表的方法として，知覚価値法，差別価格法，慣習価格法，威光価格法，端数価格法，などがある。

①　知覚価値法

　製品の価格を顧客がどう考えるかという知覚価値や認識を測定して，それを基準に価格を設定するのが，**知覚価値法**である。

　たとえば，「100円ショップ」，「100円寿司」など，消費者が安いと知覚する魅力ある100円程度の品をそろえるという戦略がある。海外でも，このような低価格の均一価格を基本とした「ロープライス・ショップ」が存在する。

　製品開発において，消費者が求めている価格帯で製品・サービスを開発し，販売するという戦略も有効である。たとえば，スマホの料金プランなどがある。

②　差別価格法

　市場のセグメント（区分，細分化）が可能で，セグメントごとに需要強度が異なる場合，原価は変わらないものの，価格を変える方法が，**差別価格法**である。セグメントが可能な顧客層別に，製品形態，場所，時間などにより違った価格を設定する方法である。これは，利益を最大化して，需要を平準化できる。

　たとえば，製品の表面仕上げ・デザイン，素材，仕様などの違いなどによる製品形態別，チケットの座席などによる場所別，季節・曜日・日にち・時間帯などによる時間別に，価格を変えるという価格戦略である。

③　慣習価格法

　消費者に製品価格が長期間一定している慣習化した価格があるため，この価格を設定する方法が，**慣習価格法**である。価格設定はやりやすいが，高価格の製品を出しにくい。たとえば，清涼飲料水，菓子，文房具，週刊誌などがある。

④　威光価格法

　製品やサービスのステータス・高品質を強調するために，あえて高めに価格を設定する方法が，**威光価格法**である。威光価格は，一般的に利益率が高いため採りたい戦略である。そのために，ブランド・製品価値を高める必要がある。

　たとえば，高度技術製品，および高級時計，高級乗用車，宝飾品・衣服・バックなどのいわゆるブランド品，などの価格戦略としてしばしばみられる。

⑤　端数価格法

　980円，1,980円，19,800円のように，端数をつけた価格を設定することにより，大台より消費者に安く感じさせる方法が，**端数価格法**である。

　これは，日本のみならず，海外でもよくみられる価格設定である。

(3)　競争志向価格設定

　競争企業が設定する価格を基準に価格設定をおこなう方法が，**競争志向価格設定**である。この代表的方法として，実勢価格法，競争価格法がある。近年，**グローバルな価格競争の激化**などにより，競争的価格設定が増えてきている。

①　実勢価格法

　業界の平均価格を基準として価格を設定するのが，**実勢価格法**である。これは，製品が比較的同質の場合，競争の激しい業界，寡占業界でもしばしばみられる。たとえば，競争が激しく，値下げ競争が激烈なテレビやパソコン，またハイテク製品の半導体，などの業界では，実勢価格による価格決定がみられる。寡占業界では，スマホとネットワーク（通信）の料金プランなどがある。

　近年，定価をつけない**オープン価格**の製品が増えていることもあり，実勢価格によるものが多くなっている。また，製品やサービスの需要や他社の価格状況に対応して柔軟に価格を変化させる実勢価格も増えている。

② 競争価格法

競争企業の価格を基準として，それよりも低い価格を設定するのが，**競争価格法**である。競争企業より低めに価格を設定することで，市場シェア（市場占有率）を高めようとする価格戦略である。

たとえば，グローバルにみると，中国や韓国などのメーカーは，先進国のメーカーより1－2割程度，低めに価格設定する戦略をとっているケースがある。

2－2－2　新製品の価格戦略

(1)　上層吸収価格戦略

新製品に対して，価格に敏感でない顧客を対象に，高価格を設定する戦略が，**上層吸収価格戦略**（skimming price strategy）である。利益を十分確保する価格を設定するため，開発に要した費用を早く回収することができる。

上層吸収価格戦略は，顧客にとって非常に価値のある製品，まったく新しい技術の製品，製品の技術が高い製品，高級ブランド品，マニア向け製品，市場の不確実性が高い場合などに，しばしばとられる戦略である。グローバルな視点でみると，発展途上国においても，高所得層が一部に存在するため，この層をターゲットにし，成功するケースがある。

(2)　市場浸透価格戦略

新製品に対して，低めの価格を設定し，高い市場占有率を確保し，規模の利益を確保しようとする戦略が，**市場浸透価格戦略**である。価格が下がれば需要が急拡大する需要の価格弾力性が大きい製品，生産量が増えればコスト優位性が高まる規模の経済性がはたらく製品，などでこの戦略がしばしばとられる。

たとえば，スマホ，テレビ，パソコン，デジカメ，半導体メモリーなど，競争の激しい業界の製品にみられる。この戦略は価格競争に陥る危険性もある。

2−2−3　製品ミックス価格戦略

　企業は通常，１種類の製品のみではなく，複数の製品を販売している。製品価格を設定する場合，複数の製品全体としての製品ラインを考慮した戦略が**製品ミックス価格戦略**である。製品ミックス価格戦略では，製品全体で利益を最大化する価格設定をおこなう。主要な製品ミックス価格戦略として以下がある。

(1)　製品ライン価格戦略

　ある製品ラインについてまとまった価格帯が形成されている場合，その価格帯に合わせて価格を設定する方法が，**製品ライン価格戦略**である。

　たとえば，デジタルカメラ市場をみると，高級一眼レフデジカメラの価格帯，高級デジカメの価格帯，中級デジカメの価格帯，入門機デジカメの価格帯がほぼ形成されており，この価格帯を基準として製品価格を決定するのである。高級カメラでは高めに，入門機カメラは低めに，価格を設定する戦略である。

(2)　オプション製品価格戦略

　製品やサービスの本体と，オプションの製品・付属品やサービスを組み合わせて販売する方法が，**オプション製品価格戦略**である。通常，本体にオプションを加えた合計価格を低めにしているため，顧客は魅力ある価格にみえる。

　たとえば，乗用車と付属品，住宅と設備品，パソコンとソフト・ネットワーク（通信），ホテルとテーマパーク，宿泊と食事などがある。

(3)　キャプティブ価格戦略

　本体価格を低めに価格に設定して，本体に必ず必要な製品（補完製品）やサービスを販売することにより利益を得る方法が，**キャプティブ価格戦略**である。

　たとえば，プリンターとインク，ゲーム機とゲームソフト，コピー機とトナー，カメラとフィルム，スマホ・タブレットと通信サービスなどがある。

2-3　広告戦略

2-3-1　広告とは何か

　企業や製品・サービスに関する情報を，企業名を明らかにして，有料媒体を通した，買い手や一般の人々とのコミュニケーション対応が**広告**である。

　広告は，製品やサービスに関する内容，価格などの情報提供，自社ブランドの優位性などをアピールし，売上げを増やすこと，などを目的としている。

　広告以外に消費者の購買や流通業者を刺激するマーケティング政策が，**販売促進**である。販売促進として，流通業者や販売店に対する販売促進，消費者に対する販売促進など，広範囲にわたる戦略がある。

2-3-2　広告媒体と広告のタイプ・目的

　広告媒体として，テレビ，ラジオ，新聞，雑誌，ダイレクトメール，インターネット，スマホ，屋外広告などがある。なお，これ以外の広告媒体として，新聞折り込み広告，チラシ，カタログ，電話，交通広告（駅貼りポスターや中吊り広告など），POP広告（店頭や店内の広告・プロモーション）などがある。近年，広告媒体の多様化，スマホなどによる口コミの増大，などが生じている。

　広告の目的によって①報知的広告（情報提供型広告），②説得的広告，③想起的広告（リマインダー広告）に分類できる。

　報知的広告（情報提供型広告）とは，製品やサービスの内容，価格，利点，用途，機能などを伝えることを目的とする広告である。新製品の導入期によく用いられる。たとえば，新型車の広告で，新しい技術，環境性能，デザイン，性能・価格などの内容をアピールする。

　説得的広告とは，製品やサービスの優位性を明らかにしようという広告である。自社ブランドの優位性を明らかにしようとするものもある。成長期で，競争の激しい市場によく用いられる。たとえば，新製品の食品が，いかに健康によく，ヘルシーで，おいしいかを説得する。最近では，日本でも他社ブランドと比較して自社ブランドの優位性をアピールする**比較広告**があらわれている。

　想起的広告（リマインダー広告）とは，消費者が自社の製品，ブランドを忘れさせないことを目的とする広告である。成熟期の市場においてよく用いられる。たとえば，サントリーのウイスキーやコカコーラの広告の多くが，すでに確立されたブランドを維持し，強化することを目的とした広告である。

２−４　販売促進戦略

　広告以外の**販売促進戦略**として，販売店に対する販売促進，消費者に対する販売促進などがある。

　販売店に対する販売促進策として，実物見本の提供，カタログ・パンフレットの提供，店員訓練・講習，実演，経営指導，店頭キャンペーン，販売コンテスト，仕入れアロワンス（割引），特販品，陳列棚の提供などがある。

　消費者に対する販売促進策として，キャンペーン，セール，特売，クーポン，プレミアム（おまけ品），スタンプ，ポイントカード，会員カード，クレジットカード・スマホ決済，試供品，宅配・配達，懸賞，展示会，などがある。

　近年，複数の企業が，共同・コラボしてキャンペーンの広告をおこなうケースも増えてきている。たとえば，人気アニメと商品などのコラボがある。

２−５　流通（経路）戦略

　商品の流通（経路）戦略として，メーカーから，**卸売**（１次，２次等），**問屋**，販売会社，代理店などを経て，小売にいたるルートが一般的である。最近，このような中間経路を省略して，メーカーから小売に，またはメーカーからネットなどで消費者に販売するケースが増えている。また，米**アマゾン**，中国**アリババ**などのネット**EC企業**が世界的に急増している。日本企業は，このような動きに対応するため，今後戦略的に流通経路政策を検討する必要がある。

第3節　多角化戦略

　企業戦略において，経営多角化戦略と垂直的統合戦略は最も重要な戦略であ

る。これらについて，以下で考察する。

3－1　経営多角化とは何か

　新しい製品を新しい市場に販売する戦略が，**経営多角化戦略**（diversification strategy）である。経営多角化は，自社の内部（自社や自社グループ）で新たな事業に進出するという**内部多角化**のケース，および，M&Aによる他社の**企業買収**や他社の**事業買収**，**合弁企業**の設立，各種の**提携関係**の構築などで新たな事業に進出するという**外部多角化**のケース，などがある。

　経営多角化といっても，既存の技術や市場とまったく無関連におこなうよりは，何らかの関連のある方向でおこなうことが望ましい。いわば，現事業での経験，資源を生かした形でおこなうのである。それで，経営多角化戦略は，**図表7－3**のように**現製品との技術的関連性**，**マーケティング関連性**から**4つに分類**できる。すなわち，水平的多角化，技術関連多角化，マーケティング関連多角化，コングロマリット的多角化である。

図表7－3　多角化戦略の分類

技術　＼　マーケティング	既存製品と関連あり	既存製品と関連なし
既存製品と関連あり	水平的多角化	技術関連多角化
既存製品と関連なし	マーケティング関連多角化	コングロマリット的多角化

（出所）　筆者作成。

3－2　水平的多角化戦略

　技術およびマーケティングに関連をもつ多角化が，**水平的多角化**である。これは，ほとんどが同一の業界の中で，製品・サービスの種類を増やすので，**限定的多角化**である。これは，専業企業などで，多くみられる。

　たとえば，調味料会社（味の素など）が食料品に進出したり，ビール会社（麒麟，アサヒ，サッポロなど）が清涼水，ワインなどに進出するケースがある。

3-3　マーケティング関連多角化戦略

　マーケティング・市場に関連をもつが，技術には関連がない多角化が，**マーケティング関連多角化**である。これは，ほとんどが単一市場・業界を超えて，複数の業界で事業を始める形となる。この多角化は，マーケティング資源を共有する効果がある。**サービス産業の多角化**では，最も多いケースである。

　たとえば，鉄道会社が，鉄道事業からデパート，スーパー，ホテル，コンビニ，不動産開発，観光などの事業に進出するケース，セブン＆アイが，デパート（西武・そごう），専門店（ロフトなど），金融（セブン銀行，セブンカードなど），レストラン（デニーズ）などの事業に進出するケース，などがある。

3-4　技術関連多角化戦略

　技術に関連をもつが，マーケティングには関連がない，いわば技術を核とした多角化が，**技術関連多角化**である。これは，ほとんどが単一市場・業界を超えて，複数の業界で事業を始める形となる。メーカーの多角化では，最も多いケースである。技術的基盤があるので，メーカーではおこないやすい多角化戦略である。そのために長期的視点による，企業の核技術の深化が重要である。

　たとえば，大日本印刷や凸版印刷の印刷技術を応用した電子部品への進出，富士フィルムの化学技術を発展させた化粧品や医療医薬品への参入，協和発酵（現協和キリン）の発酵技術を発転させた医薬品の開発，東レの繊維技術の深化としての炭素繊維の開発，など多くのケースがある。特に，カメラ会社は光学技術を応用した技術関連多角化が進んでいる。キヤノンのプリンター，X線カメラ，半導体製造装置，医療機器への進出，ニコンのメガネ，半導体製造装置への進出，オリンパスの医療用胃カメラ，内視鏡への進出，リコーの複写機への進出，トプコンの眼底カメラへの進出，などが，そのケースである。

3-5　コングロマリット的多角化戦略

　技術もマーケティングも関連をもたない多角化が，**コングロマリット的**

(conglomerate) **多角化**である。これは，複数の業界で事業を始める形となるが，各事業の間にリンクが少ない形である。コングロマリット的多角化の場合，M&A（合併と買収）で他社や他社の事業を買収することにより，新たな事業に多角化するケースもある。コングロマリット的多角化戦略は，現事業との関連が薄いため，失敗のリスクも高い可能性がある。

　たとえば，ソニーグループは，エレクトロニクス，通信・情報，エンターテイメント（ゲーム，映画，音楽など），銀行，保険，損保など，比較的コングロマリット的な事業展開をおこなっている。

３−６　多角化の動機

　企業はなぜ多角化するのか。**多角化の理由・動機**に関して以下が考えられる。

　第1は，現在の製品のライフサイクルが**成熟期，衰退期**で，これ以上十分な成長が見込めない場合，多角化戦略をとる。**成長製品**を加えることにより，企業の成長を維持，発展させようとする。**図表7−4**は，**製品のライフサイクル**をあらわしたものである。これは，製品には人間の生命のサイクルのように，導入期，成長期，成熟期，衰退期があるとする仮説である。

図表7−4　製品のライフサイクル

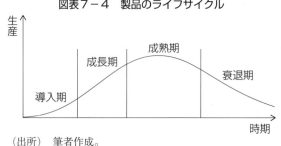

（出所）　筆者作成。

　製鉄会社が，エンジニアリング，化学，情報などへ多角化したり，また繊維会社が，化粧品，薬品，素材などに進出したのも，これが主な理由である。

　第2は，企業が生産，研究開発，マーケティング，経営管理などの業務をおこなう過程で，新たな資源が生まれることがあり，その**新しい資源を生かす**た

めの多角化である。たとえば，研究開発の分野で新たな技術が開発され，これを事業化するという多角化である。たとえば，東レは繊維技術の研究から，炭素繊維を開発し，航空機・自動車などの素材として使われている。

　第3は，**経営上のリスク分散**のための多角化である。たとえば，不況と好況の時期が違う製品，ライフサイクルが相違している製品，安定的需要のある製品と市場の不確実性の高い製品，などの組合せは，会社経営がより安定する。このように，数多くの相反する特性をもつ製品の組合せは，リスク分散をもたらす。たとえば，法人向け事業のみの会社が，一般個人向けの事業に進出すれば，2つの顧客層によりリスク分散をもたらすかもしれない。

　第4は，設備，資金，人材，土地などの**資源の余剰や活用**から多角化をおこなうものである。工場の跡地にビルやホテルなどを建てて経営する，また余剰人員について新規に会社を設立してその事業に活用する，などのケースがある。

　第5は，製品相互の補強効果である**シナジー効果**をねらった多角化である。シナジー効果とは，新製品を加えることが既存事業への単なる加算ではなく既存事業へも利益をもたらす効果をいう。「2＋2＝4」ではなく，「2＋2＝6」となるような，一種の結合利益を生み出すことをいう。

　シナジーには，生産，研究開発，マーケティング，財務，経営管理などの領域がある。**生産**の領域では，新製品を加えることにより，生産技術の向上や相互交流，また，生産設備の共通性からなる規模の経済性などの生産性や生産技術の向上が考えられる。**研究開発**の領域では，技術のベースを広めることによる技術開発力の強化をもたらすシナジー効果がある。**マーケティング**の領域では，トータルな広告費の増大による広告効果の増大，販売経路や販売員などのマーケティング資源の共通によるコストや能力の向上などが考えられる。**財務**の領域では，資金調達コストの低下やその能力の向上，賃金コストの低下，取引費用の低減などが考えられる。**経営管理**の領域では，新しい分野での多くの経営上の経験の蓄積は，経営管理能力を向上させる。

　第6は，市場での圧倒的地位のため，**独占禁止法などの法的制約**から，これ以上成長することに制限が加えられたために，他の事業機会から成長しようと

する多角化戦略である。かつてのアメリカでは独占禁止法の運用が厳しかった時期に，巨大企業は，多角化戦略，コングロマリット的多角化戦略をとった。

　第7は，さらなる**企業成長**のためである。各種の事業に参入することにより，企業は急速に成長できるかもしれない。そのために，内部のみで多角化するのではなく，**M&A**（合併と買収）などにより異業種への多角化をおこなう戦略もある。たとえば，日本電産は，モーターを主としたメーカーであるが，主として技術関連の会社（コパル，三協，日本サーボ，リードなど）を買収することなどにより，グループとして多角化して成長している。

　多角化戦略は，多角化した事業が競争優位をもてない場合，失敗する可能性がある。多角化戦略は，既存の経営資源を生かせ，シナジーをもたらすような多角化が望ましい。また，コングロマリット的多角化戦略をおこなう場合，企業買収なども考察する必要がある。

第4節　垂直的統合戦略と内部化戦略

　垂直的統合戦略とは，企業が，原料や部品の調達から，組立・加工，販売にいたるプロセスの一部ないし全部を自社に取り込むこと，**内部化**すること（その場合，自社の内部でおこなうケース，自社のグループ会社でおこなうケース，自社が出資した関連会社・系列会社でおこなうというケースがある）という成長戦略である。この垂直的統合戦略に関して，その理由・動機について考察する。また，国際比較の視点から，日本とアメリカの企業の**内部化戦略**について議論する。

4−1　垂直的統合戦略とは何か

　企業活動には，原料や部品を調達して加工，組立，流通経路を経て販売するという一連のプロセスがある。この生産から販売にいたる段階の一部ないし全部を，自社に取り込むこと，つまり内部化，サプライチャーン化することを**垂直的統合**（vertical integration）という。垂直的統合のプロセスで，原材料・部品生産を**川上方向**，最終消費を**川下方向**という。**垂直的統合の形態**として，自

社，自社グループ，関連会社・子会社などによる**内部化・準内部化戦略**，および，契約，合弁会社，出資（過半数以下）などの戦略的提携による形がある。

　たとえば，川上方向への垂直的統合として，製鉄会社や石油会社が，鉄鉱石や原油を開発するケースがある。また川下方向への垂直的統合として，メーカーが流通部門の卸売や販売店を自社で運営するというケースがある。

4-2　垂直的統合戦略の理由，動機

　企業は，なぜ垂直的統合をおこなうのであろうか。この点に関して以下の理由，動機が考えられる。

　第1は，**統合の経済性**をもたらす可能性があることである。購入，販売，生産，管理などの共同化によるコスト削減，取引コストの低減などの統合の経済性が達成される可能性があると，垂直的統合戦略が選択される場合がある。各部門が一本化されることにより，生産の効率性を達成できるという**垂直的な部門の共同操業の経済性**が存在する。また，計画，調整に関するコストを低くするという，**内部の管理や調整の経済性**が存在する。さらに，外部市場を直接相手にしないことや，安定した**取引関係による経済性**もある。すなわち，企業は外部市場との取引での販売，交渉，取引に関するコストの一部を節約することができ，市場取引での**不確実性**を回避することができる。たとえば，石油会社が，原油採掘の開発までおこなえば，安定的に原油調達ができ，外部から購入するより不確実性を減らすことができるかもしれない。

　第2は，垂直的統合により**適切な情報を得る**ことができる可能性があることである。また，重要な**技術情報が社外に流れない**というメリットもある。たとえば，原材料や部品の生産量は，最終製品の生産量の情報に基づき決定されるので，最適な量の生産をおこなうことができる。また，川下部門の販売部門を垂直統合すれば，まったく外部の企業に販売を任せるより，正確で有益な市場・マーケティング情報を得ることができるかもしれない。将来の企業戦略にとって，このような情報はきわめて重要である。また，グローバルなレベルで近年重要性が増している，技術情報が社外に流れないというメリットもある。

　第3は，垂直的統合により**技術の習得・深化**ができる可能性があることである。それが製品の差別化になる。たとえば，重要な**基幹部品やソフトを内製化**すると，他社との**技術の差別化**が可能となるかもしれない。重要な部品や原材料の垂直的統合により，技術開発力の増大やその深化をもたらす場合がある。たとえば，ソニーは，カメラやスマホなどの基幹部品であるイメージ（映像）センサーを自社開発・生産することにより，高い評価を得ている。さらに，ソニーは，イメージセンサーを他社に販売することもおこなっており，それが世界で高いシェアを獲得し，ソニーの重要な収益部門として育っている。トヨタは，ハイブリットカーの制御ソフトや水素自動車の中核動力を自社開発することで，製品差別化となっている。

　第4は，特に川上方向での垂直的統合により，**確実な品質管理**ができる可能性がある。垂直的統合により，高品質で耐久性ある部品を調達できる。後述するトヨタの準内部組織による部品調達は，その代表的ケースである。

　第5は，**販路や資材・原材料供給の安定的確保**ができる可能性があることである。垂直的統合により，品不足の時期でも必要な供給を確実に確保でき，また需要の低迷期にも製品の販路を確保できるかもしれない。たとえば，鉄，銅，アルミ，ニッケルなどの素材企業にとっては，原料としての天然資源の供給に不確実性が高い場合，**資源開発への垂直的統合**はメリットとなるであろう。

　第6は，特に，川上部門での垂直的統合が進んでいる企業は，**海外生産が容易**におこなうことができる可能性があることである。たとえば，発展途上国の場合，生産に必要な原材料や部品の調達が困難であるケースもある。部品生産という川上方向での垂直的統合をおこなっている企業は，海外で自社が部品のほとんどを生産するので，現地で部品調達をする必要がなく，どの国でも現地生産が可能となる。たとえば，YKKは，ファスナー生産に必要な原材料や部品を自社海外工場で生産することにより，海外で組立工程まで一貫した生産が現地でおこなうことができ，この**原材料・部品の垂直的統合戦略**がYKKの海外進出の強みとなっている。

　第7は，**企業の差別化の力を強める可能性**があることである。垂直的統合は，

経営者の思いのままになる付加価値の幅を広げて，差別化する能力を高めてくれるかもしれない。たとえば，川下方向の**販売部門を内部化**すれば，ユニークで特色ある流通・販売店戦略を展開することができる。また，川上方向の**原材料部門の内部化**，たとえば，加工肉食品会社が豪州で自社直営の牧場を運営することで，安全で日本人の口に合う牛肉・食肉加工品などを生産できる。

4-3　垂直的統合戦略の問題点

垂直的統合戦略は，以下のような問題点も存在する。

第1は，その**戦略コストがかなり高い**ことである。一般的に必要資金が巨額である。外部の独立の企業との取引から，新たに自社が投資して事業を内部化するのであるから，その投資額は大きい。さらに，垂直統合により固定費が増加する。競争激化，市場の成熟や衰退，景気後退などで売上が減少した場合でも，統合した部門の固定費をすべて負担しなければならない。また，他社を買収した場合，巨額な資金が必要となるかもしれない。そのため財務が悪化する。

第2は，投資額の巨大化による垂直的統合の進展は，**撤退障壁**を高くすることである。事業の撤退が容易でなく，仮に事業に売却先があったとしても，売却損がでる可能性がある。そのため，赤字でも事業を継続してしまうこともある。

第3は，垂直統合すれば，供給業者や部品メーカーからの**技術情報の流れ**を断ち切ってしまう可能性があることである。そのため，**自社のみで技術開発能力を高めなければならない**。製品の技術優位性を喪失する可能性がある。

第4は，**原材料・部品調達**において，企業内部の調達が優先されるため，他社から購入するより高いコストとなる可能性があることである。また，品質・性能においても外部調達より劣る可能性がある。

第5は，垂直的統合がされても，川上部門と川下部門では，その**経営管理方式**はかなり違っていることである。たとえば，製造部門の工場管理と，小売部門の販売管理は微妙に相違する。この2つの部門に，同一の組織，管理制度，報奨制度，資金・予算の管理制度などを押しつけると，混乱が生ずる場合があ

る。垂直的関係にある社内部門間を，部門の特性をどう生かしつつ管理をおこない，かつ全社的に管理の調和をさせていくか，そこに統合のリスクがある。

第5節　日本企業の準内部組織とその変容

5－1　準内部組織・準内部化戦略とは何か

　日本企業の戦略をみると，垂直的統合は自社の部門として内部化するのではなく，資本や人的関係をもった**グループ会社，系列会社，関連会社，下請会社として内部化**する場合がある。すなわち，日本の大企業は，垂直的統合組織として系列，関連，下請会社などが含まれるような形になっており，これは**準内部組織**とよばれる。系列，関連，下請会社は単なる部品の下請関係だけでなく，親会社から役員派遣，ミドル（管理職など）の出向などもおこなわれ，親会社との情報伝達の密度は高く，内部組織に近い情報が入る準内部組織というべきケースがある。

　準内部組織の利点は，完全な内部統合に比較して，コストが安く，フレキシブルで，内部組織とほぼ同様なメリットをもつという戦略であることである。

　ただし，近年，一部の系列，グループ，下請会社では，親企業からの高い取引依存度から脱却して，親企業以外からの取引を拡大するといった，親企業離れが進んできている。たとえば，トヨタグループのデンソーは，上場企業として，世界中の自動車メーカーと取引するような大企業となった。また，このような動きは，いわゆる系列，下請といわれる企業でも同様である。

　ジャスト・イン・タイムに代表される**トヨタの生産方式**は，親会社とグループ，系列，関連，下請会社との緊密な関係により成り立っている。トヨタの競争優位の根源の1つは，このような準内部組織により，高品質で故障の少ない耐久性ある部品の調達である。トヨタのグループ，系列，関連メーカーとして，国内生産・組立，部品製造，国内販売，などがあり，主要な企業として，日野自動車，ダイハツ，デンソー，小糸，トヨタ自動織機，アイシン精機，豊田合成などのメーカーやトヨタ系の各種の販売会社などがある。

5－2　日本とアメリカとの比較―自動車産業のケース

　日本とアメリカにおいて，**自動車産業のサプライヤー**（部品・原材料企業）との取引を比較すると，両国間には相違がある。

　第1は，日本では，自動車会社とサプライヤーとしてのグループ，系列，関連，下請会社とが，**資本，人材，取引，情報，技術などで関係が密接**であることである。また，最近崩れつつあるものの，下請企業や部品企業は，一次から数次におよぶ階層に編成されていることである。

　一方，アメリカでは，自動車メーカーの部品事業が独立したサプライヤーを除いて，日本のような準内部組織たるサプライヤーは少ない。アメリカの自動車会社では，もちろんサプライヤーは多いが，それらのメーカーは資本，技術，人材などで発注企業から独立している傾向にある。

　第2は，**日本の自動車会社**では，サプライヤーとの取引が長期間継続され，特定の会社への受注依存度が高い傾向にあることである。日本の自動車メーカーと部品メーカーとの関係は，長期的，安定的取引の傾向が強いといえる。

　アメリカの自動車会社は，自動車メーカーの部品事業が独立したサプライヤーを除いて，サプライヤーとの取引が短期的で，特定の企業への受注依存度が低い傾向にある。アメリカの自動車メーカーは，価格，品質，納入実績などによる世界の部品メーカーからの**入札・契約**を中心とした取引で，部品の品質については自動車メーカーが**部品の受け入れ検査**をやるというやり方である。

　このような日本企業の準内部組織，特にサプライヤーとの関係は，垂直的統合の内部化のメリットを取り込んだ上で，サプライヤーをグループ・関連企業として独立の会社にすることで内部組織の弊害を最小限にできる。**日本の自動車メーカー**が国際的に競争優位性を保っているのは，目先の入札コストで短期的に評価するのではなく，中長期的に品質，価格，納期などで評価するという，日本のこのような**サプライヤーとの関係**が1つの要因であろう。

　世界的に**電気自動車**のような**モジュール化**の進展のなかで，将来も日本の自動車会社が国際的優位性を継続できるか，重要な課題であろう。

第6節　ポーターの競争戦略論

　企業の経営戦略についての代表的研究として，**ポーター**（Porter M. E）の競争戦略がある。ポーターは，競争戦略において重要となる，①業界の競争要因として**新規参入業者**，②**売り手（供給業者）**，③**代替品**，④**買い手**，⑤**業界内での競争業者**という５つをあげている。**図表７－５**は，**ポーターによる業界の５つの競争要因と，各要因の具体的内容**をあらわしたものである。

図表７－５　ポーターによる業界の５つの競争要因と，各要因の具体的内容

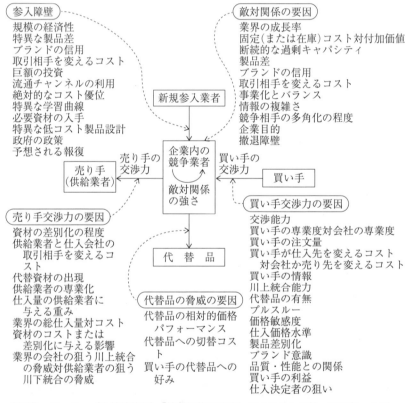

（出所）　ポーター（土岐坤他訳）『競争優位の戦略』ダイヤモンド社，1985年，9頁。

さらにポーターは，競争の基本戦略として，コストのリーダーシップ，差別化，集中の３つをあげている。**図表７－６は，ポーターによる基本戦略**を示したものである。

図表７－６　ポーターによる基本戦略

基本戦略	必要な熟練と資源	必要な組織のあり方
コストのリーダーシップ戦略	長期投資と資金源探し，工程エンジニアリングの熟練。労働力の綿密な監督。製造を容易にする製品設計。低コストの流通システム。	厳密なコスト統制。コントロール報告は頻度多く詳細に。組織と責任をはっきりさせる。厳密に定量的目標を実現した場合の報奨制度。
差別化戦略	強力なマーケティング能力。製品エンジニアリング，創造的直観。基礎研究力。高品質またはテクノロジー主導という評判。業界の歴史が古くまたは他の事業経験からの熟練の独自の組合せ。流通チャンネルからの強い協力。	R&D，製品開発，マーケティングのうまい調整。定量的測定よりも主観的測定による報奨。高熟練工，科学者や創造的人間をひきつける快適さ。
集中戦略	上記の政策を特定の戦略ターゲットに適合するように組み合わす。	上記の政策を特定の戦略ターゲットに適合するように組み合わす。

（出所）　ポーター（土岐坤他訳）『競争の戦略』ダイヤモンド社，1982年，63頁。

第1の**コストのリーダーシップ**とは，コスト面で最優位に立とうとする基本戦略である。低コストで生産できる設備，効率の良い規模で**経験曲線**（生産量が増えるとコストは低下するという理論）でのコストを優位にする，などの戦略である。また，間接費，取引費用，マーケティング，開発，流通，調達，人件費，などのコストを最小限にすることも必要である。すなわち，この戦略では，同業者より低コストを実現しようとするコスト優位をめざす戦略である。

第2の**差別化戦略**とは，自社の製品やサービスを差別化して，業界の中でも特異だとみられるような何かを創造しようとする戦略である。差別化戦略には，製品設計，ブランド，技術，品質，性能，デザイン，製品特徴，顧客サービス，

流通・販売チャネル，アフターサービスなどの差別化がある。

　さらに，**製品差別化の源泉**として，①製品の特長，②機能間のリンケージ，③タイミング，④地理的ロケーション，⑤製品の品揃え，⑥他企業とのリンク，⑦評判，などがある。**製品の特長**とは，自社製品の性能，仕様，技術，品質，性能，スタイル，価格，サービス，などの消費者の認知である。**機能間のリンケージ**とは，企業内における複数の機能間の連携である。たとえば，IT製品では，導入設計，製品製造，設置，運営，アフターサービス，コンサルティング，などの機能を連携することである。**タイミング**とは，製品を適切な時期に市場導入することである。通常，先行者であることが有利とされるが，後に遅れて参入するという**フォロワー**であっても，参入のタイミングが市場動向にマッチしている場合や製品・サービスが優れている場合などでは，競争優位を維持できるケースもある。**地理的ロケーション**とは，顧客からみた立地の地理的アクセスの良さや多さなどである。**製品の品揃え**とは，企業によって販売される製品やサービスの豊富さである。**他企業とのリンク**とは，自社の製品やサービスと他社の製品やサービスとの連携，戦略的提携である。**評判**とは，企業やその製品・サービスに対するイメージ，ブランドへの認識である。企業の評判は，長期間継続して製品差別化の重要な決定要因になり得る。

　第3の**集中戦略**とは，特定の買い手，製品の種類，特定の地域市場など，ある面に企業の資源を集中する戦略である。すなわち，特定のターゲットに絞ることにより，市場のニーズを十分満たすことができ，かつ差別化や低コストを実現しようとする戦略である。たとえば，スズキ自動車は，製品では小型車に，海外では中進国・発展途上国（インド，アジアなど）などに資源を集中している。

　ポーターは，コストのリーダーシップ，差別化，集中の3つの基本戦略を実行するためには，それぞれ違った経営資源や熟練が必要であり，さらに組織のあり方も違うだろうと考えた。

第7節　資源ベースの経営戦略論

　注目される理論として，**資源ベース**（resource-basedview）の経営戦略論がある。この理論は，企業の経営資源に焦点をあて，この資源の認識，活用，獲得が経営戦略にとって重要であることを強調している。

7−1　コア・コンピタンス

　経営戦略論において，**コア・コンピタンス**（core competence）という概念が注目されている。コア・コンピタンスとは，企業の核となるような競争能力で，学習により積み重ねた独自のスキルや技術などの有形，無形の経営資源である。コア・コンピタンスは，顧客に利益をもたらす競争能力であり，競合他社との差別化をもたらす競争能力であり，さらに新製品市場への参人の基礎となるような企業力を高めるものでなければならない。

　たとえば，ホンダはエンジンについてのスキルがコア・コンピタンスであると考えた。このホンダのエンジンの良さという利益を顧客は手に入れることができ，このエンジンが他社との差別化になった。また，ホンダはエンジンのスキルというコア・コンピタンスをもとに，二輪車，自動車，スポーツカー，発電機，航空機（ホンダジェット）へと事業展開していった。

　以上のようなコア・コンピタンスを軸に，企業の戦略として，**事業の選択と集中**が必要である。事業の選択と集中とは，国際的な競争が増している環境下にあって，企業はコア・コンピタンスを核とした競争力のある事業に集中し，コア・コンピタンスに基づかない競争力のない事業については必要な場合，**撤退**を含めて検討する必要があるという考え方である。ただし選択と集中といっても，企業のコア・コンピタンスは何かについては不確実性があり，また多くの事業を展開している企業の場合，コア・コンピタンスが多く存在することも考えられる。さらに，コア・コンピタンスは，時間とともに変化することもあろう。また，外部環境が変化し，コア・コンピタンスの事業が**衰退産業**となる

ということもある。そのため，安易に事業を撤退することは慎むべきであろう。

7-2　資源ベースの理論

　バーニー，コリス・モンゴメリーなどは，資源ベースの経営戦略論を発展させた。彼らによると，資源ベース理論の前提は，企業はそれぞれ資源の独自の束を保有しており，各企業はそれが根本的に異なるというものである。資源ベース理論では，資源が競争優位を持続可能にするというのが基本的考え方である。

7-3　経営資源とは何か

　資源ベース理論では，**資源の形態**として，以下の3つをあげている。

　第1は，**有形資産**（tangible asset）である。不動産，生産設備，建物，現金・金銭・内部留保などの，企業のバランスシートに表記されている資産である。たとえば，電話線網・ケーブルテレビのケーブル網，スマホなどの通信基地局などというネットワークの資産を所有すること，都市中心部や人気のある観光地の近くに不動産をもつこと，などは競争優位の源泉となるであろう。

　第2は，**無形資産**（intangible asset）である。会社の評判，ブランドネーム，ノウハウ，文化，技術的知識，特許や商標，蓄積された学習や経験，などの資産である。この無形資産は，競争優位に重要な影響を及ぼす。

　第3は，**組織の能力（ケイパビリティ）**（organizational capabilities）である。これは，組織がインプットをアウトプットへと変換するための資産，人材，生産，技術，プロセスなどの能力である。すぐれたケイパビリティは，競争優位の源泉となりうる。たとえば，優秀な社員，技能者，技術者，管理者，経営者などの人材（人的資本）がある。また，日本の自動車メーカーは，高品質の製品を生み出す生産システム，短期間での製品開発などの卓越したケイパビリティを構築し，これが競争優位をもたらしている。

7－4　資源のストック

　資源ベースの理論では，持続可能な競争優位の源泉を検討する際，企業がも
つ**資源（資産とケイパビリティ）のストック（蓄積）**に焦点をあてる。資源のス
トックは，収益を生み出し，企業の継続的優位性を持続させる能力の基礎とな
るものである。たとえば，高いブランド評価は，長い年月をかけた蓄積として
のストックによるものである。
　図表７－７は，**コリスとモンゴメリーによる３つの価値創造の経営資源**をあ
らわしている。資源ベースの理論では，競争に耐えうる価値創造の経営資源と
して顧客デマンド，希少性，占有可能性という３つ要因をあげている。

図表７－７　コリスとモンゴメリーによる３つの価値創造の経営資源

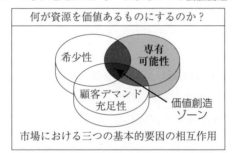

（出所）　コリス＆モンゴメリー（根来他訳）『資源ベースの経営戦略論』東洋経済新報社，
　　　　2004年，51頁。

　第１は，**顧客デマンド（customer demand）の充足性**である。価値の高い
資源は，顧客が進んで支払うような価格で，顧客ニーズの充足に貢献するよう
なものでなければならない。ただし，**資源の価値**は時間とともに変化していく。
たとえば，かつてのパソコンのIBMブランドは，価値の高い資源としてパソ
コン業界で重要視されていたが，今はそうではない。
　また，特定の資源の顧客デマンドの充足性，つまり資源の価値は，**代替の可
能性**によっても大きく変化する。たとえば，ソニーのウォークマンは，ポータ
ブルオーディオの代替品としてのスマホなどから大きな脅威にさらされた。

　第2は，**資源の希少性**（resources rarity）である。資源が価値あるものであるための要因として，資源の供給が不足しているという資源の希少性がある，持続可能な競争優位の源泉となるためには，資源の稀少性が長期間にわたって持続する必要がある。そのためには，資源が競合他社にまねしにくいという**模倣困難性**が重要である。

　たとえば，パソコンのケースでは，消費者が米IBM製パソコンの模倣製品（多くは中国や台湾のブランド）の多くも信頼できる製品であると認識するにつれて，IBMブランドの競争優位は低下してしまった。また，IBMの資源の希少性も，インテルやマイクロソフトという価値ある技術的資源をもつ供給業者（CPUと基本ソフト）によって奪われてしまった。そのようなこともあり，IBMパソコン部門のブランド（シンクパット）を，中国企業の**レノボ**（Lenovo）に売却した。

　第3は，**占有可能性**（appropriability）である。これは，ある資源によって生じた利益を実際に誰が獲得するかということである。一般的に，自社が開発した資源から生み出される利益は，市場から購入した資源から生み出される利益よりも高く，利益を占有する可能性は高いのである。たとえば，製薬会社では，自社で独自に開発し特許をもつ医薬品は，他社の特許切れなどを利用した医薬品（ジェネリック医薬品等）より，一般的に利益率は高い。また，合弁事業のパートナー企業は，資源の占有に関して，単独で完全子会社としておこなう事業よりも資源の占有が少ない可能性が高いのである。

　以上のように，資源ベースの経営戦略論では，企業の有形資産，無形資産，ケイパビリティといった資源が競争優位を持続可能にするという考え方である。あらゆる資源の価値は，時間とともに低下していくため，企業戦略の有効性を保つためには，重要な経営資源を維持・強化するための継続的な投資が必要であることを強調している。そのために，資源の質を高めることで既存の資源を強化する戦略，市場でのポジションを高めるような補完的な資源を加える戦略，および，新規のより魅力的な業界に参入するために必要な新しい資源を開発する戦略，などがあるとしている。

第8節　モジュール化の戦略論

　パソコンやテレビなどデジタル製品などは，規格・機能がほぼ統一された部品（複合部品）を集めて組立てた**モジュール化（module）**された製品が多くなっている。パソコンでは，マイクロプロセッサ，メモリー，マザーボードなどの主要部品，および基本ソフトなどが，代表的なモジュールのケースである。

　モジュール化には，以下の特徴がある。第1は，製品は，複数の**汎用化されたモジュール（複合部品）**により構成される。第2は，モジュール化された部品は，**独立した機能**を有する。第3は，**他のモジュールとの接続**が可能である。

　モジュール化が進んだ完成製品は，**参入障壁**が低下し，参入企業が増え，厳しい**競争状態**となり，**製品差別化**がしにくく，**価格**が低下する傾向がある。パソコン，テレビ，スマホなどはその代表的ケースである。しかし，モジュール（複合部品）を生産する企業は，その市場シェアが高く，差別化されている場合，高い競争力をもつ企業となる可能性がある。マイクロプロセッサのインテル，基本ソフトのマイクロソフト，グーグル，などはそのケースである。

　完成品業界でのトップクラスの企業は，できるだけ**モジュール化させないようにするという戦略**もありえる。製品をできるだけ複合部品化（モジュール化）しないように，設計や技術・生産を工夫しておこなうのである。たとえば，自動車は，将来，ガソリン自動車から電気自動車や水素自動車などに転換するであろうが，その際，このような戦略もあり得る。また，モジュール化させないため，製品の部品・ソフト・生産・技術部分を**ブラックボックス化**するという戦略もある。すなわち，自社の特許や技術的ノウハウなどを公開せず，モジュール化しないような生産方法を工夫するのである。

　モジュール化が進んだ完成製品では，品質，技術，デザイン，ブランド，販売，サービスなどで，何らかの**製品差別化**をおこなう戦略が重要であろう。

第9節　企業文化戦略

9-1　企業文化とは何か

　企業の**ソフト化戦略**も重要視されてきている。それは，企業イメージ，コーポレート・アイデンティティー（CI），企業文化，経営理念などと，いろいろ言われている。要はソフト・オーガニゼーションとしての**企業文化**の創造に要約される。なぜ企業文化のようなソフト戦略が重視されるようになったのであろうか。それは，企業文化のあり方が企業成長に大きく影響すること，すなわち，優良企業といわれる企業には，特有の企業文化が存在していることである。

　企業文化とは，企業成員に共有された価値規範である。すなわち，企業のメンバーがその企業特有のものの見方，考え方をし，仕事上で共通の行動パターンをとるのは，企業の文化が企業メンバーに浸透し影響を与えていると考える。

　それでは，企業文化をどう創造するのか。**企業文化を創造する重要な規定要因**として，①価値理念・経営理念，②トップ・マネジメントのリーダーシップ，③儀式・運動とコーポレート・アイデンティティー（CI）などがある。

9-2　価値理念・経営理念

　第1は，**価値理念・経営理念**である。企業文化の最も基底をなすものは，価値理念であろう。

　価値理念は，一般的に**経営理念**（会社の中核となる価値観）という形で表現されている。価値理念は，従業員全体に共通の目的で結ばれているという意識と，意思決定行動の基準を与える。また，企業理念は，対外的に会社の個性や特徴を明らかにすることでもある。

　経営理念は，一般的に**社是，社訓，経営方針，行動規範，ミッション**（mission）などという形で明文化されている。たとえば，日本の会社の社是・社訓の代表的なものとして，「和」，「挑戦」などがある。これは，教育的・精神的な行動規範的なものである。また，価値理念は従業員の倫理的な規範としても重要で

ある。従業員が倫理的な問題に直面したとき，価値理念は判断の基準として有用である。

さらに，経営理念は，**企業の将来像，ビジョン**（vision）が含まれていることがある。たとえば，ソニーは，「クリエイティビティとテクノロジーの力で，世界を感動で満たす」を，企業の存在意義として位置づけている。

9-3　ドメイン（企業の事業領域）

経営理念を企業の社会的存在，価値，経営の基本的方針，方向づけと広義に解釈すると，これらの社是などは，経営理念の一部であるがすべてではない。すなわち，経営理念，価値理念は，企業の事業領域，生存領域も含むのである。**企業の事業領域，生存領域**を，経営学では**ドメイン（domain）**といっている。ドメインは，企業の生存領域ということであり，自社の事業展開をいかにすべきかという企業計画を決定する理念である。ドメインは，現在から未来への経営戦略，長期経営計画の基礎となるきわめて重要なものである。

将来・未来は不確実性が高く，環境変化も激しいので，必要な場合，**ドメインの見直し**も必要であろう。その際，ドメインの意思決定は，会社の将来を左右するほど重要なものである。たとえば，NECは，かつてC&C（Computer & Communication）がドメインであったが，事業変化と共に見直されている。

9-4　トップ・マネジメントのリーダーシップ

第2の企業文化の基底要因は，**トップ・マネジメントのリーダーシップ**である。トップ・マネジメントのリーダーシップでは，組織に価値を注入することが重要である。経営者の最も重大な責務は，価値理念，経営理念を定義し，それを組織に浸透，徹底させるという，いわば組織に価値を注入することである。企業文化の創造において，経営者のリーダーシップは重大である。

リーダーシップには，政治的要素もある。いわゆる，**ポリティックやパワー**の問題である。**パワー（力，権力，支配力）の源泉**として，①重要な資源（予算，人員，技術など）を直接コントロールすること，②有用な情報や情報チャンネ

ルを支配すること，③有利な対人関係を確立すること，④ある事柄の専門家だ
という名声を築くこと，⑤カリスマ性を醸成すること，⑥強制力をもつこと，
⑦報酬や地位を決める力をもつこと，⑧組織上の地位をもつこと，などがある。

　企業文化論では，トップ・マネジメントの英雄，シンボル的性質を重視して
いる。**英雄，シンボル**とは，経営理念を体現し，組織構成員に従うべき有形の
モデルの役割を果たす人である。英雄は，創業者というトップ・マネジメント
であることが多く，組織の永続的価値を具現化する理念提示型ヒーローである
ことが多い。良い独特な文化をもつ企業は，英雄をもっている企業が多いとい
う。英雄，シンボルたるリーダーは，カリスマ的リーダーのみを意味するので
はない。英雄，シンボルたるリーダーは，経営理念，価値理念を従業員にあら
ゆる機会を通じて確実に浸透させるよう努力する。儀式，コミュニケーション
媒体などを利用し，主に言葉を用いて従業員に訴える。強い文化をもつ企業は，
よくこのようなリーダーの存在があるという。

９−５　儀式，運動，コーポレート・アイデンティティー（CI）

　第3の企業文化の基底要因は，**儀式，運動，CI戦略**などである。

　儀式とは，入社式，表彰式，会議，朝礼，研修，講演会，運動会，パー
ティー，社員旅行など，組織内でフォーマルにプログラム化された行事・イベ
ントである。儀式は，組織員に対して，企業文化を表現・保持する機会であり，
組織員に文化を印象づけ，影響を与える絶好の機会である。企業文化論では，
儀式を企業文化創造，浸透の重要な機会であると位置づける。

　運動とは，QC（Quality Circle：品質管理サークル），無事故，生産性向上，働
き方改革，テレワークなど，組織全体が特定の目的を達するために，運動，作
戦という形で組織員にはたらかせることである。運動は，企業文化を維持，あ
るいは変革する場合，特定の具体的課題を達成，解決するプロセスに組織員が
参加するので，企業文化を創造する上で有益である。特に，日本では日本人の
集団的性格とあいまって，このような運動が有効に機能している。日本のQC
活動の盛況とその効果のすばらしさはその証拠であろう。

　コーポレート・アイデンティティー（CI：Corporate Identity）戦略は，組織員および消費者に対して組織の企業文化を明確に位置づけ浸透させる運動・政策であり，主に**シンボル**を用いて表現するものである。民間企業・地方公共団体，大学などあらゆる組織でCIは導入されている。たとえば，旭硝子はAGCへ，福武書店はベネッセへ社名を変え，企業コンセプトを再定義し，シンボルのロゴも新しくして，CIをおこなって成果を上げている。

おわりに

　日本企業の将来の経営戦略において重要な課題について考察してみよう。
　基本経営戦略の将来の課題としては，**低価格競争と差別化戦略をどう両立させていくか**である。世界的な競争激化により，特に新興国からの低価格の流入などもあり，日本では価格競争が激化している。また，**モジュール化**されて製品が増え，さらに価格競争に拍車がかかっている。そのような中で，日本企業は今後，**価格競争**に陥るのではなく，何らかの**競争優位性**という**差別化戦略**で国際競争のなかで生き残らなければばらない。**製品・サービスの差別化**は，技術，品質，種類，デザイン，ブランド，販売，物流，アフターサービス，人材なでの多様な側面がある。さらに，**オリジナリティーのある製品・サービスの開発，製品・サービスの個性化，オーダーメイド化**なども必要かもしれない。いずれにしても，将来の日本企業は，価格競争のみならず，差別化戦略に基づく競争優位性の確保が必要であろう。また，企業が能動的にまったく新しい市場を創るという**市場創造・新ビジネスモデル戦略**も今後の課題となろう。
　ブランド・価格戦略，広告・販売促進戦略の将来の課題としては，ブランド価値を高めていくことである。将来の日本企業は，ブランドを日本のみではなく，世界で通用するような**評価の高いブランド**を構築していかなければならない。そのためには，広告・販売促進政策の強化とともに，企業のグローバル化の促進，製品・サービスの差別化，各種サービスの向上など，長い時間をかけて消費者に認知・評価されるような地道な努力が必要であろう。

　多角化戦略の課題としては，将来益々重要性を増すであろう多角化戦略への対応である。日本は，社会・経済の変化が激しく，**製品のライフサイクルが短くなり**，成長産業が短期間で**衰退産業**になる可能性を秘めている。それは，技術革新が速く，**代替製品の開発**などの進展により，競争状況が激変するためである。そのために，企業は，将来の多角化に備えておく必要がある。その際，**現資源を生かした形で多角化**することが望ましい。すなわち，水平的多角化，マーケティング関連多角化，技術関連多角化，である。将来の新しい事業への進出を目指して，研究・技術開発の強化・深化，新事業立ち上げ準備のための新組織，ベンチャー企業の設立，他社との戦略提携，M&A（合併と買収），などの施策をおこなうことが重要であろう。コングロマリット的多角化については，資金，ブランド，経営能力などに優位性がある場合に採る戦略であろう。

　垂直的統合戦略の課題としては，多角化戦略と同じく，将来益々重要性を増すであろう垂直的統合戦略へのさらなる対応である。垂直的統合戦略の最大の問題は，**戦略コスト**が高いことである。企業の事業のすべてを，垂直的統合し内部化するのは難しい。自社の事業のどの部門・プロセスを内部化すべきかを経営者がみきわめることが重要である。部品・原材料，生産工程，流通，物流，販売，情報などの，どの部門・プロセスを内部化すれば，自社の優位性を向上させることができるか，戦略的に判断することが大事である。たとえば，**アマゾン**は物流を自社センターでおこなっており，それが大きな強みとなっている。また，内部化，垂直的統合に際して，関連会社を含めた準内部化，または，他社との戦略提携の活用も有効であろう。たとえば，**セブンイレブン・ジャパン**は，商品開発（PB商品の共同開発），物流，POS，販売促進，チケット，支払，宅配，保険，などで，他社との戦略提携を重視しており，成果を上げている。

　企業文化戦略の課題としては，社会・経済の変化に対応した企業文化戦略の再構築である。特に，競争環境の激変の中にあって，企業の事業範囲としての**ドメインの見直しも必要**になることである。たとえば，NEC，ソニーなどは，ドメインや企業理念を再構築し，発展している。日本企業は，経営理念として伝統的に残すものは残して，必要があれば，経営環境の変化に対応した事業範

囲の再定義が必要であろう。

〔参考文献〕

アンゾフ，H. I.（1969）（広田寿亮訳）『経営戦略論』ダイヤモンド社。

バーニー，J. B.（2003）（岡田正大訳）『企業戦略論　上，中，下』ダイヤモンド社。

コリス，D. J. & モンゴメリー，C. A.（2004）（根来龍之他訳）『資源ベースの経営戦略論』東洋経済新報社。

中山健・丹野勲・宮下清（2018）『新時代の経営マネジメント』創成社。

ポーター，M. E.（1982）（土岐坤他訳）『競争の戦略』ダイヤモンド社。

ポーター，M. E.（1985）（土岐坤他訳）『競争優位の戦略』ダイヤモンド社。

丹野勲（2005）『アジア太平洋の国際経営―国際比較経営からのアプローチ―』同文館。

丹野勲・榊原貞雄（2007）『グローバル化の経営学』実教出版。

丹野勲（2010）『アジアフロンティア地域の制度と国際経営』文眞堂。

丹野勲（2021）『日本の国際経営の歴史と将来―アジアとの交易・投資の通史と国際交流―』創成社。

第8章 M&Aと戦略提携

はじめに

　企業戦略として最近脚光を浴びているのは，**M&A**（合併と買収）と戦略提携である。**合併**とは，複数の企業がいっしょになって1つの企業となることである。**買収**とは，ある企業が他の企業の経営権や事業を取得することである。企業買収には，株式の取得による買収と，事業譲渡による買収がある。

　戦略提携には，合弁会社の設立，長期取引関係，契約などの形態がある。さらに，契約による戦略提携として，ライセンシング，契約生産，OEM，委託加工，共同技術・製品開発，フランチャイジング，販売・マーケティング契約，コンソーシアムなどがある。戦略提携が世界的に関心を集めているのは，企業間の競争のみならず，企業間の協調・協力も重要であるという背景もある。

　本章では，このようなM&Aと戦略提携について考察する。

第1節　M&A（合併と買収）

1－1　M&Aとは何か

　企業の成長戦略として，近年世界的に注目されているのが**M&A**（合併と買収：Merger & Acquisition）である。M&Aは，合併と買収ということである。日本企業どうしのM&Aから，日本企業と海外企業とのM&Aなど，多様である。日本企業は，従来，企業買収は少なかったが，近年増えてきている。

　企業のグローバル戦略において，海外で活動している企業を買収し，経営権を取得して，企業経営をコントロールし，子会社経営をおこなうという，**国際的M&A**も増えている。たとえば，日本企業の米国企業へのM&Aとしては，ソニーによるCBSレコードとコロンビアピクチャーズの買収，ブリヂストンによるファイアストンの買収，ソフトバンクによるスプリント，セブン・イレブン・ジャパンによるセブン創業の米セブン・イレブン（サウスランド社）の買収（米創業社は日本の完全子会社となった），などがよく知られている。

1−2　合併

　2つ以上の会社が統合して，1つの会社になることを**合併**という。合併は，規模の利益や各種のシナジーを生む可能性があることから，企業成長，会社再建などの目的で，大企業においてもかなりおこなわれている。

　日本企業どうしの事例は多く，たとえば，メガバンク（三井住友銀行，三菱UFJ銀行，みずほ銀行など）は，合併の歴史でもある。

　自国企業と海外企業との合併では，ドイツのダイムラー・ベンツとアメリカのクライスラーとの合併（結果的には失敗した）などの事例があるが，その数はきわめて少ない。

　合併には，吸収合併と新設合併がある。**吸収合併**とは，合併する複数の会社のうち1社を存続会社にする形である。**新設合併**とは，合併する会社はすべていったん消滅して，新たに会社を創設する型である。合併では，吸収合併が一般的である。たとえば，三井住友銀行は，住友銀行が存続会社である。

1−3　買収

　ある会社が，他の会社の経営権を支配するために，他の会社の株式を取得すること，または他の会社の一部の事業を取得することを，**買収**という。企業買収は，国内や海外への会社成長の1つの戦略として重要なものである。日本企業では，近年このような買収が増加している。たとえば，日本電産，富士フィルム，キャノン，イオンなどが，企業成長のため企業買収をおこなっている。

大企業のみならず，中小企業にとってもこれから企業買収は重要である。近年，日本では，後継者難などから**中小企業の事業承継**として，他企業や他者による買収が注目されている。

買収の方法としては，①株式の取得，②事業譲渡（事業の取得）などがある。

株式の取得による買収とは，ある企業（買収企業）が，他の企業（買収したい企業）の株式を大量に手に入れることにより，支配権を確保することである。具体的には，株式譲渡による買収と新株引き受けによる買収，などがある。

事業譲渡による買収とは，企業（買収企業）が，他の企業の事業などを，金銭により取得することである。すなわち，企業の一部事業・部門の買収である。

企業買収には，買収に対する企業の態度により，友好的買収と敵対的買収がある。**友好的買収**とは，買収したい会社の経営者の同意によりおこなわれる買収である。**敵対的買収**とは，買収したい会社の経営者の反対にもかかわらず強行される買収である。この場合，敵対的買収を阻止するために，各種の対抗措置をおこなうケースがある。

1－3－1　株式譲渡による買収

買収企業が，買収したい会社の株式を，すでに株式を所有している株主から取得する方法が**株式譲渡による買収**である。株式譲渡による買収の方法として，①相対取引，②株式市場での株式買付，③TOB（株式の公開買付け，などがある。

相対取引とは，主として非公開企業の株式を取得する方法で，買手と売手が直接交渉して株式を取得することである。

株式市場での株式買付とは，株式市場で買収したい会社の株式を買い付けることである。株式市場での株式買付は，通常の取引時間内におこなわれる**時間内取引**と通常の取引時間外に取引がおこなわれる**時間外取引**がある。

TOB（株式の公開買付け）とは，買収企業が，買収したい会社の株式を，既存の株主から公告により取得する方法である。すなわち，買収企業は，その株主に株式売却を募集することにより取得する。通常，TOBによる株式価格は，

市場価格より高いことが一般的である。

　株式譲渡の買収のケースとして，2006年，ソフトバンクによるボーダフォン日本法人の買収がある。これは，英国本社のボーダフォン社の保有する日本法人ボーダフォン社の株式97.7％を，1兆7,500億円程度でソフトバンクグループが取得したものである。この買収により，ソフトバンクは，日本での携帯電話事業に本格的に参入することができた。

　TOBによる買収のケースとして，パナソニックによる三洋電気のTOBによる友好的買収（結果として完全子会社となり，その後合併吸収された），ニトリによる島忠の買収（結果として成功した）などがある。また，米ファンド，サーベランスによる西武ホールディングスの敵対的買収（結果的に失敗した）がある。

１－３－２　新株引き受けによる買収

　買収対象の会社が，新たに株式を発行（**増資**）し，買収企業が第三者割当てにより取得する方法が，**新株引き受けによる買収**である。

　日本企業に関連するケースとして，仏ルノーによる日産の買収がある。仏のルノーは，1999年，日産自動車の株式を**第三者割当て**により取得し，ルノーが日産に35％程度出資することに合意したものである。

１－３－３　事業譲渡による買収

　買収企業が，買収したい会社の有する財産，資産の一部を取得することが，**事業譲渡による買収**である。この財産，資産には，工場や店舗などの**有形資産**のみならず，事業の従業員，顧客，知的財産，などの**無形資産**も含まれる場合がある。事業譲渡は，何らかの理由で自社の事業を整理したい企業，および新たな事業・地域で事業をおこない成長したい企業，双方の企業にとってメリットがある戦略である。

　日本企業どうしのケースとして，ソニーがコニカミノルタのデジタル一眼レフカメラ関連の一部資産を取得するという，事業譲渡による買収（2006年合意）がある。また，日本企業による海外企業の事業譲渡による買収として，セブン

&アイ・ホールディングスが米国でコンビニを展開するスノコLP（テキサス州）から1030店を約31億米ドルで買収（2018年）したケースがある。

　また，海外企業では，中国のレノボ（Lenovo）が，2004年，米IBMのPC部門（Think Padブランド）を12億5,000万ドルで事業買収したケースがある。

1－4　海外での買収戦略

　国際経営戦略として，**海外企業の買収**がある。海外企業を買収することにより，新たな市場への参入や海外市場の拡大を目指すのである。海外企業の買収の最大の利点は，海外での新会社設立に比較して，買収は現地市場へのアクセスを得る迅速な方法であることである。買収会社は，被買収企業がもっている人材，ブランド，流通チャネル，生産設備，技術などを獲得することができる。

　しかし，**海外企業の買収は大きなリスク**も伴っている。買収会社と被買収会社の**企業文化**の相違が最も困難な問題である。また，被買収企業の**資産**が買収会社の期待に応えるとは限らない。老朽化した工場や設備，隠れた債務，古びたブランド，困難な労使関係など，問題が生じる可能性である。さらに，買収による参入は非常に**コストの高いグローバル拡大戦略**となり得ることである。良い候補は通常，身売りを望まない。もし望んでいても，買収は高いものとなる。他の外国企業や現地企業もその買収に関心を示し，その結果厳しい入札競争になることも多い。さらに，買収に対する**独占禁止法などの法的な規制**が存在する場合がある。買収に成功しても，**外国での文化・言語という問題**がある。

　日本企業による海外企業の買収の成功事例として，セブンイレブン・ジャパンなどが米国のセブンイレブンのライセンス元（セブンの創業企業）のサウスランド社を買収し，完全子会社化したケースがある。また，失敗事例として，東芝による米国原子力事業会社ウェスチングハウス（WH）の買収のケースがある。

1－5　M&A戦略の目的

　M&A戦略は，水平的統合を目的としたものか，垂直的統合を目的としたものかによって，水平型M&Aと垂直型M&Aに分類できる。

また，製品と市場の関連性から，M&A戦略は，技術関連型M&A，市場関連型M&A，コングロマリット型M&Aに分類できる。

1－5－1　水平型M&A

類似した製品やサービスを生産している会社を買収，合併する戦略が**水平型M&A**である。これは，ほぼ同じ製品や事業内容の企業をM&Aし，主に市場シェアを拡大するためにおこなわれる戦略である。**水平型M&Aの目的**として，規模の利益による市場占有率の拡大，技術開発力の強化，コストの削減，業績不振企業の救済，世界市場への進出，などがある。このようなM&Aは，最も多い。海外企業との競争激化もあり，日本企業のこのM&Aが増えている。

日本企業どうしのケースでは，製薬の三共と第一製薬との合併による第一三共，コンビニのファミマのサークルKサンクスの買収，住友銀行とさくら銀行の合併による三井住友銀行，など数多くある。海外のケースでは，石油メジャー大手，米エクソンと米モービルの合併，などがある。

1－5－2　垂直型M&A

原材料や部品などの**川上方向**の企業の買収・合併（**後方垂直統合**），生産工程の企業の買収・合併，および販売や流通経路の**川下方向**の企業の買収・合併（**前方垂直統合**）というような，垂直的統合を目的とした企業買収，合併戦略が**垂直型M&A**である。垂直方向の企業をM&Aすることにより，原材料・部品の安定的確保，品質の向上，技術の深化，規模の利益，コスト削減，販売促進，顧客情報の取得，製品やサービスの差別化，などを目的とする。

鉄鋼会社，非鉄会社，石油会社が，海外の資源開発会社を買収し，原材料（鉄鉱石，銅，原油など）を調達するケースが，典型的な垂直型M&Aである。

1－5－3　技術関連型M&A

製品や事業に関連がある企業を買収，合併し，製品ラインを拡張する戦略が**技術関連型M&A**である。製品の生産や技術の関連によって**技術的シナジー**の

効果を狙う戦略である。企業の技術を深め，製品に幅が広がる戦略である。

ケースとしては，写真技術，光学技術，デジタル技術のより深化を目指したコニカとミノルタの合併（コニカミノルタ社），など多くある。また，ソニーによるコニカミノルタのカメラ部門の買収も，コニカミノルタがもつ一眼レフカメラの技術，資産の獲得が目的の技術関連型M&Aであろう。日本のユニークなカメラ会社のシグマ社が，米ベンチャー企業フォビオン（Foveon）社を買収したのは，独創的な画像センサーの技術獲得にあった。

近年，中国や韓国などの企業が先進国の企業を主に技術獲得を目的として買収する事例もあり，欧米などで政治的問題となるケースもある。

1−5−4　市場関連型M&A

市場に関連がある企業を買収・合併し，同一もしくは類似の製品・サービスを，同一もしくは異なった市場・地域で販売や市場拡大をおこなうための戦略が**市場関連型M&A**である。市場でのシェア拡大に適した戦略である。

このケースでは，日本企業による海外企業の買収の多くが，海外市場の拡大を狙った市場関連型M&Aである。たとえば，ブリヂストンの米ファイアストンの買収，ソフトバンクの米スプリントの買収，などがある。

1−5−5　コングロマリット型M&A

異質の製品と相違した市場をもっている企業を買収・合併する戦略が**コングロマリット型M&A**である。すなわち，全く他業種の企業をM&Aする戦略である。企業グループとして，事業を拡大する場合によく採られる戦略である。

日本の企業では，京セラ，ソフトバンク，楽天などが，幅広い事業分野でM&Aを行い，コングロマリット型M&Aの傾向がある。海外では，東南アジアの華僑・華人財閥などでこの型のM&Aにより発展しているケースがある。

1−6　買収の防衛策

買収には，買収される企業の経営者が買収に対して賛成する**友好的買収**と，

買収される企業の経営者が買収に対して反対する**敵対的買収**がある。友好的買収の場合はあまり問題がないが，敵対的買収の場合，買収を防衛して，買収を成功させない施策が時には必要である。

　他の企業から未然に防ぐための主要な**敵対的買収の防衛策**として以下がある。

　第1は，**高い株価を維持**することである。公開会社（上場会社）で株価が高い場合，買収企業は買収のための費用がかかり買収が難しくなる。株価を高くするためには，業績を向上させるのはもちろんだが，そのほかに，株主配当を高くすること，各種の株主優遇策，株式の売買単位の引き下げ，株式分割，自社株買い，などの施策がある。非公開会社では，企業価値を高めることである。

　第2は，**安定株主を確保**することである。金融機関，従業員持株会，特定の大株主，グループ企業，取引先企業，他企業などの株主と友好的関係を維持することで，敵対的買収の場合，安定株主・友好株主やホワイトナイト（白馬の騎士）として会社側と歩調を合わせて敵対的買収を防ぐのである。

　第3は，株主に**特殊な新株予約権を与えるライツプラン**（ポイズンピルともいう）をおこなうことである。ライツプランとは，会社が敵対的買収前の平時に特殊な当該会社の株式を有利な価格で取得できる新株予約権を**一般株主（新株予約権の株主割当型）**，または**特定株主（新株予約権の第3者割当型）**に与えておいて，敵対的買収者が株式を買い占めた場合，買収者以外の株主に大量の新株を発行して，敵対的買収者の持株比率を低下させる方法である。たとえば，株主割当型のライツプランとして，敵対的買収者が40％以上の株式を取得した場合，一般株主に1株式につき5株の新株予約権を与えておくと，敵対的買収者が40％の株を買収したとしても，一般株主が新株予約権を行使すると増資となり，一般株主の持株比率は劇的に高まり，敵対的買収者の持株比率はかなり低下する。また，特定株主（友好的株主）に第3者割当増資による新株予約権を与えるのも，敵対的買収者の持ち株比率は低下させるという主要な防衛策になる。

　第4は，敵対的な買収で，会社経営者が退任する場合，きわめて高額な役員退職金を支払うという契約を作っておくという，**ゴールデン・パラシュート**である。敵対的な買収が起こると，経営者の退任で多額の割増退職金を支払う義

務があることで，敵対的買収を防ごうとする施策である。

　他の企業から**敵対的買収を仕掛けられた後，防衛するための主要な施策**として，以下がある。

　第1は，友好的な会社との合併や株式引き受けによる，**ホワイトナイト（白馬の騎士）**である。敵対的買収の場合，友好的に支援してもらえる企業と合併したり，既存の株式や新株（増資による第3者割当てとなる）を引き受けてもらって，ホワイトナイトの企業の傘下に入ったり，支援を受けるのである。

　第2は，敵対的買収が生じた段階で，買収を仕掛けられた会社が**重要な資産をホワイトナイトや友好企業に売却**するなどして，買収者の買収意欲をそぐ防衛策である。たとえば，堀江貴文社長率いるライブドアによるニッポン放送の敵対的買収の際に，ニッポン放送が所有していたフジテレビ株式を，ソフトバンク・インベストメント（友好企業）に賃貸したことはそのケースであろう。

　第3は，TOBなどにより買収を仕掛けられた場合，**既存の株主に対して売却しないように説得**することである。記者会見，広告，手紙なども有効である。

第2節　戦略提携

2－1　戦略提携とは何か

　経営戦略として最近注目されているのは，戦略提携，アライアンスである。**戦略提携**（strategic alliances），**アライアンス**とは，パートナー企業が，相互のニーズや共通の目的を達成するために，パートナー個別企業が単独でおこなうより効果的にかつリスクが小さいと認識される場合に，2社や多数の独立したパートナー企業間で，共同事業，同盟グループ，協定，協力関係などの各種の提携関係を構築することである。国内・海外での戦略提携の形態としては，**合弁企業の設立，長期取引関係，各種の契約**による形態などがある。

　戦略提携のメリットとして，①規模の経済の獲得，②他社からの学習，③リスク分散，④低コストでの新市場への進出，⑤新規参入，⑤不確実性への対処，などがある[1]。

　規模の経済の獲得とは，企業単独での運営では実現できない規模の経済によるコスト優位を，戦略提携により実現できる可能性である。たとえば，共同の開発・研究・製造・販売・配送などの機能のコストが削減できるかもしれない。

　他社からの学習とは，戦略提携により競合他社から重要なスキルや能力を学習することである。たとえば，他社と合弁事業をおこなうことで，他社の生産，技術，マーケッティング，物流，経営管理などを学習できるかもしれない。

　リスク分散とは，戦略提携により，新事業に投資する場合などで，単独でおこなうよりリスクやコストを分散できることである。

　低コストでの新市場への進出とは，新規市場，特に海外への進出などで，参入コストが安くなることである。たとえば，戦略提携により，日本企業は製品やサービスを提供し，パートナーは現地での知識，流通，販売，マーケティング，政治的影響力などの経営資源を提供する。

　新規参入とは，戦略提携により，新たな業界や業界内新セグメントへの参入が容易になる場合があることである。新たな業界や事業へ進出するには，スキルや能力，製品開発が必要となるが，企業は戦略提携により他社からそれらを活用することができ，参入コストを抑えることができるかもしれない。

　不確実性への対処とは，不確実性が高い状況下において，戦略提携により，単独で参入するコストすべてを負担することなしに，市場や業界への参入路を確保していくことを可能とすることである。たとえば，発展途上国など不確実性の高い市場への参入において，海外直接投資によるのではなく戦略提携としての合弁企業による進出は，少ないリスクで迅速に参入できるかもしれない。

2-2　合弁企業の設立

　第1の形態としての**合弁企業**（joint venture）は，2つ以上の独立企業が資本を出資して，新たに会社を設立することである。出資比率は多様である。

　合弁会社の設立の目的としては，自社のみでは開発・製品化が難しい新技術・新製品の開発・製造・販売，費用およびリスクの分散・共有化，新しい地域や顧客の開拓，海外での輸入制限の克服などさまざまなものがある。

　日本企業どうしが出資した合弁企業として，液晶事業のジャパン・ディスプレー（ソニー，東芝，日立の出資），DRAM半導体事業のエルピューダメモリー（日立，NECが出資し設立されたが，2012年アメリカのマイクロン社に買収され，その後2012年破綻し，マイクロン社の傘下となった），など多く存在する。

　日本資本と海外資本との合弁企業も多く存在する。ジェットスタージャパン（豪カンタスと日本航空などとの合弁），三井ポリケミカル（米国デュポンと三井石油化学工業との合弁）など多くの合弁企業がある。

　海外での日系合弁企業は，多くが日本資本と現地資本との合弁である。日本企業の海外での直接投資の形態として，100％日本側出資の**完全所有子会社**，および主に現地側資本との**合弁企業**がある。たとえば，タイにおいて，トヨタ自動車と日産は，共にタイ資本のサイアム財閥との合弁事業で進出している。

2−3　長期取引関係

　第2の戦略提携関係は，長期取引関係である。**長期取引関係**とは，パートナー企業の相互信頼を基礎とする継続的な顧客関係による提携である。この長期取引関係は，中間品，部品・原材料調達，商品調達，物流，各種サービスなどにしばしばみられる。たとえば，日本や海外での生産において，良質で安価な部品・原材料の調達が必要であることから，部品・原材料企業との長期的取引関係の構築は1つの重要な生産戦略であろう。

2−4　資本提携

　契約による戦略提携をさらに強化する手段の1つとして，**資本提携**がある。これは，提携のパートナー企業どうしが，独立企業として，お互いに株式を持ち合うという資本提携をおこなう形態である。また，一方のパートナー企業が，他方のパートナー企業の少数の株式を取得するという資本提携の形態もある。

　日本の大企業では，戦略提携を強化するために，各種の業務契約の締結とともに，世界的競争に備えて，資本提携も実施している。たとえば，**トヨタ**は，スバル，マツダ，いすゞ，およびスズキと資本提携をおこなっている。

２−５　契約による戦略提携

　戦略提携として，各種の**契約による**形態がある。契約による戦略提携には，技術・生産関連の契約としてライセンシング，共同技術・製品開発，契約生産，OEM契約，委託加工，などがあり，そのほか，フランチャイジング，販売・マーケティング契約，コンソーシアムなどの多様な形が存在する。

第3節　ライセンシング

３−１　ライセンシングとは何か

　ライセンシング（licensing）とは，ある企業（**供与企業：ライセンサー**）が他の企業（**受け入れ企業：ライセンシー**）に対して，**特許**（patent），**ノウハウ**（know-how），**商標**（trade-mark），**著作権**（copy-rights），**製品製造**などの固有の権利，知識，技術を提供する契約である。ライセンシング契約は通常，ライセンシーに対しての金銭的支払いとしての**ロイヤリティー**（royalty）と，その使用期間が明記されている。ライセンシングは，国内企業間，国内企業と海外企業間，海外などの企業間で，多様な業種の企業でおこなわれている。

　たとえば，**東京ディズニーランド**は，米国のディズニー社からのライセンシングの下でオリエンタル・ランド社が所有し，運営している。ファッション業界でも，英国のバーバリー（BURBERRY）が三陽商会へのライセンス供与契約を打ち切ったため，三陽商会の経営が大きな打撃を受けたという事例がある。

３−２　ライセンシングのメリット

　ライセンシングの**供与企業のメリット**として以下がある。

　第1は，輸入や直接投資の制限をおこなっている国など，**他の方法では参入が難しい市場**に有効である。たとえば，発展途上国や新興国など各種の規制が厳しい国への進出である。ライセンシングで，現地企業が生産するのである。

　第2は，**ライセンシング料の収入確保**である。商標，ブランド，研究開発の

成果の提供により，追加的収入を得ることができる。

第3は，海外マーケット進出における**コストやリスクの少なさ**である。ライセンシングは，直接投資などにより現地生産をするより，コストやリスクが少ない。政治的，経済的，経営的にリスクの高い国へ進出する場合，まず考慮すべき戦略である。

第4は，近年ますます重要になってきている，グローバルな**業界標準・規格標準化**（デファクト・スタンダード：de facto stndard）**の手段**として有効である。国際的な規格標準の競争を制するために，多数の企業にライセンスを与えることにより，市場での規格標準のシェアを高め，規格標準の優位性を確保する。

たとえば，米**グーグル**が開発したスマホ基本ソフトの**アンドロイド**の戦略がある。アンドロイドは，無償で誰でも提供されるオープンソースであるため，それがスマホ基本ソフトの1つの世界標準（もう1つは**アップル**）となった。

第5は，**すばやく市場に参入**できる。ライセンスを付与することで，他企業が事業展開をすることで，早く市場に参入でき，成長も期待できる。たとえば，タイのセブン・イレブンは，米セブン・イレブン社が提供したライセンスで事業をおこなっており，タイで1万店以上を展開している。

3−3　ライセンシングのデメリット

ライセンシングの**供与企業のデメリット**として以下がある。

第1は，ライセンシング供与企業は，受け入れ企業の生産戦略，マーケティング戦略・経営戦略などに関して，**ほとんど統制できない**ことである。それゆえ，ライセンシング供与企業は，受け入れ企業の生産をグローバルな視点での最適立地戦略に組み込むことは難しく，また，グローバルな視点での生産量の拡大による規模の経済も達成できにくい。また，現地でのライセンス供与の生産品・サービスの品質について，供与企業が厳格に管理することが難しいことである。そのため，グローバルにみると，**ブランド価値が低下する可能性**もあり得る。たとえば，中国生産の自動車（ワーゲン，ベンツなど）がある。

第2は，ライセンシング受け入れ企業が，将来，ライセンシング供与企業の

競争相手・ライバルとなる可能性があることである。受け入れ企業がその技術を獲得し，改良して，新たな製品を開発・製造し，市場に参入するかもしれない。これは，ライセンシング供与のもっとも重大な問題である。たとえば，日本企業でも，ライセンスを供与した中国，台湾，韓国などの企業が，ライバルとなってきている。電気，電子，自動車，鉄鋼，機械，造船などの企業である。

第3は，ライセンシング受け入れ企業が輸出したい場合，ライセンシング供与企業と**市場割当をめぐり利害対立**するケースがある。すなわち，供与企業やその契約企業により製品供給されている国・地域に，受け入れ企業が輸出をおこないたいと思っている場合に利害対立が生じる。ライセンシング契約において，受け入れ企業が輸出することを規制する条項を加えることは可能である。

3−4　クロス・ライセンシング

共同研究開発や製品開発のために，企業間でのライセンシングの相互交換という**クロス・ライセンシング契約**がある。たとえば，アジア企業と日本企業のケースでは，ソニーと韓国サムスンとの液晶パネルに関するクロス・ライセンシング契約（その後，契約は解消したが，技術流出への批判もある）があった。

クロス・ライセンシングは，ライセンシングとほぼ同一のメリットとデメリットがあり，この契約をおこなう場合，**製品・製造技術の流出などのリスク**が存在するため，**環境技術などに限定**するなど，慎重な考慮が必要であろう。

第4節　共同技術・製品開発

共同技術・製品開発とは，2つ以上の独立企業が共同で，ある特定の技術開発や製品開発をおこなう提携である。

代表的なケースとして，環境技術や電気自動車（EV）開発に関する自動車会社の共同技術提携，半導体などの最先端製品の共同開発に関する，各種の共同技術・製品開発などがある。また，セブン・イレブンでは，**プライベートブランド商品**（セブン・プレミアムやゴールドなど）の開発において，商品メーカー

と共同して開発するという手法が使われており，大きな成果を上げている。

　近年，**技術開発の高度化**，**研究開発費の巨額化**，製品の**コモディティ化**（汎用品化：Commodity），製品の**モジュール化**（module：規格・機能がほぼ統一された部品を集めた製品でパソコンなどが代表的），**環境技術開発**，**省エネ技術開発**，などの背景から，世界的に企業間での共同技術・製品開発の必要性が高まっている。

第5節　契約生産

5－1　契約生産とは何か

　契約生産（contract manufacturing）とは，ある企業が他企業の特定の製品を製造する協定・契約である。契約生産は，日本企業どうしの契約生産があるが，日本企業と海外企業との契約もある。

　契約生産は，特に，グローバルな戦略としても注目されている。日本企業の海外での戦略として，直接投資による自社の生産拠点の設置があるが，**契約生産，委託生産，OEM生産**といったグローバルな契約という形の形態もある。

5－2　グローバルな契約生産

　海外で一般的なのは，ある企業（**契約生産委託元企業，発注企業**）が海外の企業（**現地契約生産企業，供給企業**）に対して生産に必要な技術や部品などを提供して，特定の製品を生産する契約である。日本でも戦後初期，日産が英オースチン車，日野自動車が仏ルノー車（コンテッサ）の契約生産（**ノックダウン**（Knock Down）という形態）をおこなうことで技術習得したという経験がある。

　グローバルにみると契約生産には，2つの種類が代表的なものである。

　第1は，海外の現地契約生産企業は，委託元企業（発注企業）から生産・技術の指導を受け現地で生産し，**委託元企業（発注企業）のブランドで特定の製品を海外の現地で販売**する形態である。

　たとえば，軍用の航空機（ロッキードなど）や兵器など，技術流出を恐れて厳

格な規定による，契約生産（**ライセンス生産**）によりおこなうケースがある。また，ベトナムでは，かつて現地の国営企業が，東芝，日立との契約生産契約により，テレビを生産し，東芝や日立のブランドで販売していたケースがあった。

　第2は，委託元企業（発注企業）が，生産・技術の指導をして，部品の生産やアッセンブリーを現地契約企業がおこない，原則的に委託元企業（発注企業）が全量引き取る形態である。この代表的形態は，次節で述べる**OEM**である。

5-3　海外での契約生産のメリットとデメリット

　海外での契約生産には，メリットとデメリットがある。**契約生産の委託元企業（発注企業）のメリット**として以下がある。

　第1は，海外企業に契約によって生産させるのであるから，**新たな海外直接投資や資金投下をせずに現地での生産が可能**である。

　第2は，ライセンス供与のメリットと同じく，輸入や直接投資の制限をおこなっている国など，**他の方法では参入が難しい市場**に有効である。

　契約生産のデメリットとしては以下がある。

　第1は，**競争相手を作り出す可能性**があることである。たとえば，日本の自動車会社では，終戦後，欧米からのノックダウンなどにより発展したという歴史がある。

　第2は，現地契約生産企業が技術・生産面で不充分であると判明した場合，委託元企業は，技術・生産指導などの支援サービスを提供しなければならず，**予想以上の経営資源の投入が必要になる可能性**があることである。

　契約生産のなかでも，現地契約企業が生産した製品を，発注企業が引き取り，発注企業のブランドで販売するのが，**OEM契約**である。OEM生産には，発注企業が設計図を渡して単に生産のみを委託する形態から，製品の設計を含めて生産委託する形態まで，多様である。以下で，OEMについて詳しく述べる。

第6節　OEM

6-1　OEMとは何か

OEM（Original Equipment Manufacturing）とは，**発注企業（契約生産委託元企業）が契約生産企業（供給企業）に対して特定の製品の生産を依託し，製品を発注企業が引き取り，発注企業のブランドで販売する契約生産**である。

OEMのケースとして，ダイハツ（契約生産企業）の小型自動車のトヨタ（発注企業）へのOEM，三菱自動車（契約生産企業）の軽乗用車の日産（発注企業）へのOEM，などがある。国際的なOEMとして，中国ハイアール（契約生産企業）の家電製品のOEM，米アップル（発注企業）の台湾ホンハイ（鴻海：契約生産企業）へのスマホの生産委託，などがある。その他にも，プライベートブランド（PB：小売業者のブランド），米ナイキ（発注企業）などのスポーツ用品，電気製品，パソコン，スマホ，自動車など国際的OEMはかなり多い。

この場合，契約生産企業（供給企業）が，設計・製造のすべてをおこなうケースから，設計のみ発注企業でおこなうケースなど，多様である。発注企業は，自社で製造するより，より安いコストで製品を調達でき，また自社で生産していない種類の製品も調達することが可能となり，製品ラインアップが増えるというメリットがある。契約生産企業（供給企業）は，大量生産によるコストダウンが見込める。OEMには，発注企業がすべて開発，設計し生産のみを委託する形態から，製品の設計を含めた生産委託，契約生産企業が独自に開発した製品の提供など，多様である。

6-2　グローバルなOEM

グローバルなOEMは，国際戦略提携として近年注目されている。

OEMの発注企業（委託元企業）の目的として以下がある。

第1は，自社製品ラインの品揃えを豊富にするために，**自社に欠けている製品**をOEM調達する。

　第2は，自らは**得意分野に製品・事業を特化**し，それ以外の分野の製品・事業についてはOEM調達により事業展開する。

　第3は，OEMの製品が自社で開発・製造するより**安いコストで調達**できる場合，コスト削減効果を期待できる。

　第4は，自らは製品の開発やソフトに特化し，製造はOEMによりおこなう。

OEMの契約生産企業（供給企業）の目的として以下がある。

　第1は，OEM供給することにより，製品の生産量が増大し市場シェアを高め，さらに**規模の経済性によりコストが引き下げられる**。

　第2は，生産余力がある場合，**OEM生産により工場の有効活用**ができる。

　第3は，**ブランド認知力の少ない企業の戦略**として有効である。相手先の発注企業のブランドの知名度が高ければ，売上高の増加や供給企業の認知が高まる可能性がある（たとえば，台湾のホンハイなど）。

　第4は，**グローバルな業界標準・規格標準化（デファクトスタンダード）の手段**としてOEMが有効である。すなわち，国際的な規格標準の競争を制するために，多数の企業にOEM供給することにより，市場での規格標準のシェアを高め，規格標準の優位性を確保するのである。

6-3　グローバルなOEMの問題点とその改善策

　OEMの契約生産企業（供給企業）のリスクとして，以下がある。第1は，一般的にOEMは，低い利益率である傾向がある。第2は，**不安定な取引関係**であることである。第3は，**ブランド認知力の向上が望めない**ことである。

　OEMの発注企業の問題点として，以下がある。発注企業は，**製品供給を契約生産企業に依存**することになる。そのため，将来の競争上の重要な要素となる製造という付加価値をコントロールできなくなる可能性があるという問題である。さらに，自らの技術開発力の可能性を喪失し，将来の事業活動の発展性に支障が生じることにもなりかねない。

　この**OEMの問題を回避する方法**として，以下がある。

　第1は，OEMの発注企業が，**設計および技術力を開発**し，そのレベルを向

上させることによって，OEM製品の品質，特徴を確立するために，仕様書，設計図によって製品を製作させることである。これにより，OEM契約生産企業に対して大きなコントロール能力を保持することが可能となる。この戦略の成功事例として，**アップル**がある。アップルはスマホの設計および基本ソフトの作成は自社でおこなっており，それが強みとなっている。

　第2は，OEMの発注企業が，**代替しうる他の契約生産企業を開拓**するのも，コントロール能力を確保するのに有効である。可能であれば，契約生産企業は複数であるのが望ましい。

　第3は，OEMの発注企業が，長期的な事業戦略として，**契約生産企業に出資する資本参加**をおこなうことである。これにより，契約生産企業へのコントロールを高める。

6−4　台湾のケースとODM

　OEMが多い，台湾のケースをみてみよう。**台湾の電子・情報産業**は，海外へのOEMにより発展してきた。1980年代に台湾に電子・情報産業がスタートしたばかりの時は，外資系企業の比重が高かったが，その後，現地企業によるOEMが主体となった。特に，台湾企業のパソコンやその関連製品（マザーボードなど）は，世界へのOEM供給大国の地位を占めるにいたっている。

　近年の台湾の電子・情報産業について注目すべきは，従来OEMとみなされていたもののなかに，単なる委託生産とはいえないものが増大していることである。すなわち，海外の発注企業が台湾企業に生産委託する場合，設計図を渡して単に生産のみを委託するのではなく，設計を含めて委託する，あるいは台湾企業が設計した商品のサンプルを見て発注するという**ODM**（Original Design Manufacturing）形態が増えている。台湾の**エイサー**（Acerという自社ブランドでも販売している），**ホンハイ**（鴻海：主にアップルのスマホの生産をし，日本のシャープを買収した）**TSMC**（台湾積体電路製造：半導体の受託製造会社），などの企業が，OEM，ODMを中心として事業展開をおこなっている。

第7節　委託加工（貿易）

　委託加工（貿易）とは，必要な場合，原材料・部品や設備を海外から現地に持ち込み，現地企業が加工して製品として，海外の委託発注企業が引き取る方法である。主に，人件費の安い，中国，ベトナム，ミャンマー，バングラディッシュなどの発展途上国でかなりおこなわれており，水産加工品，縫製，繊維，雑貨などの分野で多くみられる。委託加工は，現地契約企業に対して製品仕様，デザインなど生産方法の指示をおこない，現地の低賃金の労働力を活用し，労働集約的な製品の加工を委託することで，委託発注企業は安いコストで製品の調達が可能となる。しかし，委託加工は**品質の保持**が課題となる。

　日本の**ユニクロ**が中国，東南アジア，南アジアなどの現地企業と委託加工契約を結び，ユニクロが指示したデザイン・仕様・素材の衣服を現地で加工し，ユニクロが引き取って日本や海外に販売するという形態は，委託加工の代表的なケースであろう。また，米**ナイキ**のスポーツシューズは，グローバルな委託加工により海外の工場で生産している。国際的にみても，**プライベートブランド品**（PB：小売業のブランド），衣服，ファッション品，雑貨，土産品などで，海外への委託加工による形も多い。また，企業の社会的責任という観点から，委託加工の海外工場での労働環境の改善も重要な課題である。

第8節　フランチャイジング

　フランチャイジング（franchising）とは，**フランチャイザー**（franchiser：本部）が**フランチャイジー**（franchisee：**加盟店，加盟事業主**）に対して，商標，看板，商品調達，商業的ノウハウ，宣伝・広告，教育訓練，経営管理，経営支援，などの包括的なパッケージ販売に関して締結する契約である。

　フランチャイズ化されたパッケージを個別企業が利用する際，通常，スタッフの訓練，顧客サービス，品質管理，および他の諸要件に関して締結する規則

の遵守を条件とする。加盟店や加盟事業主の売上げの一定割合を，フランチャイザー本部に支払うのが通常である。フランチャイジングは，コンビニ，ファーストフード，衣服，専門店，飲食店，ホテルなどのサービス産業に多い。

　フランチャイジングは，通常，加盟店・事業主間の競争をできるだけ回避するために，市場（地域など）をそれぞれの加盟店・事業主間で分割しているケースもある。フランチャイズ・パッケージのなかにマネジメントスキルのトレーニング，宣伝・広告の支援，技術的なトレーニング，開設・設備・内装に関する援助などは含まれているのが一般的である。このような包括的な支援により，フランチャイジー（加盟店，加盟事業主）に事業経験がなくても独立しやすくなっている。また，**フランチャイザー（本部）側は，最小の投資で効果的に市場全体に事業展開**ができるというメリットがある。そのため，起業しやすい。フランチャイジングは，最低限の投資で海外に拡大していく方法である。

　ただし，**フランチャイジングの問題点**としては，一部のフランチャイジーとしての加盟店やチェーンのサービスが悪い場合，全体のブランド力が低下してしまう危険性がある。すなわち，フランチャイジーのサービスが基準を満たしていないと，ブランドのもつ国内や世界での評判を傷つけてしまうことである。このようなことがおこなわれないように，本部側は監視する必要がある。さらに，フランチャイジー（加盟店）のサービスの質を保つための，従業員教育や各種の支援が不可欠である。**本部は，経営支援サポート**が重要であろう。

　日本企業の国際化戦略において，コンビニ，ファーストフード，専門店，飲食店，ホテルなどのサービス産業の企業が，進出国での事業展開でフランチャイジングを用いているケースがある。たとえば，セブンイレブン，ローソン，ファミリーマートといったコンビニ業界，ダンキンドーナツ，吉野家，すき家といったフード業界，蔦屋（TSUTAYA），オークラニッコーホテル（nikko hotels）などが，海外事業でフランチャイジング展開をおこなっている。

第9節　販売・マーケティング契約

　販売経路，流通，共同プロモーション，タイアップ広告，販売ノウハウ，販売要員などの活用，相互品揃え，共同販売，共同利用，配送・物流，情報・データ処理，各種サービスなどの協定が，**販売・マーケティング契約**である。

　たとえば，コンビニでの宅配，ATM，チケット，各種振込み，行政サービス，保険，クリーニング，民泊などのサービス，航空会社グループ（ワン・ワールド，スター・アライアンス）内の共同運航やマイレージサービス，国際的な銀行間のATMの相互利用などの契約，共同配送などのケースがある。

　最近，世界的に，企業間での競争のみならず，お互いにメリットがあれば協力しようという，「**競争と協調**」という動きがあり，各種企業間での販売・マーケティング契約が注目されている。

第10節　コンソーシアム

　特定のプロジェクト実行のため，独立企業がプロジェクトの分担をし，多数の企業と共同しておこなう形態の1つとして，**コンソーシアム**（consortium）がある。

　コンソーシアムは，航空機開発，建設，都市開発，インフラ，資源開発，鉱業などの大規模プロジェクトにおいて，グローバルなレベルで広がってきている。たとえば，ボーイングやエアバスの新型旅客機開発は，日本企業も参加している，多数の企業によるコンソーシアム形態による事業である。

　コンソーシアムには，リスクの分散，専門知識の共有，コストの削減，完成時間の短縮などのメリットがある。ハイテク，資源開発，インフラ建設といった大規模プロジェクトでは，グローバルなコンソーシアムがますます一般的となりつつある。コンソーシアムの一部ではライセンシング，クロス・ライセンシングやマネジメント契約など他の形態の協定と結びついている。

　日本企業の海外でのコンソーシアムは，インフラ関連，鉄道関連，天然資源開発，航空機開発などの大規模プロジェクトに多い。

おわりに

　M&Aと戦略提携について，日本企業の視点とグローバルな視点から考察してみよう。

　M&A（合併と買収）に関する日本企業の今後については，**外国企業との競争に対抗し，日本企業の生き残り**をかけた日本企業どうしの合併や買収が進展する可能性がある。日本企業は，業界再編や企業再編など，**規模の利益**などを求めて，M&Aがおこなわれるであろう。買収の場合，**企業買収**のみならず，**事業買収**も考慮すべきであろう。

　日本企業の海外企業への**グローバルなM&A（合併と買収）**に関しては，企業買収や事業買収が増加する可能性があるが，**海外企業の買収は各種リスクが高い**ことから，慎重に検討する必要があろう。**巨額なM&A**については，東芝の米ウエスチンハウス社へのM&Aの失敗により東芝自体が経営困難になるという事態になったというケースがあるように，特に，慎重にすべきであろう。

　戦略提携に関する日本企業の今後については，日本の産業の強化や再編のため，また個々の企業の競争優位性の向上のため，戦略提携を企業戦略に活用する必要がある。日本企業は，公正な競争をおこないながらも，日本企業どうしでお互いにメリットがあると判断すれば，戦略提携をおこない協調するという戦略はこれから重要である。日本の産業力の維持・向上のためにも，このような**競争と協調**は必要であろう。

　日本企業の海外企業との戦略提携に関しては，契約生産，OEM，委託加工，技術・開発や販売などの提携，ライセンシングなどグローバルな戦略提携は，益々重要な企業戦略となろう。グローバルな契約生産，OEM，委託加工をおこなう場合，日本企業は，生産を委託先の海外企業にまかせっきりにするのではなく，日本企業が設計，品質，デザインなどをコントロール，管理すること

も重要である。たとえば，米アップル社の戦略提携の活用，すなわち設計・開発はアップルがすべておこない，生産のみ海外の契約生産企業がおこなう，という戦略は日本企業にとっても大変参考となろう。

特許や技術などのライセンシング戦略については，知的財産権の保護や技術戦略の重要性から，慎重に考慮する必要がある。特許などのライセンシングの供与は，①無償で提供して広く使用してもらう戦略，②特許や技術については厳格に扱い，その公開については制限する，などの方法がある。無償で誰でも使用できるようにするライセンシング戦略は，グローバルスタンダードにしたい規格標準などの場合，そのライセンシングに関連する商品やサービスを自社で販売し，各種収益を得る場合に採られる戦略である。また，環境技術などで採られる場合もある。通常，技術的ライセンシングは，特許などの地的財産権を取得し，それを他社の供与する場合，制限したり，供与するにしても有償であるのが，一般的である。このように，特許などのライセンシング戦略は，企業の競争優位の核となり，その供与は企業の大きな収益源となる可能性がある。

このように，将来の日本企業のM&Aと戦略提携は，きわめて重要な戦略となるであろう。

〔注〕
(1) バーニー，J. B.（2003）（岡田正大訳）『企業戦略論 下』ダイヤモンド社，9 – 23頁。

〔参考文献〕
バーニー，J. B.（2003）（岡田正大訳）『企業戦略論 上，中，下』ダイヤモンド社。
中山健・丹野勲・宮下清（2018）『新時代の経営マネジメント』創成社。
丹野勲（2005）『アジア太平洋の国際経営―国際比較経営からのアプローチ―』同文館。
丹野勲・榊原貞雄（2007）『グローバル化の経営学』実教出版。
丹野勲（2010）『アジアフロンティア地域の制度と国際経営―CLMVT（カンボジア，ラオス，ミャンマー，ベトナム，タイ）と中国の制度と経営環境―』文眞堂。

第9章 多国籍企業と国際経営
─企業の経営資源の国際比較優位性

はじめに

　本章では，多国籍企業，企業のグローバル化の理論として，国際的資源移転論，プロダクト・ライフサイクル・モデル（PLC），内部化の理論を取り上げる。そして，試論として，企業の経営資源の国際比較優位性を重視した国際経営理論について述べる。海外直接投資の性格・目的として，現地市場型，輸出型，部品・工程分業型，製品分業型，資源開発型，販売・サービス拠点型，ニッチ戦略型，リスクの回避・分散型，コングロマリット展開型，経営資源（技術，ブランド）の獲得や組織学習・経験蓄積型，本国での成長制約の克服型，海外での資金調達型，などについて考察する。その際，最近注目されているアジアの多国籍企業の特徴についても述べる。

第1節　企業の多国籍化・グローバル化の伝統的理論

1−1　国際的資源移転論─比較優位性による進出

　経済学の完全競争を前提とするとき，世界各地に遍在する**経営諸資源**は，**多国籍企業**の活動などを介して円滑に移転することができる。もし**先進諸国**において経営資源のうち**資本，技術および企業家能力が優位**で，一方，**発展途上国では天然資源と労働力が優位**であるとすれば，両国の間に**資源の交流**が起こり，資源の遍在による需給関係の不均衡は是正される。

　先進国から進んだ技術，資本，経営能力が発展途上国に投入され，そこにある豊富な天然資源と低廉な労働力が活用されて，付加価値の高い工業製品が生産され，先進国に輸出される。すなわち，**経営資源の優位性から生じた国際移動として経営の国際化**を把握する。一方，発展途上国から先進諸国への経営資源の移転は，天然資源と労働力が考えられる。しかし，現実には，**労働力の国際的移転は難しい**。すなわち，移民や外国人労働者の受け入れは，世界の多くの国ではかなり制約がある。さらに，そもそも，現実の世界には，経済学が仮定する**完全競争**はあり得ない。

　こうした**資源の自由な国際的移動を妨げる要因**が，存在している。この要因として，**受入国側の政治，経済，社会，文化などの環境的な要因**があげられ，これらに対する企業側の経営戦略が重要とされる。そして，**多国籍企業のとる戦略**には，**環境的制約要因に適応・順応しながら国際的な資源移動の戦略を講ずる**という受動的な対応と，**現地国の制約条件を多国籍企業にとって有利になるように変革**していくという能動的な対応のいずれかがある。特に大規模な多国籍企業の場合，経済的，政治的な力が大きいので，現地国の制約要因を変えるような影響力を行使するかもしれない。

　先進国企業の国際化の論理をこの**経営資源の比較優位による国際的資源移転論**である程度，説明できる。世界をみると，**経済発展の水準**がかなり違い，先進国と発展途上国には**経済格差**が存在する。このような格差により，人件費を中心とした企業経営コストに格差が存在する。一方，先進諸国の資本，技術，および企業家能力は，発展途上国に比較して優位にある。以上から，発展途上国は労働力に比較優位性が存在し，これに対して先進諸国は資本，技術，企業家能力に比較優位性が認められる。そこで，先進諸国の企業内での**経営資源の国際移転，企業の国際化**が促進されることになる。

　ただし，この**比較優位による資源移転論**は，企業経営の国際化の動機・目的，および経営戦略上からの理論化には不十分である。また，先進諸国間，および中進国・新興国・発展途上国から先進諸国への**海外直接投資の論理**を充分説明できない。後にこれらの点を克服する試みをおこなうことにする。

１−２　プロダクト・ライフサイクル・モデル（PLC）

１−２−１　バーノンのPLCモデル

企業国際化の論理として経営学の分野で影響力を及ぼしてきた理論に，バーノン（Vernon）による**プロダクト・ライフサイクル・モデル**（PLC：product Life Cycle）がある。これはバーノンを中心としたハーバード大学の研究成果として生まれたものである。彼は，**製品のライフサイクル**の概念を基本的ツールとして，そのサイクルがアメリカなどの「**最先進国**」，他の「**先進国**」，「**発展途上国**」で時期が相違していることに着目して理論を構築した。

まず，**新製品の開発と市場への導入**は，歴史的に，**アメリカなどの「最先進国」**が他国に先駆けておこなうと仮定されている。その理由は，最先進国の技術水準は世界一であり，巨額な開発費と製造費を拠出できる能力があるため，新製品を開発する可能性が高いことにある。そのうえ，新製品は，通常，高価格であるため，市場需要は，高所得国であるなどの最先進国において最初に生まれると考えられている。

新製品は，アメリカなどの最先進国で開発され，市場化される。最先進国の企業は，この最初の**導入期**には事実上，独占的な**創業者利益**を得ることができる。この時期には，消費の伸びよりも生産の増加分のほうが大きく，その差の余剰生産部分は，高価格製品を購入することのできる消費者が存在する**他の先進国に輸出**される。

アメリカなどの最先進国でも，**技術の標準化**が徐々に進み，**市場の拡大**につれ，**新規参入企業が出現**し，製品ライフサイクルの第２段階である**成熟期**を迎えることになる。成熟期では，**大量生産や競争の激化**により，**製品価格は低下**し，**需要は拡大する**。特に**価格弾力性の大きい製品**（価格が下がると需要が急拡大する製品）の場合，価格の低下にともなって市場需要の増加が著しくなる。国内市場のみならず，海外市場でも，価格低下により**輸出**が急激に拡大する。そして，比較的豊かな消費者をもつ他の先進国への輸出が増えることになる。

他の「**先進国**」（たとえば，以前の日本など）でも製品の基本技術の標準化がさ

225

れるにつれて，**技術移転**がなされ，**製品の生産が開始**される。この時期，他の先進国では，国内需要に対して国内生産がまだ追いつかず，その需要ギャップは最先進国からの**輸入**により賄われる。そして，国内市場は，需要の増大につれて，徐々に拡大する。**労働コスト**の安い他の先進国の企業は，最先進国より安いコストで生産できるようになり，最先進国の企業にとって重大な脅威となる。また，他の先進国では，**国産化促進**のため，輸入製品に対して**関税障壁や各種非関税障壁**（輸入制限，輸入割当など）などを設けることもある。

　このような状況に対処するため，最先進国の企業は，輸出市場の確保のため，**他の先進国で現地生産**を開始することになる。さらに，製品の標準化が進むと，競争優位の要因が，価格となり，賃金コストの安いこれらの先進国で生産することがますます有利になる。

　すなわち，**基本技術の標準化**が，いっそう進むと，革新的な製品差別化の余地が，徐々に限定されてくる。企業は，経営戦略として**製品の差別化**をおこなおうとするが，ほぼ同じような標準化技術で生産されるために，製品の品質・機能に本質的な格差はみられなくなる。その場合，**製品の価格競争力**の強さが，企業間の市場競争を決定するのに，より重要な要因になる。

　他の先進国では国内需要が満たされ，さらにコスト優位から最先進国海外子会社を含む他の先進国企業は，最先進国市場に対しても製品を輸出するようになる。このため，**最先進国**では輸入が増大し，これに対して他の**先進国**では輸出が増大する。

　「**発展途上国**」（たとえば，東南アジアや中国など）でも，徐々に，消費が増え，最先進国や他の先進国からの輸入により，需要が賄われる。発展途上国のなかで，製品を国産化する国が出現する。これらの発展途上国でも，先進国が経験したサイクルと同様なことが起こり，最終的には**コスト優位から輸出が拡大す**るようになる。その後，製品を国産化する**その他の発展途上国**（たとえばベトナムなど）が出現する。このようなプロセスがさらに続くと考えられる。以上のように，**製品のライフサイクルと工業化の発展段階の時期が，国により異なる**。

　以上が，バーノンのPLCモデルである。バーノンの理論は企業国際化に対する経営学理論として，依然として大きな影響を与えている。

１－２－２　アジアでのPLCモデルと雁行発展モデル

　アジア企業のグローバル化の論理を，バーノンのPLCモデルによって考えてみよう。

　アジアで，まず工業化に成功したのは，日本である。日本は，まずアメリカやヨーロッパ諸国を中心とする最先進国からPLCが導入期の製品を，輸入する段階から始まっている。製品が成長期に入り技術が標準化されるにつれて，輸入代替が進展し，国内生産志向型に転じている。

　さらに製品が成長期，成熟期になり，国内生産の拡大にともなう競争力の強化によって輸出化の動きが高まり，輸出志向型の産業に発展する。続いて，製品の成熟期になると，競争優位の要因が価格となり，輸出から賃金コストの安いアジア諸国への海外直接投資への転換が進められることになり，海外生産とその比率が上昇する。

　日本に続いて，アジアではNIEs諸国（台湾，韓国，シンガポール，香港）などにおける工業化が進展する。NIEs諸国は，製品のライフサイクルと産業の発展プロセスが，日本よりやや遅れて同じように進展していく。その後，アジアではNIEs諸国のあとに，ASEAN諸国や中国などが続き，同様のライフサイクルと発展プロセスが進展していく。

　現在では，ベトナム，カンボジア，ミャンマー，インド，などのアジア新興国への，日本，NIEs諸国，中国，ASEAN諸国からの直接投資が注目されている状況である。このような製品のライフサイクルと国の工業化の発展段階が，時間により相違していることに着目した，歴史的な経済発展の考え方を，雁行発展モデル（理論）とよぶことがある。この理論は，先進国経済は成熟するが，発展途上国は成長し，未来には世界経済は平準化するという方向性をあらわしている。この雁行発展理論は，国際経営論のみならず，世界の経済発展の未来論としてもきわめて注目すべき考え方である。

1－2－3　PLCモデル（理論）の問題点

　PLCによる国際化の理論的妥当性に関しては，多くの問題点を指摘できる。

　第1の問題点は，本質的に**製品のライフサイクルという概念は曖昧なもので**ある。たとえば，**自動車**という製品をどう考えるべきであろうか。メーカーの生産する車種のレベルでライフサイクルを考えれば，メーカーは頻繁に新型車を開発・販売しているので，サイクルは数年間という短い期間となる。だが，**産業というレベルで製品のライフサイクル**を考えると，自動車のライフサイクルは，かなり長いことになる。たぶん，最先進国や先進国の自動車産業は，**成熟産業**であろう。自動車産業のような場合，その代替製品が出現するのには，かなりの時間がかかると予想され，他方でその需要は根強いことから，自動車産業は，成熟産業としてかなりの期間，持続するであろうと考えられる。このように，どのレベルでのライフサイクルを考えるべきなのか，曖昧な点がある。

　自動車は，技術進歩と環境問題などにより**環境に良いEV（電気自動車）など**の自動車が開発されている。ガソリン自動車に代わる，ハイブリットカー（HV），電気自動車（EV），水素自動車などの自動車である。将来は，全く新しい動力源の自動車が発明されるかもしれない。ライフサイクルを考える場合，自動車という視点であると，このような新しい技術の製品も含まれるので，自動車のライフサイクルはかなり長いものになる。しかし，ガソリンカー，ハイブリットカー，電気自動車，水素自動車という製品の違いで考えると，ライフサイクルはかなり違うものとなる。**ガソリンカーは衰退期**に入り，**電気自動車（EV）や水素自動車は成長期**に入るかもしれない。このように，製品のどのレベルでライフサイクルを捉えるかによって，その段階は相違してくる。

　将来，ガソリンカーが衰退すると，日本の自動車産業やその関連産業など，広い範囲でのモノ作りに大きな影響がおよぶであろう。

　第2の問題点は，PLC理論では，**製品の成熟期になると競争優位の要因が価格**になり，製品輸出から，賃金コストの安い他の諸国への**海外直接投資による**産業移転が進められ，**海外生産比率が上昇**すると仮定されていることである。

しかし，これはすべての場合に，当てはまるのであろうか。

　この理論が当てはまるための条件をつけるとすれば，生産コストに占める人件費の割合が高い，いわゆる**労働集約的**な製品の場合，技術や生産面で改善・改良による生産性の向上が望めない場合，などが考えられる。逆に，**資本集約的で，生産性**（工場の機械化による作業員の少人数化や無人化など）**を向上させる余地のある製品**については，成熟製品であっても，外国為替などに大きな変動（円高など）がない場合では，国内での生産を維持し，海外生産移転を望まないということも考えられよう。

　第3の問題点は，**技術の標準化という概念の曖昧さ**である。実際には，技術の標準化された製品であっても，製品はすべて同じというではなく，企業は製品に対してなんらかの差別化をおこなっているし，差別化は可能であろう。すなわち，**技術・品質・ブランドなどで差別化**できるかもしれない。

　たとえば，ガソリン自動車は技術が標準化された製品であるといえるのであろうか。たぶん，ガソリン自動車の基本的技術は，ほとんど標準化されているが，それでもなんらかの技術の差別化はできる。それは，生産・技術レベルでの改善によるもの，先端技術を取り入れたもの，環境に優れたもの，安全性を高めたもの，自動運転を導入したもの，デザイン，ブランドなどによるものかもしれない。PLCモデル（理論）では，製品技術が標準化された成熟期になると，競争優位の要因が価格となると仮定しているが，**成熟期の製品であっても，価格競争以外の差別化の競争戦略も存在**するはずである。

　第4の問題点は，PLCモデル（理論）では最先進国，先進国から発展途上国への直接投資の論理については説明できる。しかし，先進国から最先進国，新興国や発展途上国から最先進国・先進国への直接投資，同じ経済発展レベルの国どうしの企業の直接投資の論理については，説明できない点である。その意味で，**PLC理論は先進国の論理で国際化を捉えている**といえる。

1-3　内部化の理論

　企業内に市場を作りだすプロセスが，**内部化**である。すなわち，企業内，子

会社間，関連会社間という**内部市場**（または**準内部市場**）で，中間品，部品，原材料などの取引をすることである。

　この企業の内部市場は，欠陥のある外部（正規）市場に代替し，資源配分と流通上の問題は企業内の管理・情報により解決する。**企業の内部価格**（あるいは**トランスファー（移転）価格**）は，企業の組織活動を円滑化するだけでなく，内部市場が，外部市場と同じように効率的に機能できるようにする。

　欠陥のある市場が，（たとえば，中間品，部品，原材料の価格設定など）存在するとき，外部市場における**取引コストが高い**場合，あるいは**市場の不確実性が高い**（たとえば，部品・原材料等の入手ができにくいなど）場合，それらを内部化する理由が発生する。経済には，そうした市場の不完全性があるため，企業が内部市場を創出したいという強い動機は常に存在する。

　世界的な規模でみても，無数の**貿易障壁**（たとえば，**関税付与**，**輸入制限**など）や，他の不完全市場が存在するので，**多国籍企業**が出現する理由はさらにある。多国籍企業は，**国際的な市場の不完全性を内部化**し，これによりグローバルな社会的厚生の増大を図る。

　多国籍企業の内部市場という考えは，**ウィリアムソン**（Williamson, O. E.）などによって主張され，国内的状況を対象として開発された企業理論を国際的に拡張したものである。

　内部化理論は，先進諸国などの**大規模な多国籍企業の国際化の論理**としてはよく説明できるが，比較的規模が小さく，海外子会社に対する統制が弱い多国籍企業を説明する理論として説得力が弱いと言える。

第2節　企業の経営資源の国際比較優位性を重視した国際経営理論

2-1　競争優位の創出と維持という考え方

　国際的事業展開において，中進国・発展途上国企業と先進諸国企業の間，大規模企業と中堅・中小企業の間，または業種間などで，いくつかの共通点があ

るが，相違点も少なからず存在する。特に，企業の**海外直接投資の目的・動機**やそのプロセスには，多国籍企業の中でも相違した要素が含まれている。

　ここで重要になるのが**経営資源の比較優位**であるが，これを国際経営論の視点で考える場合に重要な点は，経営資源の比較優位を，国レベルでなく，**個々の企業レベルで捉える**ということである。すなわち，それは**国際的な企業競争における比較優位性**を考えることである。換言すれば，本国の経営者が，現地企業以上のなんらかの比較優位性－経営戦略論では**競争優位性**とよんでいる－を認識し，企業が現実に競争優位性が存在していることである。

　それでは，競争優位性の観点からみると，**企業の経営資源**とはどのようなものなのであろうか。人的資源，技術，資本などは，古くからいわれてきた経営資源である。しかし経営学の立場では，経営資源をかなり幅広くとらえている。たとえば，企業家能力，生産や販売における有形・無形のノウハウ，ブランド，経営管理能力，無形資産，情報収集力，ネットワーク，経営文化，組織文化，組織の能力（ケイパビリティ），といったものも，経営資源と考えている。このような**ソフト的な経営資源**が，むしろ企業の競争優位において重要である。

　日本の企業の国際競争力の強さは，生産プロセスのたえざる改善と工夫による，いわゆる**インクリメンタル・イノベーション**によるところが大きい。QCサークルや職場提案などによる改善活動，徹底した不良品の排除，在庫管理の改善，生産工程の自動化，生産コストの削減策，などといった現場での生産ノウハウが日本企業の競争優位性のひとつの源泉である。しかも，ソフト面としての経営資源は，金を出して，他から買うことができず，また作るのに時間がかかるものが多いということである。したがって，この経営資源は，長期間をかけて企業独自で作るしかないタイプの経営資源なのである。

　以上から，国際経営論における比較優位性という考え方は，ソフト面としての経営資源を含めた**企業レベルでの経営資源**が，ライバル企業と比較して優れていると経営者が認識し，事実それが存在することである。すなわち，海外の現地企業の経営資源と比較して競争優位であると経営者が認識することにより，企業は海外に直接投資を決定する。海外の進出企業が，現地で操業し，ライバ

ルの現地企業どの競争に勝つためには，現地の低賃金の労働力を活用するとしても，なんらかの競争優位を有する経営資源をもつ必要がある。

　さらに，戦略的視点に立つと，進出国の低廉な労働力を活用し，企業の競争優位を維持，発展させるための企業戦略として，海外直接投資をおこなうと考えることもできる。企業が外国に直接投資することで，本国での経営資源の優位性を強化することができる。また本国での経営資源の劣位を相殺するために，外国で事業活動をおこなうことで，**立地に基づいた優位**（たとえば，発展途上国では低賃金の労働力，天然資源などの経営資源，先進諸国では技術や資本）を獲得することもできる。

2－2　本国での競争優位性

　この競争優位による資源移転論を考えると，きわめて興味深い国際戦略上の命題が生じる。すなわち，企業が海外直接投資に成功するためには，**本国企業が，進出国や輸出国企業以上の競争優位性をもたなければならない**ということである。本国企業に競争優位性がなければ，進出国で成功しない確率が高くなるのである。**多国籍企業**であっても，将来的にはわからないが，現在においては，**本社が所在する本社が経営・技術開発の中心**であることがまだ多い。

　日本企業の海外進出のケースで，これを考えてみよう。日本企業の海外進出にともない，生産拠点の海外移転による日本企業の国際競争力の低下が懸念されている。しかしこの競争優位性理論によれば，もし日本企業がなんらかの**企業経営上の競争優位性を維持できるような海外進出**である場合，日本企業はグローバルなレベルでの国際競争力を低下させずに，むしろ強化できるであろうと考えられる。日本企業の海外進出で一番懸念されるのは，日本企業の競争優位性を維持できないかたちでの海外進出である。

　日本の多国籍企業は遠い将来はわからないが，近い将来ではほとんどの企業が，日本に本社機能を置き，日本での拠点が中心となるであろう。多国籍企業は，理論的には，本社と他国の区別なしで，いわゆる**無国籍**として経営することができるが，現実には，将来のかなりの間，**多国籍企業は特定の国に，本社**

拠点と主要な経営機能の拠点を置くであろう。

　このような中で，**日本の生産，技術という競争優位を生みだす可能性の高い経営資源をすべて海外に移管する戦略**が，最も危険である。日本企業が**生産を海外に移転**させるとしても，日本に競争優位を生みだす**生産や開発の部門をなんらかのかたちで日本に残しておくべき**である。具体的には，日本企業は，先端技術分野や付加価値の高い製品の生産部門，生産に関する開発や改善のための部門，研究開発部門は日本に残して，これらの**経営資源の国際的な競争優位性**をますます高めるべきである。もちろん，日本を補完する形で，海外での開発・研究拠点の設置が重要であることは言うまでもない。

　以下では，**企業の競争優位の創出と維持**という視点から，日本，欧米，アジアなどの企業の海外直接投資の性格・目的について考えてみよう。

第3節　競争優位の視点からの海外直接投資の性格・目的

　海外直接投資の主要な性格・目的として，現地市場型，輸出型，部品・工程分業型，製品分業型，資源開発型，販売・サービス拠点型，ニッチ戦略型，リスクの回避・分散型，コングロマリット展開型，経営資源の獲得や組織学習・経験蓄積型，本国での成長制約の克服型，資金調達型，などに分類できる。なお，現地への海外直接投資では，1つの目的のみではなく，複数の目的で設置される場合がある。

3－1　現地市場型の海外直接投資

　海外進出国の市場での販売，サービスを目的とした生産拠点を設置するための直接投資が**現地市場型直接投資**である。この形の投資は，進出国からみると従来の輸入から現地生産への転換という意味で，**輸入代替型直接投資**ともいわれる。海外企業が進出国現地市場で成功するためには，進出国での諸企業より何らかの競争比較優位をもつ必要がある。

　現地市場型投資は，大規模な市場や急速な市場成長が見込まれる諸国，およ

び，関税の付加，輸入制限，あるいはそのおそれに反応してしばしばおこなわれる。さらに，現地市場への輸出の増大によって，現地政府との通商政策上の軋轢（あつれき）が生ずる可能性がある場合，現地生産に切り替えるという**貿易摩擦回避**のための直接投資がある。これは，日本のアメリカへの輸出などでもおこった。

メーカーの場合，輸入ではなく現地で生産した方が，**現地市場のニーズに的確に対応**した製品を開発・生産できるというメリットがある。国や地域によって，消費者の趣向や要求には微妙な違いがあるため，現地市場に近い場所で生産した方がより適合的となる。たとえば，アメリカ・ヨーロッパ市場向けの自動車現地生産などがある。

サービス産業の海外直接投資は，それを提供する国でビジネスをおこなうケースがほとんどなので，このカテゴリーに入る場合が多い。サービス産業の海外直接投資は，デパート，スーパー，コンビニ，専門店，ファーストフード，飲食，不動産，ホテル，観光，運送，金融，保険，証券，情報，EC（電子商取引）などの企業に多い。

3−2　輸出型の海外直接投資

完成品，部品，中間品などの**輸出拠点**として設置するための海外直接投資が，**輸出型海外直接投資**である。この型での直接投資の主要な動機は，進出国での各種の**コスト優位性**を利用することによってグローバルなレベルで輸出競争力を高め，企業の競争優位性を獲得しようとする海外生産戦略である。

この形の投資には，労働コスト削減型，原材料コスト削減型，部品コスト削減型，タックスヘブン（税金回避）型，地域統合対応型，などがある。

日本企業が，労働コストの安い中進国や発展途上国に輸出型の生産拠点を設置するのは，**労働コスト削減型**のケースである。特に，資本集約的ではなく**労働集約的な製品**の場合，労働コストの安い海外諸国に進出するのは有効である。逆に，**資本集約的な製品**の場合，海外直接投資をせず，自国で生産（日本のMade in Japanなど）を続けるという戦略もあり得る。

そのほか，**原材料コスト**，**部品コスト**などの安い国に，輸出拠点として投資

する形もある。また，法人税や各種税金，関税などの安い国に立地するという**タックスヘブン（税金回避）形**もある。さらに，アセアン，EU，MERCOSURなど各種の地域統合に対応した輸出拠点として**地域統合対応型**もある。

3-3　部品・工程分業型の海外直接投資

部品・工程分業型海外直接投資は，グローバルなレベルで，部品・工程の分業を目的とする海外直接投資である。この型での直接投資の主要な動機は，進出国での各種のコスト優位性を利用することによって，部品・工程生産の最適立地をおこない，企業の競争優位性を高めることである。

たとえば，**ASEAN**（東南アジア諸国連合）での**AFTA**（アセアン自由貿易地域）の進展によって，日本企業は，主に電機・電子・機械産業，自動車産業を中心として，ASEANでの最適立地に基づく，部品生産の集約や再編の動きが顕著となっている。また，ASEANに**ソフトなどの開発拠点**を置く動きもある。

3-4　製品分業型の海外直接投資

完成品の生産を国際的に分業することを目的とする海外直接投資が，**製品分業型海外直接投資**である。製品分業には，技術・価格レベルがほぼ同一の製品を各国で分担生産する形と，技術・価格レベルの異なる製品を分担生産する形がある。

日本企業の製品分業をみると，技術・価格レベルがほぼ同一の製品のケースとしては，日本企業が，欧米といった先進諸国に進出し，グローバルな最適立地という視点から製品分業する形がある。最近では，日本と中国やASEANでの製品分業において，技術レベルが最先端の製品についても中国やASEANで生産するという事例も生じてきている。

技術・価格レベルが異なる製品のケースとしては，日本企業がASEANや中国などに進出し，主に**標準化製品**を生産し，日本では高付加価値の**高度技術製品**を生産し，グローバルに製品分業する場合である。

このような最適立地に基づく製品分業型をグローバルな視点でおこなうこと

により，企業の競争優位性を維持，高めるという戦略である。

3－5　資源開発型の海外直接投資

　原油，天然ガス，石炭，鉄鉱石，銅，鉱物，木材などの**資源開発**のための海外直接投資がある。日本企業は，資源を求めて多くの海外直接投資をおこなっている。特に注目すべきは，資源開発会社，石油会社のみならず，**総合商社**の資源開発関連の海外直接投資が多くみられることである。日本の総合商社は，資源開発プロジェクトに参加し，日本の他の企業，海外・現地企業，現地政府と共同出資の形で資源開発を積極的におこなっている。

　資源開発関連投資では，**農業，畜産業，林業，漁業関連の資源開発**もある。

　このような原材料といった**川上方向での垂直的統合**を目的とした**資源開発型海外直接投資**などにより内部化・準内部化をおこなうことにより，企業の競争優位性を維持，高めるという戦略である。

3－6　販売・サービス拠点型の海外直接投資

　進出国の市場での販売拠点，サービス拠点の設置を目的とした海外直接投資が，**販売・サービス拠点型海外直接投資**である。現地に販売拠点を設置することにより，現地の消費者のニーズや趣向，需要動向などをダイレクトに把握することができる。特に，家電品，コンピューター，通信，機械，自動車などの製品では，現地に販売拠点を設置するのみならず，現地でアフターサービス，修理，部品に対応するためのサービス拠点の設置が不可欠である。

　このような流通・販売などの川下方向での垂直的統合を目的とした内部化をおこなうことにより，企業の競争優位性を維持，高めるという戦略である。

　流通，専門店，小売，飲食，観光，ホテル，金融，IT，情報などの**サービス産業の海外直接投資**にはこの形が多い。日本のサービス企業の国際的競争優位性は高まってきており，近年，**日本のサービス企業の海外直接投資**は増えている。また，環境要因として，WTO（国際貿易機構）への加盟，地域経済連携，海外投資の自由化などもあり，発展途上国を含む各国が，流通，小売，金

融などのサービス産業への直接投資の受け入れを緩和してきているという背景
もある。

第4節　アジア企業の多国籍化のケース

　近年，中国，台湾，東南アジアといった**アジア企業の多国籍化**が進展してき
ており，世界的に注目されている。アジア企業の国際的事業展開と，欧米や日
本のような先進諸国企業のそれとの間には，共通点も多いが，相違点も少なか
らず存在する。特に，**アジア企業の海外直接投資の目的・動機**やそのプロセス
には，欧米や日本の多国籍企業とは相違した要素が含まれている。

　このようなアジア企業の多国籍化は，日本の企業の国際化，特に**日本の中
堅・中小企業の海外進出**においても大いに参考となろう。

　アジア企業の国際化の主要な特徴として以下がある。

4−1　ニッチ（隙間）戦略による海外進出

　ニッチ（隙間）戦略とは，他企業との競合を避けて，競争の少ない分野を選
ぶことである。これは，一種の差別化戦略となっている。地域的に競合の少な
い国へアジア企業が海外進出する戦略は，一種のニッチ戦略であろう。

　経営戦略論におけるニッチ戦略とは，隙間市場へ，たとえば特定の買い手グ
ループとか，製品・サービスの種類とか，特定の地域市場とかへ，企業の資源
を集中する戦略をいう。ターゲットを広くした競争企業よりも，狭いターゲッ
トに絞るほうがより効果的で，より効率のよい戦いができるという前提から，
この戦略がでてくる。特定のターゲットのニーズを十分に満たすことで，差別
化や低コストが達成できたり，あるいはこれらの両方とも達成できたりする。

　それでは，どうして中国やアジアの企業は，このようなニッチ戦略を採るの
であろうか。その理由の1つは，アジア企業は，日本や他の先進諸国企業と同
一の地域ではまだ十分競争優位を保てないだろうと認識しているからであろう。
また，先進国企業が進出している地域では，先進国企業が業界のシェアを押さ

え，アジア企業が進出しにくいこともあろう。これに対して，先進諸国が進出していないか少ない地域の市場では，アジア企業でも競争優位性を確保できる可能性があるのである。たとえば，中国の**ファーウェイ，TCL，ハイアール**の国際化展開をみると，当初はニッチ地域市場に重点を置いていた。

　アジア企業の競争優位は，一般的に技術やブランドなどの差別化によるものではなく，低コストによるものがまだ多い。**低コストによる競争優位**とは，競争企業よりも安く同種類の製品を製造し，販売できる能力のことである。一方，**差別化**とは，製品の本質，特別な特徴，機能，技術，デザイン，ブランド，または販売後のサービスというかたで，特異に優れた価値を顧客に提供できる能力である。アジア企業は現段階では最先進諸国と比較すると差別化戦略をとりにくく，低コストによるコスト優位戦略と，競争の少ない国への進出戦略を採るのである。特に**労働集約的製品**の場合，コスト優位を維持するためには労働コストの削減が重要である。そのため，アジアの企業はより安い労働力コストを求めてアジアの他の地域に生産拠点を移そうとする。その結果として，人件費の安い，先進国企業のあまり進出していない**ニッチ地域**に進出し，現地生産することになる。

　ただし，最近，一部の**アジアのハイテク企業**（台湾の**TSMC**や**エイサー（Acer）**など，韓国の**サムソン**や**LG**など，中国の**ファーウェイ**や**ハイアール**など）は，ブランドや技術の競争優位が高まり，**ニッチ戦略からの脱却**が進展してきているのは，注目すべきであろう。

4−2　リスクの回避や分散による海外投資

　アジア企業，特に，東南アジアの華僑・華人企業は，資産，財産の保全を目的とする**リスク回避のために分散投資による海外直接投資**をする場合がある。企業活動の経営資源を1つの国に集中させると，もしその国に政治的，経済的変化などが起きれば，大きな影響を与えるかもしれない。企業の経営資源をすべて本国1か国に投下するのではなく，そうした影響を受けにくい他の国に直接投資をすることでリスクを分散するのである。

　アジアの発展途上国は，一般的に政治的，経済的な不確実性が高いため，こ
のような分散投資がおこなわれる。特に，東南アジアの華僑・華人企業は，居
住国，地域でまだ不安定な場合もあることから，それに対応し，リスクの分散
を図ろうとすることが多国籍化への動機となっている。

　1997年に返還された**香港，アセアン諸国のマレーシア，フィリピン，インド
ネシア**などの華僑・華人企業の一部からの海外直接投資には，その傾向がある。
また，東南アジアの華僑・華人企業の海外直接投資は，投資の回収が早い非製
造業の**サービス分野**が比較的多い。これらは，先進諸国の多国籍企業ではあま
りみられない特徴である。

４－３　コングロマリット展開型と外資提携による海外進出

　アジアの大企業，特に東南アジアの**華僑・華人系企業・グループ**は，同一の
事業・業種や技術，販売などに関連をもつ事業に，多額の投資を集中するとい
う戦略は，もちろんみられる。しかし，本業とあまり関連をもたない複数の他
業種に事業投資をするという，**資本の分散投資（コングロマリット的事業戦略）**
をおこなう企業・グループもかなりある。これは，１つの事業よりも，多業種
で拡大戦略を採ろうとするものである。

　これに関連して，アジア企業，特に東南アジアの華僑・華人系企業の特徴と
して，**外国資本との戦略的提携の重視**がある。これは，華僑・華人系企業のい
わゆる**商業資本家的体質**に関連がある。すなわち，外国資本と合弁や提携をお
こなっている華僑・華人系企業の経営者は，**外資側に技術・生産の援助を期待**
し，自らはもっぱら人事・販売を中心に経営するか，合弁企業を単なるポート
フォリオ投資の対象とする場合が多い。

　以上のような背景として，アジア企業の海外進出において，先進国企業から
生産，技術を依存した上で，利益の上がる分野であれば，本業とあまり関連の
ない分野でも海外進出をするという，**コングロマリット的な海外直接投資**をお
こなうことがある。経営戦略の視点からみると，このようなアジア企業の海外
進出において，**先進諸国企業との合弁事業，戦略的提携**といった関係が重要と

なる。

4－4　経営資源（技術，ブランド）の獲得や組織学習・経験蓄積型の海外進出

アジア企業の先進諸国への投資目的は，**先進国の技術やブランドなどの経営資源の獲得**である場合がある。たとえば，中国企業の欧米への投資，韓国企業の日本や欧米への投資などがそれである。これは，先進国での技術獲得，外国人研究者の採用などを通じて先進国の先端技術を積極的に取り入れるのが，狙いの1つである。

最近，アジア企業による日本や欧米といった**先進諸国企業の企業買収**が注目されている。海外での企業買収を通じて，海外市場の獲得，研究開発能力の向上，海外拠点の獲得，生産能力の向上・生産コストの削減などが追求されている。そして，買収の目的は，**アジア企業に不足している経営資源を補うために**おこなわれる場合がある。

アジア・中国企業の**先進諸国企業の生産・技術の吸収，ブランドの獲得，各種の情報収集，資金の調達などを目的とした企業買収**が増えている。このような**アジア・中国企業の先進国企業の買収や戦略的提携**に関して，**国家安全保障上**などの理由から，**アメリカを中心として規制する動き**も一部にあるのも事実である。**ファーウェイ**（HUAWEI），tiktok，SMIC（中芯国際集成電路製造）などの中国企業が，その対象となっている。

アジア企業の海外進出，とくに**合弁事業による海外進出**を，新たな経験の蓄積による**学習・知識創造**として捉えることもできる。企業が，海外の他組織の合弁に参加することを通じて，他組織のもつ技能や能力を学習するだけではなく，他組織と結びついて，新たな能力を創造していくのである。こうした組織学習と創造こそが合弁事業の中心的な目的となる。

外国との合弁事業によって，企業はこれまでにはなかった知識を実地に経験し，蓄積することができる。こうした合弁を中心とした海外進出による組織学習を通じて，企業みずからの能力を拡大したり，修正したり，構築することが

できる。さらに，企業の海外進出は，組織論でいう「ゆらぎ」を誘導し，その矛盾を解決する情報創造を誘発させながら，自己革新を進める組織変革の手段と考えることもできる。

4−5　本国での成長制約の克服型の海外進出

　本国での市場が小さい，国内での成長が見込めないなど，**本国での成長制約を打破**するために，国際化戦略を採る場合がある。アジアでも**香港**（現在は中国が1国2制度で支配している），**シンガポール，台湾，マレーシア**といった比較的国内人口の小さい国の企業は，海外に目を向けた国際化戦略を採りやすい。その他の本国での企業成長の制約としては，経済成長の低下，市場の飽和，大企業の存在，法的規制，政府の規制，資源の余剰といった要因が考えられよう。

　これらの制約要因のうち重要であると考えられるのは，**本国での大企業による独占・寡占に対する制約**である。すなわち，本国では，すでに大企業により市場が支配されている状況があり，中小・中堅企業や他の企業が新たに参入したり，成長するのが困難な状況にあるために，さらなる企業成長をもとめて海外での事業活動を選択するのである。日本においてもこのような理由で海外に進出している企業もある。

　アジアでも，このような独占・寡占の状況によって，国際化戦略を採るというケースも考えられる。たとえば，**インド**の一部の大企業においては，かつての政府による独占に関する制約によって，海外投資をおこなったとされる。

　また，**台湾の中小企業が海外進出に積極的である理由**について，かつて台湾では国内市場は国営企業（国民党系企業グループを含む）と民間大企業（国内資本と外資系の民間企業）によってほぼ握られており，国内の中堅・中小企業は国内市場に割り込む余地が少なく，海外に向かわざるをえなかった。歴史的にみると，台湾の内部での産業構造と国内市場メカニズムの硬直化が，中小企業を外に押し出したのである。台湾の中小企業は，輸出依存の傾向が高く，台湾の通貨が高くなると，中小企業は海外に出て行く。台湾の中堅・中小企業は，元高で輸出競争力が落ちると，工場を海外に移して海外生産により輸出をしようと

する戦略をとった。このようなこともあり，台湾の民間企業は海外進出が進んだ。その中で，中小企業から発展して世界的な大企業となった台湾民間企業（ホンハイ，エイサー，TSMCなど）もかなり存在している。

逆に，本国の市場において，企業成長の制約が少ないと認識している場合，企業は国際化を選択しないということも考えられる。この意味で，人口が多いため国内市場が大きく，国内市場で参入企業がなく，これから市場成長が期待される国の企業は，国際化戦略より国内戦略に重点を置くかもしれない。

4-6　海外での資金調達型の海外進出

アジアの企業の海外進出の目的として，本国での資金調達が十分でないため，**先進国などの進出国で資金調達**をしようとする企業がある。これは，本国では，資本市場がまだ不十分であるために，海外の資本市場（株式市場・債券市場・金融機関など）で資金調達をしようとするのである。

たとえば，中国や東南アジア企業の海外進出の動機の1つは，先進諸国などからの資金調達である。進出国や国際市場において資金調達をおこなうことが，アジア企業が海外直接投資を進める1つの動機となっている。

おわりに

日本企業の国際経営の将来の課題について考えてみよう。

第1は，**日本企業の国際的競争優位の維持と向上**である。日本企業は，将来も日本国内で技術，生産，品質，製品力，価格，サービス，ブランドなどで優位性を維持し，さらに優位性を高めなければならない。第1次産業では，**農業や水産業の課題**としては，日本国内での高品質な商品，生産性の向上，各種の法人農業の推進，輸出の促進，などがあろう。**鉱業の課題**については，高付加価値の製品開発，海外での新たな資源開発，場合によっては商社やメーカーなどの他企業と共同して資源開発をおこなうことなどによる，競争力の向上が課題であろう。第2次産業の**製造業の課題**については，デジタル化，情報化，

IT，ロボットなどの革命的技術が誕生し，大変な変革期である。それに，対応するために，SDGsを推進するとともに，生産性の向上，技術力の向上，研究開発，品質，製品力，価格，IT・デジタル戦略などがあろう。第3次産業のサービス業の課題に関しては，マーケティング力，ブランド，品質，商品力，価格，などがあろう。日本企業は，このような国内での国際優位性を維持することを基盤として，海外進出をおこなうべきであろう。さらに，日本企業は，新たなビジネスモデルを構築することも重要であろう。

　第2は，日本企業の海外での製造・サービスの生産拠点の一層の拡大である。北米，欧州などの先進諸国は，主として現地市場を狙った拠定として，今後も進出が望まれる。海外での生産拠点として重きを置いているアジアは，将来においても依然として重要な地域であろう。ただし，中国のみではなく，東南アジアへの進出も増えるであろう。

　日本企業は，中国と東南アジアの2拠点化が将来の趨勢となろう。東南アジアで，注目されているのがベトナムとミャンマーである。ベトナムは，人口が1億人程度と大きな国内市場をもち，謙虚で優秀な，若い（人口ボーナスを多くもつ）労働力を有する国である。ミャンマーは，2021年に軍事クーデターが起きたが，優れた労働力を豊富にもち，長期的にみれば有望な国であろう。また，巨大な人口をもち，経済成長が期待されるインド，バングラデッシュといった南アジア諸国も注目されている。さらに，南米，アフリカなど新興国への進出も課題となろう。

　第3は，日本企業による海外企業のM&A（合併と買収）の増加である。特に海外企業の買収が大型化してきている。たとえば，2020年，セブン・アイホールデングスによる1兆2,000億円規模のアメリカのコンビニ事業の買収があった。このように，日本企業による海外企業の大型買収は，今後増加していく可能性がある。ただし，海外企業の買収は，大きなリスクも伴うことから。，慎重に検討していくべきであろう。

　第4は，欧米企業のみならずアジア・中国企業の台頭による，競争の激化への対応である。中国のファーウェイ（HUAWEI），ハイアール（Haier），tiktok，

台湾のホンハイ，TSMC（Taiwan Semiconducter Manufacturing Company），エイサー（Acer）などのアジア・中国企業は，国際競争力が急速に向上してきている。このようなアジア多国籍企業の出現は，日本企業の大きなライバルとなっている。ただし，ファーウェイなどに顕著にみられるように，アメリカを中心とした先進諸国は，国家安全上の理由から規制する動きもある。日本企業は，このような動きを注視していく必要があろう。

第5は，**日本企業の多様な規模・業種・形態での海外進出への対応・戦略**である。企業の国際化は，大企業のみならず，中小・中堅企業においても進展するであろう。また，小売，飲食，専門店，IT，情報，などのサービス産業の国際化も進むであろう。さらに，将来においても日本企業の国際化は，貿易と海外直接投資が中心となろうが，各種の海外企業との国際戦略提携も重要となるであろう。技術やマーケティングの提携関係，OEM，委託加工，フランチャイジング，コンソーシアムなど，海外企業との国際戦略提携も重要となろう。

第6は，**海外人材の育成・採用**である。日本企業の国際化において，多くの優秀な海外要員が必要とされる。そのため，企業内において，海外で活躍できる人材の養成・教育が不可欠である。また，今後，海外要員として，日本で教育を受けた外国人留学生や海外子会社の現地人人材などを有効に活用することも課題となろう。

第7は，**アフター・コロナ時代の国際経営**である。2020（令和2）年に発生した，新型コロナ禍は，国際経営においても大きな影響を与えた。海外への人の移動が制限され，各国経済にも大きな痕跡をもたらした。コロナ禍は，**国際的なリスク管理の重要性**を改めて再認識させた。アフター・コロナ時代の国際経営においては，日本の生産拠点の再構築，海外拠点の地域的分散，貿易の多様化，部品・原材料調達の分散，情報・コミュニケーション，などのリスク管理が一層重要となるであろう。

〔参考文献〕
中山健・丹野勲・宮下清（2018）『新時代の経営マネジメント』創成社。

丹野勲（1994）『国際比較経営論―アジア太平洋地域の経営風土と環境―』同文館。

丹野勲（1999）『異文化経営とオーストラリア』中央経済社。

丹野勲・原田仁文（2005）『ベトナム現地化の国際経営比較―日系・欧米系・現地企業の人的資源管理，戦略を中心として―』文眞堂。

丹野勲（2005）『アジア太平洋の国際経営―国際比較経営からのアプローチ―』同文館。

丹野勲・榊原貞雄（2007）『グローバル化の経営学』実教出版。

丹野勲（2010）『アジアフロンティア地域の制度と国際経営―CLMVT（カンボジア，ラオス，ミャンマー，ベトナム，タイ）と中国の制度と経営環境―』文眞堂。

丹野勲（2012）『日本的労働制度の歴史と戦略―江戸時代の奉公人制度から現代までの日本的雇用慣行―』泉文堂。

丹野勲（2017）『日本企業の東南アジア進出のルーツと戦略―戦前期南洋での国際経営と日本人移民の歴史―』同文館。

丹野勲（2018）『戦前の南洋日本人移民の歴史―豪州，南洋群島，ニューギニア―』お茶の水書房。

丹野勲（2021）『日本の国際経営の歴史と将来―アジアとの交易・投資の通史と国際交流―』創成社。

第3編
SDGs（持続可能な開発目標）と将来の経営行動

第10章

SDGs（持続可能な開発目標）とこれからの企業経営

第10章 SDGs（持続可能な開発目標）と これからの企業経営

はじめに

SDGs（Sustainable Development Goals：持続可能な開発目標）とは，2015年9月25日，第70回国連総会で採択された「我々の世界を変革する：持続可能な開発のための2030アジェンダ」という文書をその内容とする。

この国連採択文書であるSDGsは，世界の開発戦略，環境問題，企業経営，国際政治，社会政策，経済政策などに大きな影響を与えている。**人類の将来のビジョン**は，この文書にあるといっても過言ではない。本章では，国連が採択したこの文書に即して，SDGs（持続可能な開発目標）とこれからの企業の経営行動を中心として考察する。

第1節 「我々の世界を変革する：持続可能な開発のための2030アジェンダ」前文

2015年国連で採択された「我々の世界を変革する：持続可能な開発のための2030アジェンダ」文書の前文では，**SDGsの目的と行動計画**が示されている。重要な部分なので，以下に記してみよう。

> 前文
> このアジェンダは，人間，地球及び繁栄のための行動計画である。これはまた，より大きな自由における普遍的な平和の強化を追求ものでもある。我々は，極端な

> 貧困を含む，あらゆる形態と側面の貧困を撲滅することが最大の地球規模の課題であり，持続可能な開発のための不可欠な必要条件であると認識する。
>
> 　すべての国及びすべてのステークホルダーは，協同的なパートナーシップの下，この計画を実行する。我々は，人類を貧困の恐怖及び欠乏の専制から解き放ち，地球を癒やし安全にすることを決意している。我々は，世界を持続的かつ強靱な道筋に移行させるために緊急に必要な，大胆かつ変革的な手段をとることに決意している。我々はこの共同の旅路に乗り出すにあたり，誰一人取り残さないことを誓う。
>
> 　今日我々が発表する17の持続可能な開発のための目標（SDGs）と，169のターゲットは，この新しく普遍的なアジェンダの規模と野心を示している。これらの目標とターゲットは，ミレニアム開発目標（MDGs）を基にして，ミレニアム開発目標が達成できなかったものを全うすることを目指すものである。これらは，すべての人々の人権を実現し，ジェンダー平等とすべての女性と女児の能力強化を達成することを目指す。これらの目標及びターゲットは，統合され不可分のものであり，持続可能な開発の三側面，すなわち経済，社会及び環境の三側面を調和させるものである。
>
> 　これらの目標及びターゲットは，人類及び地球にとりきわめて重要な分野で，向こう15年間にわたり，行動を促進するものになろう。

　この前文では，SDGsの人類・地球の持続可能な開発のための包括的な行動計画が，明瞭に示されている。普遍的な平和の強化，貧困の撲滅が最大の地球規模の課題であり，持続可能な開発のために不可欠な条件である。世界のすべての国，およびすべてのステークホルダー（企業を含む利害関係者）は，協同的なパートナーシップの下，この計画を実行する。具体的な行動計画としてのSDGsは，「SDGsの17の持続可能な開発のための目標」，および，「SDGsの169のターゲット」がある。SDGsには，経済，社会および環境という三側面を調和させるものである。これらの目標およびターゲットは，将来の人類・地球にとってきわめて重要なものである。

　以上のように，SDGsは，「未来の人類の経済，社会，環境に関する持続可能な開発のための行動計画」であり，将来の企業行動にとってもきわめて重要なものであろう。

第2節　SDGsのビジョン

　2015年国連で採択された「我々の世界を変革する：持続可能な開発のための2030アジェンダ」のビジョン，7，8，9「SDGsの目指すべき世界像」では，SDGsのビジョンが明瞭かつ簡潔に示されている。これも重要な部分なので，以下に記してみよう。

　我々のビジョン

7　これらの目標とターゲットにおいて，我々は最高に野心的かつ変革的なビジョンを設定している。我々は，すべての人生が栄える，貧困，飢餓，病気及び欠乏から自由な世界を思い描く。我々は，恐怖と暴力から自由な世界を思い描く。すべての人が読み書きできる世界。すべてのレベルにおいて質の高い教育，保健医療及び社会保護に公平かつ普遍的にアクセスできる世界。身体的，精神的，社会的福祉が保障される世界。安全な飲料水と衛生に関する人権を再確認し，衛生状態が改善している世界。十分で，安全で，購入可能，また，栄養のある食料がある世界。住居が安全，強靱かつ持続可能である世界。そして安価な，信頼でき，持続可能なエネルギーに誰もがアクセスできる世界。

8　我々は，人権，人の尊厳，法の支配，正義，平等及び差別のないことに対して普遍的な尊重がなされる世界を思い描く。人種，民族及び文化的多様性に対して尊重がなされる世界。人間の潜在力を完全に実現し，繁栄を共有することに資することができる平等な機会が与えられる世界。子供たちに投資し，すべての子供が暴力及び搾取から解放される世界。すべての女性と女児が完全なジェンダー平等を享受し，その能力強化を阻む法的，社会的，経済的な障害が取り除かれる世界。そして，最も脆弱な人々のニーズが満たされる，公正で，衡平で，寛容で，開かれており，社会的に包摂的な世界。

9　我々は，すべての国が持続的で，包摂的で，持続可能な経済成長と働きがいのある人間らしい仕事を享受できる世界を思い描く。消費と生産パターン，そして空気，土地，河川，湖，帯水層，海洋といったすべての天然資源の利用が持続可能である世界。民主主義，グッド・ガバナンス，法の支配，そしてまたそれらを可能にする国内・国際環境が，持続的で包摂的な経済成長，社会開発，環境保護及び貧困・飢餓撲滅を含めた，持続可能な開発にとってきわめて重要である世界。技術開発とその応用が気候変動に配慮しており，生物多様性を尊重し，強靱なものである世界。人類が自然と調和し，野生動植物その他の種が保護される世界。

「SDGsの目指すべき世界像のビジョン」として以下を掲げている。

第1は，貧困，飢餓，病気，欠乏からの自由，恐怖と暴力からの自由，すべての人が教育，保健医療，社会保護を受けられること，身体的，精神的，社会的福祉の保障，安全な飲料水と衛生，衛生状態の改善，食料と住居が確保できること，である。

第2は，人権，人の尊厳，法の支配，正義，平等および差別のない世界である。人種，民族，文化的な多様性を尊重される世界。人間の潜在力の実現できる平等な機会があり，子供が暴力及び搾取から解放され，ジェンダー平等，公正・衡平・寛容で開かれる世界である。

第3は，持続可能な経済成長と働きがいのある人間らしい仕事を享受できる世界である。消費と生産パターン，そして空気，土地，河川，湖，帯水層，海洋などすべての天然資源の利用が持続可能である世界。民主主義，グッド・ガバナンス，法の支配がある世界。技術開発が気候変動に配慮し，生物多様性を尊重し，人類が自然と調和し，野生動植物その他の種が保護される世界である。

以上のように，SDGsは，将来，地球上のすべての国は，社会，経済，環境という3つの側面が調和されている世界をビジョンとしている。

第3節　SDGsの持続可能な開発目標

「SDGsの2030年までを目途とした持続可能な開発目標」として，以下のような「SDGsの17の目標」を掲げている。

3−1　貧困の終焉

目標1　あらゆる場所のあらゆる形態の貧困を終わらせる。

SDGsの目標1では，貧困の終焉への主要な行動目標として以下などを掲げている。

① 2030年までに，1日1.25ドル未満で生活する極度の貧困者をなくし，各国

定義による貧困状態にある者の割合を半減させる。

② 　各国で適切な社会保護制度および対策を実施し，貧困層・脆弱層に十分な保護を達成する。

③ 　貧困層・脆弱層を含むすべての者が，基礎的サービスへのアクセス，土地・財産への所有権・管理権限，相続財産，天然資源，適切な新技術，マイクロファイナンスを含む金融サービスに加え，経済的資源についても平等な権利をもつことができるように確保する。

④ 　気候変動に関連する極端な気象現象やその他の経済，社会，環境的ショックや災害を軽減する。

⑤ 　開発途上国に対して，開発協力の強化などをおこなう。

⑥ 　国，地域および国際レベルで，貧困層やジェンダーに配慮した開発戦略に基づいた適正な政策的枠組みを構築する。

３－２　持続可能な農業

> **目標2　飢餓を終わらせ，食料安全保障及び栄養改善を実現し，持続可能な農業を促進する。**

① 　飢餓を撲滅し，すべての人々が安全で栄養ある食料を十分得られるようにする。

② 　土地などの生産資源・投入財・知識・金融サービスなどの確保，高付加価値化，非農業雇用などを通じて，小規模生産者の農業生産性および所得を倍増させる。

③ 　生産性を向上させ，生産量を増やし，生態系を維持し，気候変動や極端な気象現象，干ばつ，洪水，その他の災害に対する適応能力を向上させ，漸進的に土地と土壌の質を改善させるような，持続可能な食料生産システムを確保し，強靭な農業を実践する。

④ 　種子・植物バンクなども通じて，種子，栽培植物，飼育・家畜化された動物および野生種の遺伝的多様性を維持し，国際的合意に基づき，遺伝資源な

どの知識へのアクセスおよびその利用から生じる利益の公正かつ衡平な配分を促進する。

⑤　開発途上国の農業生産能力向上のために，国際協力の強化などを通じて，農村インフラ，農業研究・普及サービス，技術開発などの拡大を図る。

⑥　ドーハ開発ラウンド（Doha Development Agenda）の決議に従い，農産物輸出補助金などの撤廃などを通じて，世界の農産物市場における貿易制限や歪みを是正及び防止する。

⑦　食料価格の極端な変動に歯止めをかけるため，食料市場およびデリバティブ市場の適正な機能を確保するための措置を講じ，食料備蓄などの市場情報への適時のアクセスを容易にする。

3-3　健康的な生活と福祉

> **目標3　あらゆる年齢のすべての人々の健康的な生活を確保し，福祉を促進する。**

①　世界の妊産婦の死亡率を出生10万人当たり70人未満に削減する。

②　新生児死亡率を出生1,000件中12件以下まで減らし，5歳以下死亡率を出生1,000件中25件以下まで減らし，新生児および5歳未満児の予防可能な死亡を根絶する。

③　エイズ，結核，マラリアなどの伝染病を根絶するとともに，肝炎，水系感染症などの感染症に対処する。

④　非感染性疾患による若年死亡率を，予防や治療を通じて3分の1減少させ，精神保健および福祉を促進する。

⑤　薬物乱用やアルコールの有害な摂取を含む，物質乱用の防止・治療を強化する。

⑥　世界の道路交通事故による死傷者を半減させる。

⑦　家族計画，情報・教育および性と生殖に関する健康の国家戦略・計画への組み入れを含む，性と生殖に関する保健サービスをすべての人々が利用でき

るようにする。
⑧　基礎的な保健サービスへのアクセスおよび安全で効果的かつ安価な必須医薬品とワクチンへのアクセスを含む，ユニバーサル・ヘルス・カバレッジ（UHC）を達成する。
⑨　有害化学物質，大気，水質，土壌汚染などによる死亡および疾病を大幅に減少させる。
⑩　たばこの規制に関する世界保健機関枠組条約の実施を適宜強化する。
⑪　感染性および非感染性疾患のワクチンおよび医薬品の研究開発を支援し，また安価な必須医薬品およびワクチンへのアクセスを提供する。

3-4　教育の提供

> 目標4　すべての人々への包摂的かつ公正な質の高い教育を提供し，生涯学習の機会を促進する。

①　すべての子供が，初等教育への準備，また無償かつ公正で質の高い初等教育と中等教育を修了できるようにする。
②　すべての人々が，手頃な価格で質の高い技術教育，職業教育および大学を含む高等教育への平等なアクセスを得られるようにする。
③　技術的・職業的スキルなど，雇用，働きがいのある人間らしい仕事および起業に必要な技能を備えた若者と成人の割合を大幅に増加させる。
④　教育におけるジェンダー格差を無くし，障害者，先住民，子供などの脆弱層があらゆるレベルの教育や職業訓練に平等にアクセスできるようにする。
⑤　すべての若者および大多数（男女共に）の成人が，読み書き能力および基本的計算能力を身に付けられるようにする。

3－5　ジェンダーの平等

> **目標5　ジェンダー平等を達成し，すべての女性及び女児の能力強化をおこなう。**

① すべての女性・女児に対するあらゆる差別を撤廃する。

② 人身売買や性的，その他の搾取など，すべての女性・女児に対する暴力を排除する。

③ 未成年者の結婚，強制結婚など，あらゆる有害な慣行を撤廃する。

④ 政治，経済，公共分野でのあらゆるレベルの意思決定において，完全かつ効果的な女性の参画及び平等なリーダーシップの機会を確保する。

3－6　水と衛生

> **目標6　すべての人々の水と衛生の利用可能性と持続可能な管理を確保する。**

① すべての人々の安全で安価な飲料水，下水施設・衛生施設のアクセスを達成する。

② 汚染の減少，投棄廃絶と有害な化学物質や物質の放出の最小化，未処理の排水の割合半減および再生利用と安全な再利用の世界的規模での大幅な増加などにより，水質を改善する。

③ 全セクターにおいて水の利用効率を大幅に改善し，淡水の持続可能な採取及び供給を確保し水不足に対処するとともに，水不足に悩む人々の数を大幅に減少させる。

④ 国境を越えた適切な協力を含む，あらゆるレベルでの統合水資源管理を実施する。

⑤ 山地，森林，湿地，河川，帯水層，湖沼などの水に関連する生態系の保護・回復をおこなう。

⑥　集水，海水淡水化，水の効率的利用，排水処理，リサイクル・再利用技術
など，開発途上国における水と衛生分野での活動や計画を対象とした国際協
力と能力構築支援を拡大する。

3－7　エネルギーへのアクセス

> **目標7　すべての人々の，安価かつ信頼できる持続可能な近代的エネル**
> **ギーへのアクセスを確保する。**

①　安価かつ信頼できる現代的エネルギーサービスへの普遍的アクセスを確保
する。

②　世界のエネルギーミックスにおける再生可能エネルギーの割合を大幅に拡
大させる。

③　世界全体のエネルギー効率の改善率を倍増させる。

④　再生可能エネルギー，エネルギー効率及び先進的かつ環境負荷の低い化石
燃料技術などのクリーンエネルギーの研究及び技術へのアクセスを促進する
ための国際協力を強化し，エネルギー関連インフラとクリーンエネルギー技
術への投資を促進する。

⑤　各々の支援プログラムに沿って開発途上国，特に後発開発途上国及び小島
嶼開発途上国，内陸開発途上国のすべての人々に現代的で持続可能なエネル
ギーサービスを供給できるよう，インフラ拡大と技術向上をおこなう。

3－8　働きがいのある人間らしい雇用（ディーセント・ワーク）
　　　　の促進

> **目標8　包摂的かつ持続可能な経済成長及びすべての人々の完全かつ生産**
> **的な雇用と働きがいのある人間らしい雇用（ディーセント・ワーク）**
> **を促進する。**

①　若者や障害者を含むすべての男性及び女性の，完全かつ生産的な雇用及び

働きがいのある人間らしい仕事，ならびに同一労働同一賃金を達成する。

② 就労，就学及び職業訓練のいずれもおこなっていない若者の割合を大幅に
減らす。

③ 強制労働を根絶し，現代の奴隷制，人身売買を終らせるための措置の実施，
児童労働の禁止及び撲滅を確保する。

④ 移住労働者，特に女性の移住労働者や不安定な雇用状態にある労働者など，
すべての労働者の権利を保護し，安全・安心な労働環境を促進する。

⑤ 雇用創出，地方の文化振興・産品販促につながる持続可能な観光業を促進
するための政策を立案し実施する。

⑥ 国内の金融機関の能力を強化し，すべての人々の銀行取引，保険及び金融
サービスへのアクセスを促進・拡大する。

⑦ 開発途上国，特に後発開発途上国に対する貿易のための援助を拡大する。

３－９　強靭なインフラ構築，持続可能な産業化の促進及びイノベーションの推進

> 目標9　強靭（レジリエント）なインフラ構築，包摂的かつ持続可能な産
> 業化の促進及びイノベーションの推進を図る。

① 安価で公平なアクセスに重点を置いた経済発展と人間の福祉を支援するた
めに，地域・越境インフラを含む質の高い，信頼でき，持続可能かつ強靭な
インフラを開発する。

② 包摂的かつ持続可能な産業化を促進し，産業セクターの割合を大幅に増加
させる。後発開発途上国については同割合を倍増させる。

③ 特に開発途上国の企業への，安価な資金貸付などの金融サービスやバ
リューチェーン及び市場への統合へのアクセスを拡大する。

④ 資源利用効率の向上とクリーン技術及び環境に配慮した技術・産業プロセ
スの導入拡大を通じたインフラ改良や産業改善により，持続可能性を向上さ
せる。すべての国々は各国の能力に応じた取組をおこなう。

⑤　イノベーションの促進や研究開発従事者の大幅な増加，官民研究開発の支出拡大など，開発途上国を含むすべての国々の産業セクターにおける科学研究を促進し，技術能力を向上させる。

3−10　不平等の是正

目標10　各国内及び各国間の不平等を是正する。

①　各国の所得下位40％の所得成長率について，国内平均を上回る数値を漸進的に達成し，持続させる。

②　年齢，性別，障害，人種，民族，出自，宗教，あるいは経済的地位その他の状況に関わりなく，すべての人々の能力強化及び社会的，経済的及び政治的な包含を促進する。

③　差別的な法律，政策及び慣行の撤廃，適切な関連法規，政策，行動の促進などを通じて，機会均等を確保し，成果の不平等を是正する。

④　税制，賃金，社会保障政策などの政策を導入し，平等の拡大を漸進的に達成する。

⑤　世界金融市場と金融機関に対する規制とモニタリングを改善し，規制を強化する。

⑥　地球規模の国際経済・金融制度の意思決定における開発途上国の参加や発言力を拡大させることにより，効果的で，信用力，説明責任のある制度を実現する。

⑦　計画や管理された移住政策の実施などを通じて，秩序のとれた，安全で規則的かつ責任ある移住や流動性を促進する。

⑧　WTO（世界貿易機関）協定に従い，開発途上国，特に後発開発途上国に対する特別かつ異なる待遇の原則を実施する。

⑨　各国の国家計画やプログラムに従って，開発途上国への，政府開発援助（ODA）及び海外直接投資を含む資金の流入を促進する。

3-11　安全・強靭で持続可能な都市及び人間居住

> **目標11　包摂的で安全かつ強靭で持続可能な都市及び人間居住を実現する。**

① 適切・安全・安価な住宅及び基本的サービスへのアクセスを確保し，スラムを改善する。

② 公共交通機関の拡大などを通じた交通の改善により，安全かつ安価で容易に利用できる，持続可能な輸送システムへのアクセスを提供する。

③ 包摂的かつ持続可能な都市化を促進し，参加型，包摂的かつ持続可能な人間居住計画・管理の能力を強化する。

④ 世界の文化遺産及び自然遺産の保護・保全の努力を強化する。

⑤ 水関連災害などの災害による被災者数を大幅に削減する。

⑥ 大気の質及び廃棄物の管理などに特別な注意を払い，都市の環境上の悪影響を軽減する。

⑦ 安全で包摂的かつ利用が容易な緑地や公共スペースへの普遍的アクセスを提供する。

⑧ 各国・地域規模の開発計画の強化を通じて，経済，社会，環境面における都市部，都市周辺部及び農村部間の良好なつながりを支援する。

⑨ 資源効率，気候変動の緩和と適応，災害に対する強靭さを目指す総合的政策及び計画により，災害リスク管理の策定と実施をおこなう。

3-12　持続可能な生産消費形態

> **目標12　持続可能な生産消費形態を確保する。**

① 開発途上途上国の開発状況や能力を勘案し，持続可能な消費と生産に関する10年計画枠組みを実施し，先進国主導の下，すべての国々が対策を講じる。

② 天然資源の持続可能な管理及び効率的な利用を達成する。

③ 2030年までに小売・消費レベルにおける世界全体の1人当たりの食料の廃

棄を半減させ，生産・サプライチェーンにおける食料の損失を減少させる。

④　合意された国際的な枠組みに従い，環境上適正な化学物資やすべての廃棄物の管理を実現し，人の健康や環境への悪影響を最小化するため，化学物質や廃棄物の大気，水，土壌への放出を大幅に削減する。

⑤　廃棄物の発生防止，削減，再生利用及び再利用により，廃棄物の発生を大幅に削減する。

⑥　特に大企業や多国籍企業などの企業に対し，持続可能な取り組みを導入し，持続可能性に関する情報を定期報告に盛り込むよう奨励する。

３−13　気候変動への対策

> 目標13　気候変動及びその影響を軽減するための緊急対策を講じる。

①　すべての国々において，気候関連災害や自然災害に対する強靱性・適応力を強化する。

②　気候変動対策を国別の政策，戦略及び計画に盛り込む。

③　気候変動の緩和，適応，影響軽減及び早期警戒に関する教育，啓発，人的能力及び制度機能を改善する。

３−14　持続可能な海洋・海洋資源

> 目標14　持続可能な開発のために海洋・海洋資源を保全し，持続可能な形で利用する。

①　海洋堆積物や富栄養化，陸上活動による汚染など，海洋汚染を防止し，大幅に削減する。

②　海洋及び沿岸の生態系への悪影響の回避のため，持続的な管理と保護をおこない，海洋及び沿岸の生態系の回復のための取組をおこなう。

③　科学的協力の促進などを通じて，海洋酸性化の影響を最小限化し，対処する。

④　水産を，各資源の生物学的特性による最大持続生産量のレベルまで回復させるため，漁獲を効果的に規制し，過剰漁業や違法・無報告・無規制漁業及び破壊的な漁業慣行を終わらせ，科学的な管理計画を実施する。

３－15　陸域生態系，森林，土地，生物多様性の損失の阻止

> 目標15　陸域生態系の保護，回復，持続可能な利用の推進，持続可能な森林の経営，砂漠化への対処，ならびに土地の劣化の阻止・回復及び生物多様性の損失を阻止する。

①　森林，湿地，山地，乾燥地などの陸域生態系と内陸淡水生態系の保全，回復及び持続可能な利用を確保する。

②　森林の持続可能な経営の実施を促進し，森林減少を阻止し，劣化した森林を回復し，世界全体で新規植林及び再植林を大幅に増加させる。

③　土地の砂漠化に対処し，劣化した土地と土壌を回復させる。

④　生物多様性を含む山地生態系の保全を確実におこなう。

⑤　自然生息地の劣化を抑制し，生物多様性の損失を阻止し，絶滅危惧種を保護し，また絶滅防止するための対策を講じる。

⑥　遺伝資源の利用から生ずる利益の公正かつ衡平な配分を推進するとともに，遺伝資源への適切なアクセスを推進する。

⑦　保護対象の動植物種の密猟及び違法取引を撲滅するための対策を講じる。

⑧　外来種の侵入の防止や駆除をおこなう。

３－16　持続可能な開発のための平和な社会と構築と制度の確立

> 目標16　持続可能な開発のための平和で包摂的な社会を促進し，すべての人々に司法へのアクセスを提供し，あらゆるレベルにおいて効果的で説明責任のある包摂的な制度を構築する。

①　暴力及び暴力に関連する死亡率を大幅に減少させる。

② 子供に対する虐待，搾取，取引及びあらゆる形態の暴力及び拷問を撲滅する。

③ 国家及び国際的なレベルでの法の支配を促進し，すべての人々に司法への平等なアクセスを提供する。

④ 違法な資金及び武器の取引を大幅に減少させ，奪われた財産の回復及び返還を強化し，組織犯罪を根絶する。

⑤ 汚職や贈賄を大幅に減少させる。

⑥ 有効で説明責任のある透明性の高い公共機関を発展させる。

⑦ 対応的，包摂的，参加型及び代表的な意思決定を確保する。

⑧ グローバル・ガバナンス機関への開発途上国の参加を拡大・強化する。

⑨ すべての人々に出生登録を含む法的な身分証明を提供する。

⑩ 国内法規及び国際協定に従い，情報への公共アクセスを確保し，基本的自由を保障する。

⑪ 特に開発途上国において，暴力の防止とテロリズム・犯罪の撲滅に関するあらゆるレベルでの能力構築のため，国際協力などを通じて関連国家機関を強化する。

⑫ 持続可能な開発のための非差別的な法規及び政策を推進し，実施する。

3−17　グローバル・パートナーシップの活性化

目標17　持続可能な開発のための実施手段を強化し，グローバル・パートナーシップを活性化する。

① 課税・徴税能力の向上のため，開発途上国への国際的な支援なども通じて，国内資源の動員を強化する。

② 先進国は，開発途上国に対するODA（政府開発援助）をGNI比0.7％に，後発開発途上国に対するODAをGNI比0.15〜0.20％にするという目標を達成する。

③ 複数の財源から，開発途上国のための追加的資金源を動員する。

④　資金調達，債務救済などを目的とした協調的な政策により，開発途上国の長期的な債務の持続可能性の実現を支する。

⑤　後発開発途上国のための投資促進枠組みを導入及び実施する。

技　　術

⑥　科学技術イノベーションに関する南北協力，南南協力及び地域的・国際的な協力関係を向上させる。また，国連レベルや全世界的な技術促進メカニズムなどを通じて，相互に合意した条件において知識共有を進める。

⑦　開発途上国に対し，譲許的・特恵的条件などの相互に合意した有利な条件の下で，環境に配慮した技術の開発，移転，普及及び拡散を促進する。

貿　　易

⑧　WTO（世界貿易機関）のルールに基づいた，差別的でない，公平な多角的貿易体制を促進する。

⑨　開発途上国による輸出を大幅に増加させる。

⑩　WTO（世界貿易機関）の決定に矛盾しない形で，すべての後発開発途上国に対し，永続的な無税・無枠の市場アクセスを実施する。

体　制　面

⑪　政策協調や政策の首尾一貫性などを通じて，世界的なマクロ経済の安定を促進する。

⑫　貧困撲滅と持続可能な開発のための政策の確立・実施にあたっては，各国の政策及びリーダーシップを尊重する。

第4節　SDGsと企業経営行動

4－1　SDGsの目指すべきビジョン

以上みてきたように，SDGsは，世界の持続可能な開発に関して，先進諸国のみならず**発展途上国の開発政策**に重点を置いていると言える。

SDGsは，世界の開発戦略，環境問題，国家政策，企業経営，社会政策などの関しても提言を提示している。

　SDGsでは，**目指すべき世界像のビジョン**として以下3つを掲げている。

　第1は，世界中すべての**人間の基本的な生存権の確保**である。貧困，飢餓，病気，欠乏からの自由，恐怖と暴力からの自由，教育，保健医療，社会保護を受けられること，身体的，精神的，社会的福祉の保障，安全な飲料水と衛生，衛生状態の改善，食料と住居の確保，などである。

　このようなすべての人間の基本的な生存権は，発展途上国のみならず，先進国においても大きな問題であり，将来の課題でもあろう。先進国における，貧富の格差の拡大，所得格差の拡大，貧困層の拡大，社会保険の不備，治安の悪化などは，SDGsにおいても大きな改善目標である。

　企業経営においては，本国や進出国において，このような人間の基本的な生存権を確保し，向上させるという大きな**企業の社会的責任**があるであろう。具体的には，雇用の維持と拡大，賃金の向上，企業内福利，企業内教育の促進などがあろう。また，発展途上国への国際経営戦略においては，貧困層をターゲットとした**BOP (Base Of the Economic Pyramid) ビジネス**も必要となるかもしれない。

　第2は，世界のすべての国，人間が，**人権，民主主義，平等，平和などを実現**することである。すなわち，人の尊厳，法の支配，正義，人種・民族・文化的な多様性の尊重，などを実現する世界である。

　企業経営においては，特に海外の進出国において，このような理念を実現するような施策が必要であろう。具体的には，民族・男女などによる差別がないこと，あらゆる賄賂をなくすこと，法の順守，適切なグッド・ガバナンス，労働条件の向上，労働者の人権の尊重，働きがいのある人間らしい仕事の享受，などがあろう。

　第3は，**地球規模の環境問題と経済成長の両立**できる世界の実現である。持続可能な経済成長と地球の環境の保全の両立である。空気，土地，河川，海洋などのすべての天然資源の利用が持続可能である環境の実現である。生物多様性を尊重し，人類が自然と調和し，野生動植物その他の種が保護される世界である。

　企業経営においては，この環境問題への取り組みがSDGsにおいて最も重要な課題であろう。地球温暖化，大気汚染，産業廃棄物，食糧の廃棄，河川，海洋資源，森林，野生動物，感染症，農業，エネルギー，などへの対応，などがあろう。

　以上のように，SDGsは，将来，地球上のすべての国は，社会，経済，環境という3つの側面が調和されている世界をビジョンとしている。

4－2　SDGsでの企業の地球規模の環境問題への対応

　SDGsでは，人類のこれからの**環境問題への対応に関して提言**している。この環境問題への対応の中で，企業経営に関連する内容について考察してみよう。

4－2－1　省エネルギー

　SDGsの目標7では，世界の**エネルギーの省エネ化**について提言している。具体的には，再生可能エネルギーの拡大，エネルギー効率の改善，クリーンエネルギーの促進などを挙げ，そのための国際協力の強化，クリーンエネルギー技術への投資の促進，を求めている。

　企業経営においては，より一層の省エネ化への取り組みが必要であろう。電気自動車・水素自動車の代表されるような，省エネ製品の開発・販売，工場設備・製造設備の省エネ化，発電などエネルギー供給の省エネ化，太陽光発電，風力発電，地熱発電などのクリーンエネルギー，などに関する企業の研究開発の促進，実用化，製品開発が必要であろう。

4－2－2　廃棄物の削減

　SDGsの目標12では，世界の**廃棄物の削減**について提言している。2030年までに小売・消費レベルにおける世界全体の1人当たりの食料の廃棄を半減させ，生産・サプライチェーンにおける食料の損失を減少させる，という目標を掲げている。また，化学物質や廃棄物の大気，水，土壌への放出の大幅な削減，また廃棄物の発生防止，削減，再生利用及び再利用により，廃棄物の発生の大幅

な削減，を掲げている。さらに，特に大企業や多国籍企業などの企業に対して，持続可能な取り組みを導入し，持続可能性に関する情報を定期報告に盛り込むよう奨励する，としている。

　企業経営においては，工業では，工場排出物，大気汚染，CO_2などの削減，産業排水の規制，産業廃棄物の削減，廃棄物の再生利用，などが必要であろう。また，コンビニ，スーパーなどの小売りでは，食品廃棄の削減，なども重要であろう。いずれにしても，企業経営においては，より一層の廃棄物の削減への取り組みが大きな課題であろう。

４−２−３　海洋汚染の防止と海洋資源の保護

　SDGsの目標14では，**海洋汚染の防止と海洋資源の保護**について以下を提言している。海洋堆積物や陸上活動による汚染など，海洋汚染を防止し，大幅に削減すること。海洋の生態系への持続的な管理と保護をおこない，海洋の生態系の回復のための取組をおこなうこと。漁獲や過剰漁業の規制により，科学的な水産管理を実施すること。

　企業経営においては，海洋汚染の防止，生態系・海洋資源の保護，などの取り組みが必要であろう。近年，ペットボトルや廃棄物による海洋汚染が大きな問題となっていることから，**ペットボトルのリサイクルや回収**などを通じて，海洋汚染を防止する施策も必要であろう。また，水産業においては，漁業資源の生物学的な特性による**科学的な水産管理**への取り組みも課題であろう。

４−２−４　産業化の促進及びイノベーションの推進

　SDGsの目標９では，**インフラの構築，産業化の促進及びイノベーションの推進**に関するを提言をしている。持続可能な産業化を促進し，産業セクターの割合を大幅に増加させ，後発開発途上国については同割合を倍増させること。特に開発途上国の企業への，安価な資金貸付などの金融サービスなど拡大すること。資源利用効率の向上とクリーン技術及び環境に配慮した技術・産業プロセスの導入を拡大すること。イノベーションの促進や研究開発従事者の大幅な

増加，官民研究開発の支出拡大などで科学研究を促進すること。

　企業経営においては，企業は経済の主要な担い手であることから，産業化，インフラ構築，イノベーションや研究開発の促進，などにおいて重要な存在であることから，それらへの取り組みが必要であろう。

４−２−５　SDGsでの企業の貿易と投資の促進

　SDGsの目標17では，**貿易と投資の促進**について以下を提言している。

　WTOのルールに基づいた，差別的でない，公平な多角的貿易体制を促進すること。開発途上国による輸出を大幅に増加させること。WTO（世界貿易機関）の決定に矛盾しない形で，すべての後発開発途上国に対し，永続的な無税・無枠の市場アクセスを実施するすること。また，企業の海外投資に関しては，後発開発途上国のための投資促進枠組みを導入及び実施すること。開発途上国に対し，譲許的・特恵的条件などの相互に合意した有利な条件の下で，環境に配慮した技術の開発，移転，普及及び拡散を促進すること。

　企業経営においては，以上のような開発途上国を含めた世界の国際貿易と海外投資の促進に関して提言している。SDGsのその基本的考え方は，ドーハ開発ラウンドに従い，**後発発展途上国を配慮した形での自由貿易・投資促進**であると言える。

４−２−６　SDGsでの企業の雇用と平等

　SDGsの目標17では，**企業の雇用と平等**について以下を提言している。

　ジェンダーの平等に関しては，目標５において，ジェンダー平等を達成すること。**働きがいのある人間らしい雇用（ディーセント・ワーク）の促進**に関しては，目標８では，包摂的かつ持続可能な経済成長及びすべての人々の完全かつ生産的な雇用と働きがいのある人間らしい雇用（ディーセント・ワーク）を促進すること。若者や障害者を含むすべての男性及び女性の，完全かつ生産的な雇用及び働きがいのある人間らしい仕事，ならびに**同一労働同一賃金**を達成すること。就労，就学及び職業訓練のいずれもおこなっていない若者の割合を大幅

に減らすこと。**強制労働**を根絶し，現代の奴隷制，**人身売買**を終らせるための措置の実施，児童労働の禁止及び撲滅を確保すること。**移住労働者**，特に女性の移住労働者や不安定な雇用状態にある労働者など，すべての労働者の権利を保護し，安全・安心な労働環境を促進すること。以上などを提言している。

また，**不平等の是正**に関して目標10において，各国の所得下位40％の所得成長率について，国内平均を上回る数値を漸進的に達成させること，税制，賃金，社会保障政策などの政策を導入し，平等の拡大を漸進的に達成すること，計画や管理された移住政策の実施などを通じて，移住や流動性を促進すること，などを提言している。

企業経営においては，**雇用と平等**に関して提言している。ジェンダー平等，働きがいのある人間らしい雇用の促進，同一労働同一賃金の達成，職業訓練，移住労働者の権利保護，不安定な雇用状態にある労働者などの権利を保護し，安全・安心な労働環境の促進，などである。これらは，日本企業において将来の課題であろう。また，先進国を含む地球的規模での重要な問題である**格差の問題**についても触れている。具体的には，下位階層の所得の向上政策，税制・賃金・社会保障政策，などによる格差の是正政策を提言している。

おわりに

第1は，SDGsは正式には，2015年国連で採択されて「我々の世界を変革する：持続可能な開発のための2030アジェンダ」であるが，地球における持続可能な開発目標に関して，**発展途上国の開発政策に重点**が置かれていることである。多くの目標は，発展途上国，後発開発途上国の開発政策に関するものである。しかし，その内容は，地球規模での環境問題，生態系の維持，廃棄物の削減，自由貿易，海外投資，インフラ構築，省エネ，産業化，研究開発，イノベーション，発展途上国への援助・支援，海洋汚染，海洋資源保護，など先進国にとっても重要な課題が提言されている。SDGsは，発展途上国の開発政策に主眼を置きながらも，**地球的規模での持続可能な開発に関するアジェンダ**

（戦略・行動計画）であると言えよう。

　第2は，**環境問題以外に多様な提言**がされていることである。SDGsという
と地球環境問題の解決という見方が社会で一般的であるが，実は，SDGsは多
様な分野でのアジェンダである。法の順守，適切なグッド・ガバナンス，賄賂
の禁止などの公正な社会の構築，ジェンダーの平等，労働条件の向上，労働者
の人権の尊重，働きがいのある人間らしい仕事の享受などの労働問題，不平等
の格差の是正，教育，社会福祉，貧困，発展途上国に対する援助・支援，など
多岐にわたっている。その意味で，SDGsは，世界のすべての国々の将来の社
会・経済のありかたに関するアジェンダ（戦略・行動計画）でもある。その目標
は，**公正，平等，自由，人権の尊重，平和，貧困の撲滅，**などの社会の実現を
目指していると言えよう。

　第3は，SDGsは**具体的な達成目標が示されている**ことである。企業経営に
とって具体的な達成目標の事例としては，2015年から2030年までに小売・消費
レベルにおける世界全体の1人当たりの食料の廃棄を半減させ，**生産・サプラ
イチェーンにおける食料の損失を減少させる**（目標12），がある。その目標の達
成にむけて，日本企業，特に流通業などは，あらゆる施策を講じて，食料の廃
棄への取り組みをおこなうべきであろう。

　第4は，SDGsは発展途上国の開発政策のみならず，**先進国に対しても有益
な提言**がなされていることである。企業経営においては，**雇用と平等**に関して
提言している。ジェンダー平等，働きがいのある人間らしい雇用（ディーセン
ト・ワーク）の促進，同一労働同一賃金の達成，職業訓練，移住労働者の権利
保護，不安定な雇用状態の労働者の権利保護，などである。これらの雇用と平
等は，日本企業においても将来の重要な課題である。特に，**働きがいとしての
ディーセント・ワークの促進**は，日本企業の将来の人事戦略の核心であろう。
また，先進国を含む地球的規模での格差の是正についても提言している。**格差
の問題**については，アメリカや日本などの先進諸国で所得格差の拡大などの社
会的問題が生じており，その格差の是正が将来の重要な課題である。日本企業
の将来の経営においても，人間らしい暮らしをするための賃金水準，所得・身

分などの公正な待遇の促進，企業内における過度な賃金格差の是正，などが必要であろう。

　第5は，SDGsは**企業の新たなビジネスチャンス**であることである。省エネルギー技術の開発や製品化，資源のリサイクル，クリーン技術，環境に配慮した技術・製品など，企業の新たな大きなビジネスが生まれる可能性がある。さらに，SDGsは，イノベーションや科学研究を促進することができるかもしれない。

　第6は，SDGsは**地球規模の環境問題と経済成長を両立できる世界の実現**を目指していることである。世界の国々で貧困をなくし，人間らしい暮らしをする社会などを構築するための経済成長，および地球的希望の持続可能な環境問題への解決を模索するというのが，SDGsのアジェンダ（戦略・行動計画）である。そのためには，日本を含む，先進諸国の企業の今後の経営行動は，重要な役割を担うと言えよう。

　SDGsは，将来・未来の地球上の人類の行動指針のみならず，企業経営の将来・未来の重要な基盤戦略であろう。

〔参考文献〕

外務省仮訳（2015）『第70回国連総会採択「我々の世界を変革する：持続可能な開発のための2030アジェンダ」外務省ホームページ。

村上芽・渡辺珠子（2019）『SDGs入門』日本経済新聞社。

丹野勲（2010）『アジアフロンティア地域の制度と国際経営―CLMVT（カンボジア，ラオス，ミャンマー，ベトナム，タイ）と中国の制度と経営環境―』文眞堂。

丹野勲（2012）『日本的労働制度の歴史と戦略―江戸時代の奉公人制度から現代までの日本的雇用慣行―』泉文堂。

丹野勲（2017）『日本企業の東南アジア進出のルーツと戦略―戦前期南洋での国際経営と日本人移民の歴史―』同文舘。

丹野勲（2021）『日本の国際経営の歴史と将来―アジアとの交易・投資の通史と国際交流―』創成社。

索　引

(A〜Z)

AFTA（アセアン自由貿易地域）
　　　　　　　　　　5,10,65,235
ASEAN（アセアン：東南アジア
　諸国連合）　　　　　　　　 65
ASEAN（東南アジア諸国連合）
　　　　　　　　　 5,10,235,227
BOP（Base Of the Pyramid）
　ビジネス　　　　　　　　 265
EC（電子商取引）企業　　　 173
EPA（経済連携協定）　　　 5,10
EU（欧州連合）　　　　　 5,7,10
FTA（自由貿易協定）　　　 5,10
GAFA　　　　　　　　　　 154
IFRS（国際会計基準）　　　　 3
ILO（国際労働機関）　 3,10,32,54
IMF　　　　　　　　　　　 10
ISO（国際標準化機構）　　　　 3
IT（InformationTechnology）　 54
LBO（レバレッジド・バイアウト：
　Leveraged Buy Out）　　　 121
M&A（合併と買収）
　　　 26,121,126,176,178,196,
　　　　　　 199,203,221,222
Made in Japan　　　　　　 234
MBO（Management Buy-Out）　 121
NGO（Non-Government Orgnization）
　　　　　　　　　　 139,144
NIEs諸国（台湾，韓国，
　シンガポール，香港）　　　 227

NPO法人　　　 129,139,143,144
ODA（政府開発援助）　　　 263
ODM（Original Design
　Manufacturing）　　　　　 217
OECDコーポレート
　（ガバナンス）原理　　　 3,157
OEM　　　 199,210,213,214,215,
　　　　　 216,217,221,244
PLCモデル　　　 226,227,228,229
POP広告　　　　　　　 161,172
RCEP（地域的な包括的経済連携）　6,10
SDGs（持続可能な開発目標）
　　　 3,31,33,43,44,126,144,
　　　　 158,162,164,243,245,
　　　　 252,269,270,271
TOB（株式の公開買付け）　 120,201,202
TPP（環太平洋
　パートナーシップ協定）　　 10
WTO（国際貿易機関）　　 3,10,32,236,
　　　　　　 259,264,268

(あ)

アジアの多国籍企業　　　　 86,223
アフター・コロナ時代の国際経営　　 244
アメリカ型経営（モデル）　　 7,26,27
アメリカのコーポレート
　ガバナンス（企業統治）　　 149
アルバート（M. Albert（1991））　　 26
アングロ・サクソン型
　資本主義モデル　　　　　　 24

アングロサクソン型
　コーポレートガバナンス ············· 157
アングロサクソンモデル ········· 110,150
アンゾフ（Ansof H. I.）················ 159
安定株主 ·······················114,153,206
アンブル（Amable B.（2003））········ 24

（い）

委員会設置会社 ·········· 107,109,110,152
イギリス東印度会社 ·················· 97
威光価格法 ······················· 169
意思決定 ······················ 47,52
イスラム教 ······················· 45
委託加工（貿易）···· 199,210,218,221,244
一般財団法人（人）················· 138
稲作（社会・文化）······· 41,79,80,81,82
イノベーション ···············259,264,267,
268,269,271
移民 ····················· 56,57,69,224
インフォーマルな制度
　（ルール）·················· 5,9,10,16

（う）

ウィリアムソン（Williamson,O. E.）
·················· 14,15,17,230
内国債 ························ 123

（お）

大株主 ······················ 148,149
オープン価格 ······················ 169
大部屋制 ························ 73
オプション製品価格戦略 ················ 171
親会社 ······················· 100
オランダ東インド会社 ···········97,105

卸売 ························ 173

（か）

海外企業の買収 ···············203,221,243
海外子会社 ··················· 17,32,244
海外生産 ····················· 180,228
海外直接投資 ········32,208,214,227,232,
239,244,259
会計監査人 ······················· 107
外国会社 ························ 100
外国債 ························ 123
外国人労働者 ··················· 56,224
外資系企業 ··················· 101,118
外資導入政策 ······················· 10
会社 ························ 92,94
会社制度 ······················ 91,126
会社法 ··················· 10,19,91,94
海洋汚染（の防止と
　海洋資源の保護）············· 174,267,269
価格カルテル ······················· 156
価格競争 ··················· 160,170,195,229
価格戦略 ··················· 167,195
価格弾力性 ························ 225
華僑（華人）················· 65,66,67
華僑・華人（系）企業 ····· 49,66,85,148,
158,239
格差 ··················· 44,56,269,270
拡散（多様性）···········31,32,33,35
額面株式 ························ 111
寡占（oligopoly）··············· 147,153
家族経営法人 ······················ 140
家族支配（の企業）················· 49,158
家族主義 ··················· 38,49,69,72,84
家族制度 ··················· 9,10,47,69,82

価値観（規範）……………………5,10
合併 …………………… 108,155,199,200
カテゴリーブランド …………………… 166
株価収益率（PER）………………… 124
株式（stock）…………………… 98,111,124
株式会社……………6,52,92,93,94,97,
98,103,105,106,
122,126,129,143
株式会社制度 ………… 91,104,106,125
株式会社の機関 ………………… 107
株式市場………………158,201,242
株式所有の分散
（による大株主の減少）………… 148,149
株式の公開買付け
（TOB：TakeOver Bid）…………… 120
株式（の相互）持ち合い ……………… 153
株式の売買単位の引き下げ ………… 206
株式の分割 ………………… 109,206
株式の分散 ……………………… 51
株式の劣後性 …………………… 111
株式（の相互）持ち合い ……………… 153
株主 ………………… 104,106,111,117
株主主権論（主義）………… 104,125,126
株主総会 ……… 107,109,111,112,113,
147,149,152,157
株主の権利 ………………………… 111
株主割当て（による増資）……… 113,114
カルテル（kartell）…………147,153,154,
156,157
川上方向
（での垂直的統合）…… 17,178,204,236
川下方向（での垂直的統合）… 17,178,204
官営鉱山（工場，事業）…… 92,97,103,129
官公庁企業 ………………………… 130

雁行発展モデル（理論）………………… 227
監査委員会 ……………… 110,147,150,152
監査役（会）…………… 107,108,110,147,
148,150,152,157
慣習価格法 ………………………… 169
関税 …………………………… 56
関税障壁 ………………………… 226
関税付与 ………………………… 17,230
間接金融 ………………………… 124
完全子会社 ………………… 100,101
完全無議決権株式 ………………… 112
官僚（制論）…………………… 10,13,38
関連会社 …………………… 10,17,178,182

（き）

飢餓 ………………… 251,252,253,265
規格標準 ………………………… 10
機関投資家 ……… 24,51,118,126,150,153
企業形態 ………………… 92,93,95,104
企業結合 ………………………… 153,154
企業制度 …… 5,9,10,11,17,57,92,104,105
企業組織 ………………………… 22,54
企業内取引価格 …………………… 17
企業の競争優位 ………………… 222,233
企業の経営資源の国際比較優位性を
重視した国際経営理論 ………… 223,230
企業の国際化 ………………… 56,57,224
企業の差別化 ……………………… 180
企業の社会的責任 ………………… 265
企業の所有と経営が一致 ………… 95,96
企業の比較制度優位（corporate
institutional advantage）………… 21
企業買収 ……………… 112,174,178,221
企業文化（戦略）…… 10,159,192,196,203

企業別組合 ……………………………… 73
議決権 ……………………………… 111,116
議決権制限株式 ………………… 111,112
技術開発（の高度化）………… 181,213
技術関連型M&A ………………………… 204
技術関連多角化 ………… 164,175,196
技術の差別化 …………………………… 180
技術の標準化 ………………… 225,229
技術流出 ……………………………… 71,72
規制緩和 ……………………………… 9,26
規模の利益
　（スケールメリット）……… 153,170,221
基本技術の標準化 ………………… 225,226
基本経営戦略 ………………… 159,195
逆U字仮説 ………………………………… 43
キャプティブ価格戦略 ………………… 171
吸収合併 ……………………………… 200
業界標準・規格標準化 ………… 211,216
業績主義（Achivement）……… 36,37,38,
　　　　　　　　　　　　　　39,40,41
業績主義（優位）の価値観 …… 37,38,84
競争価格法 ……………………………… 170
競争志向価格設定 ………………… 167,169
競争と協調 ………………………… 220,221
競争優位（性）…… 195,230,231,232,233
共通文化・価値構造 …………………… 36
共同企業 ………… 52,92,93,94,129,143
共同技術 ……………………………… 199
共同技術・製品開発 ………… 210,212
共同組合 ……………………………… 134
協同組合 ………… 6,52,93,112,126,129,
　　　　　　　　131,132,135,143,145,
　　　　　　　　146,148
漁業協同組合 ………………… 135,136

銀行ベース型金融システム
　………………25,28,29,32,33,35,40,
　　　　　　　41,42,43,44,47,48,
　　　　　　　52,53,54,57,68,70
近代化理論（モダン）………27,30,31,55
近代化理論（モダン）と
　国際・歴史比較経営モデル ………… 27
近代化理論（モダン）と収斂仮説 …3,27
近代化理論（モダン）と
　ポストモダン ………………………… 30
均分相続（制）………………… 49,50,83
金融機関 ………………… 104,153,206,242
金融機関からの融資（借入）…… 121,124

〈く〉

組合（契約）………………………92,101
クリーンエネルギー ……………… 257,266
グループ会社 ……………………………… 182
クローチとストリーク
　（Crouch C. & Streek W.（1997））…… 22
グローバル・スタンダード …………… 32
グローバルスタンダード ………………… 3
グローバルなM&A（合併と買収）
　………………………………… 26,221
グローバル標準 ………………………… 10
クロス・ライセンシング契約 ……… 212

〈け〉

経営（執行）委員会
　（executive committee）…………… 149
経営資源 …… 188,214,224,231,233,240
経営者支配 ………………… 148,158
経営戦略 ……………………………… 6,159
経営組織論 ……………………………… 52

経験曲線 ……………………………… 185
経済格差 ……………………………… 224
経済システムの多様性 ………………… 18
経済制度 ………………………… 9,10,11
経済発展（論）………… 18,103,130,224
契約 ……………… 9,10,101,183,199
契約生産（contract manufacturing）
　………………… 199,210,213,214,221
系列会社 …………………… 10,52,178,182
原価志向価格設定 ………………… 167,168
研究開発 ……… 177,210,213,233,268,269
原材料・部品の垂直的統合戦略 ……… 180
原材料コスト削減型 ………………… 234
現地市場型（直接投資）………… 223,233
権力の格差（Power Distance）
　………… 36,42,43,44,45,46,47,68,85

（こ）

コア・コンピタンス
　（core competence）…………… 21,187
公営・公有企業 …………… 93,102,103
公益財団法人 ………………………… 138
公益法人 …………… 52,129,138,143,144
公開会社 …………… 98,99,100,106,107,
　　　　　　　　111,113,114,206
公開買い付け（TOB）………………… 112
公企業 ……… 6,92,93,102,104,129,143
公企業の民営化 ………………… 103,104,125
工業化 ………………………… 27,28
広告・販売促進政策 ………… 160,161,195
合資会社 ……… 92,93,94,96,97,122,129
公私混合企業 ………………………… 93,131
交渉（negotiation）………………… 14
公正取引委員会 ………………… 154,157

合同会社 ………… 92,93,94,98,103,112,
　　　　　　　　122,126,129,153
合弁（会社）………… 67,101,199,208
合弁企業（joint venture）
　………… 70,119,174,207,208,209,240
後方垂直統合 ……………………… 204
公募（増資）………………… 115,118
合名会社 ……… 92,93,94,95,97,122,129
コース（Coase R）………………… 14,15
コーポレート（企業）ブランド ……… 166
コーポレート・アイデンティティー
　（Cl：Corporate Identity）
　………………………192,194,195
コーポレートガバナンス
　（Corporate Governance）
　… 6,9,10,12,21,24,33,84,147,157,158
コーポレート（企業）ブランド ……… 165
コーリン・クラークの法則 …………… 28
ゴールデン・パラシュート …………… 206
子会社 ………………… 10,17,52,100
国営・国有企業 …………… 93,102,103
国際・歴史比較経営モデル ……… 3,34,35
国際共同組合同盟
　（ICA：International Cooperative
　Aliance）………………… 131,133,145
国際戦略提携 ……………………… 244
国際的M&A ………………………… 200
国際的資源移転論 ………………… 223
国際比較経営 ………… 4,7,8,27,56,66
国際比較経営モデル ……… 31,32,33,34
国際標準・基準 ……………………… 10
国有・公有企業の民営化 …………… 148
個人主義 ………… 36,41,42,78,92,
　　　　　　　　93,94,129,143

コストのリーダーシップ ……………… 185
コストプラス法 …………………… 168
コスト優位 …………………… 226,234
個別主義」(Particularism) …… 36,39,40,
41,49,68
個別ブランド (戦略) ………………… 165
コモディティ化
(汎用品化:Commodity) ……… 3,213
固有文化・価値構造 ………………… 36
コリスとモンゴメリーによる
3つの価値創造の経営資源 ……… 189
コングロマリット … 71,72,175,178,196,
204,205,223,239
コンソーシアム
(consortium) …… 164,199,210,220,244
コンメンダ (commenda) …………… 96

(さ)

サービス産業の海外直接投資 …… 234,236
サービス貿易 ……………………… 56
最高経営責任者 (CEO:
Chief Executive Officer) ………… 149
財団 ………………………… 94,138
最低資本金制度 …………………… 106
最適基準 (最適化) ………………… 14
財閥 ……………………… 51,52,92
財務指標 …………………………… 124
債務不履行 (デフォルト) …………… 122
サイモン ………………………… 14
サプライチェーン …………… 56,178
差別化 …………………… 191,238
差別価格法 ………………………… 168
差別化戦略 ………………… 185,195

3委員会 (指名委員会,監査委員会,
報酬委員会) ……………… 107,110
産業化 (Industrialization)
…………… 27,28,29,30,37,41,43,51,
54,55,85,158,268,269
産業組合 (法) …………………… 135
産業資本 …………………… 52,91
産業資本家的経営行動
(体質) ……………… 52,70,71,86
産業廃棄物 …………………… 266,267

(し)

時価発行 ……………… 115,117,118
私企業 (民間企業) ………………… 93
事業協同組合 …………… 135,136,137
事業譲渡による買収 ……… 199,201,202
事業の選択と集中 ………………… 187
事業買収 …………………… 174,221
資金調達 ……………… 106,116,123
資源開発 (型海外直接投資) …… 223,236
資源の希少性 (resources rarity) …… 190
資源ベースの経営戦略論 …… 159,188,190
自己株式 (の取得) ………… 108,116,126
自己資金 …………………………… 121
自己資本 ……………… 111,116,123
自己資本比率 …………………… 124
自己資本利益率 (ROE) …………… 124
自社株買い …………………… 206
市場開発戦略 ……………… 159,160,162
市場関連型M&A ………… 204,205
市場細分化戦略 ……………… 160,161
市場シェア (市場占有率) ……… 153,160,
170,191
市場浸透戦略 ………… 159,160,161,162

市場創造・新ビジネスモデル戦略
　　　　……………………………… 159,164
市場の不確実性 …………………………… 230
自然人 …………………………………… 94
持続可能な開発目標（SDGs：
　Sustainable Development Goals）…… 55
持続可能な海洋・海洋資源 …………… 261
下請会社 ……………………………… 10,182
執行（enforcement）…………10,11,14,86
執行委員会 …………………………… 110,157
執行費用 ……………………………… 14,15
執行役（会）………………… 109,110,152
実勢価格法 ………………………………… 169
シナジー …………………………… 164,177,200
資本 ………………… 111,123,223,224
資本集約的 ……………………………… 229,234
資本主義の多様性 ……………… 12,21,22
資本提携 ………………………………… 209
資本の証券化 ………………… 98,105,125
指名委員会 …………………………… 110,150,152
社員 ………………………………… 98,99,106
社外（外部）監査役 …………… 110,148
社会規範 …………………………………… 5,9,10
社会制度 ……………………………… 5,9,10,11
社会的平等 ………………………………… 43,85
社外取締役 ………… 109,110,149,152,157
社債 ………………… 121,122,123,124
社団（法人）……………………………… 94,138
社長 …………………………………… 108,109
社内（内部）取締役 …………… 148,149
宗教 ……………………………… 5,10,35,44
従業員持株会（制度）…………… 116,206
宗教と権力の格差 ……………………… 44
終身雇用制 ………………………………… 42

集団主義 …………………… 36,41,42,81,82
集中戦略 ……………………………………… 186
収斂（共通性）……… 12,31,32,33,34,51,
　　　　　　　　54,57,105,157
収斂仮説
　（Convergence Theory）……… 27,30,52
儒教 ………………………………… 45,68,82,85
授権株式（数）…… 106,108,109,113,114
出資（者）…… 92,93,95,98,101,103,132
需要志向価格設定 ……………………… 167,168
需要の価格弾力性 …………………… 160,161
準内部化（戦略）……………… 17,182,196
準内部組織 ……………… 10,13,182,183
省エネ ……………………………… 213,266
商家 ……………………………………… 50,91
商業資本（家的経営行動）………… 85,91
証券市場 ……………… 10,98,105,111,117
証券取引所 …………… 100,117,118,119
上場（会社）………… 100,117,121,206
上場企業 …… 24,98,111,117,118,153,182
上層吸収価格戦略
　（skimming price strategy）………… 170
消費組合 ……………………………… 134,135
消費者に対する販売促進策 …………… 173
消費生活協同組合（生協）……… 136,137
商標（trade-mark）…………… 165,210
商法 ……………………………… 10,19,94,99
情報化，グローバル化,SDGs
　（持続可能な開発計画）……………… 33
職業訓練 ………………… 26,258,269,270
職務記述書 …………………………… 13,20
食糧の廃棄 ……………………………… 266
所属主義（Ascription）…… 36,37,39,40,
　　　　　　　　49,68,84

所得格差 ·················· 43,44,46
所有権 ··················· 15,16,253
所有と経営の分離 ······· 38,48,49,51,69,
125,147,148,
149,153,158
新会社法 ···········94,98,99,106,107,
116,122,152
新株発行 ·········· 109,113,114,115,121
新株予約権 ····· 108,113,115,116,123,206
新規参入 ·············· 184,207,208,225
人口ボーナス ··················· 243
人事・人的資源管理
（人事・労務）················· 34,47
人事労務管理（人的資源管理）··········· 6
新制度派経済学（New Institutional
Economic）················· 14,16,18
親族（構造）··················· 40,49,68
信用協同組合（信用組合）········ 136,137
信用金庫 ···················· 136,137
信用協同組合（信用組合）··············· 135
森林協同組合（J Forest）············· 137

（す）

水産（業）··················· 262,267
衰退期 ·················· 162,176,228
衰退産業 ···················· 187,196
垂直型M&A ·················· 203,204
垂直的統合（vertical integration）
··················· 178,179,182
垂直的統合戦略 ····· 159,178,179,181,196
水平型M&A ·················· 203,204
水平的多角化 ················· 174,196
数量カルテル ··················· 156
スタンダード市場 ··················· 119

ステークホルダー ····21,104,126,158,250
ストック・オプション ··················· 116

（せ）

生活協同組合 ···················· 135
生産（・技術）············· 7,55,163,177
生産性 ······················· 229
成熟期 ··············· 162,176,225,229
成長期 ···················· 176,228
制度（institution）········ 5,8,9,12,15,17,
18,21,22,23
制度派経済学 ···················· 11
製品開発（戦略）········· 159,160,163,199
製品差別化 ·················186,191,226
製品のライフサイクル ······163,176,225,
226,228
製品分業型（海外直接投資）····· 223,235
製品ミックス価格戦略 ·················· 171
製品ライン価格戦略 ··············· 171
説得的広告 ······················ 172
前方垂直統合 ···················· 204
専門経営者 ······ 38,48,51,69,70,84,125,
147,148,149,158
占有可能性（appropriability）··········· 190
戦略コスト ···················· 181,196
戦略提携（strategic alliances）
················· 17,67,153,196,199,207,
208,209,210,221,222

（そ）

想起的広告（リマインダー広告）······· 173
双系的親族 ·················· 51,79
総合商社 ······················ 236
増資 ······· 106,112,113,117,124,202,207

総資産利益率（ROA）…………………… 124
相続 ……………………………………… 83
ソキエタス（societas）………………… 95
組織間関係 …………………………… 9,10,21
組織行動 …………………………………6,47
組織の能力（ケイパビリティ）
　（organizational capabilities）……… 188
村落（共同体）………… 28,42,80,81,82

（た）

第3者割当て ……… 106,112,113,114,207
第3セクター …………………………… 131
大家族（制）…………………………… 48,69
大企業 ………………………… 50,100,105
多角化（戦略）………… 159,160,164,174,
　　　　　　　　　　　　　176,178,196
多国籍化（戦略）……………………… 52,159
多国籍企業 ……… 17,32,56,223,224,230,
　　　　　　　　　231,232,261,267
タックスヘブン（税金回避）型 ……… 234
タックスヘブン（税金回避）形 ……… 235
他人資本 …………………………… 122,123
多民族国家 ………………………36,65,74,85

（ち）

地域統合対応型 ……………………… 234,235
地域密着型戦略 ……………………… 160,161
知覚価値法 ……………………………… 168
地球温暖化 ……………………………… 266
逐次（順次）的に決定 ………………… 14
知的所有権 ……………………………… 15
中国（華人）…………………………… 47
中国人（華人）………………………… 74

中国人（華人）の
　家族構造（と企業経営）………… 48,69
中小企業 ………………… 7,99,164,201
長期雇用（慣行）……………… 13,19,73
長期取引関係 ………………… 199,207,209
長子単独相続 …………………………… 50
直接金融 ………………………………… 124
著作権（copy-rights）………………… 210
直系家族（Stem Family）…… 48,49,50,67
賃金格差 ……………………………26,43,53

（て）

ディーセント・ワーク ………257,268,270
定款 ………………… 106,108,109,113,114
敵対的買収 ……106,113,201,202,206,207
撤退（障壁）………………………… 181,187
デファクト・スタンダード：
　de facto stndard …………………… 211,216

（と）

ドイツ型経営 …………………………… 7,151
ドイツ型コーポレート
　ガバナンス制度 ……………………… 157
同一労働同一賃金 ……… 258,268,269,270
東京証券取引所 ………………………… 119
統合価値（Inte-gration）…………… 40,68
投資事業有限責任組合 ……… 92,93,102
投資ファンド …………………………… 108
同族支配 ……………………………84,152
東南アジアの華僑・華人 ……………… 36,65
東南アジアの華僑・華人（系）企業
　……………66,69,71,72,73,84,238,239
東南アジアの華僑・華人系企業の
　文化・価値構造と経営 …………… 68,84

導入期 ……………………………… 176,225
特殊法人 ……………………………… 131
独占（monopoly）………… 147,153,154
独占禁止法 …… 135,154,155,156,177,203
独占的状態 …………………………… 154
独占と不公正な取引 ………… 147,153
特定非営利活動法人（NPO法人）…… 139
匿名組合 …………………… 92,93,101
独立行政法人 ………………………… 130
（特例）有限会社 ……………… 92,122
特許（patent）………… 191,210,222
トップマネジメント
　（top management）………47,84,147,
　　　　　　　　　　　　　　150,193
ドメイン（domain）…………… 193,196
取締役 …………… 107,108,109,147,148
取締役会 ……106,107,108,109,110,113,
　　　　　147,149,150,152,157
取引コスト（transaction costs）
　…………………… 14,15,17,21,230
取引先制限カルテル ………………… 156
取引費用 …………… 11,14,15,16,17,18
取引頻度 ……………………………… 16

（な）

内部化（・準内部化戦略）
　………… 17,178,179,181,182,196,229
内部価格 ……………………… 17,230
内部（昇進）取締役 ………………… 148
内部留保（留保利益，剰余金など）… 123
内部労働市場 ………………… 23,74

（に）

ニッチ（隙間）市場の開拓 …………… 162

ニッチ（隙間）戦略 …………… 223,237
日本型コーポレートガバナンス ……… 157
日本的経営 … 6,13,30,41,42,53,73
日本の家族構造 ……………………… 48
日本の株式市場 ……………………… 119
日本の近代化（モダン）……………… 30
日本の公企業 ………………………… 130
日本のコーポレートガバナンス
　（企業統治）………………………… 152
日本のものづくり …………………… 7
入札（談合）………………… 156,183

（ね）

ネオライン型資本主義 ……………… 26
年功的昇進（・賃金）……………… 13,42

（の）

農家の株式会社化 …………………… 142
農業会社 ……………………………… 142
農業協同組合（農協，「JA」）…… 135,136
農業協同組合法 ……………………… 135
農業社会 ……………………… 28,41
農業法人 ………… 129,142,143,144
農事組合法人 ………………………… 140
農地所有適格法人 …………………… 142
ノウハウ（knowhow）………… 210,231
ノース（North）……………………… 18
ノックダウン ………………………… 213
暖簾（営業上の権利）………………… 50

（は）

パーソンズ（Parsons T.）……… 36,37,39,
　　　　　　　　　　　　　　41,68
バーナムの経営者革命論 ………………51,

282

バーニー，コリス・モンゴメリー ····· 188

バーノン（Vernon）··········· 225,226,227

バーリ（の機関所有支配論）········ 51,148

廃棄物 ·············· 261,266,267,269

買収 ················ 101,113,115,118,176,
199,200,201,205,206

買収防止 ······························ 114,153

配当 ············ 108,111,113,126,149,206

端数価格法 ······························· 169

働きがい ·············· 251,252,265,270

働きがいのある人間らしい雇用
（ディーセント・ワーク）··· 257,268,270

発展途上国の開発政策 ············ 264,269

パワー（力，権力，支配力）の源泉 ··· 193

販売・サービス拠点型
（海外直接投資）················ 223,236

販売・マーケティング契約 ··· 199,210,220

販売促進（政策）··············· 161,172,173

（ひ）

非営利組織 ····················· 126,139,143

非営利法人 ···························· 93,131

比較経営学
（Comparative Management）········· 13

比較制度分析（Comparative
Institutional Analysis）····· 9,11,12,13,
18,19,20

比較優位による資源移転論 ·············· 224

非関税障壁 ································ 226

非公開会社（閉鎖会社）······ 100,107,113,
152,206

ヒュー（Hsu）···························· 49

標準化製品 ································ 235

貧困 ········ 85,250,251,252,265,270

品質・環境基準（ISO等）················ 10

（ふ）

ファミリーブランド ··············· 165,166

フォーマルな制度（・ルール）········· 5,9

フォーマルなルール ······················ 16

不確実性 ········· 9,11,16,17,19,76,179

複合家族（Joint Family）····· 48,69

複数事業部ブランド ····················· 167

複数ファミリーブランド戦略 ··········· 167

複占（duopoly）························· 154

父系家族制（度）························· 82

不公正な取引 ···················· 153,154,155

負債比率 ································ 124

普通株（式）···················· 111,112,113

普通決議 ································ 107

普通社債 ································ 123

不当な取引制限 ····················· 154,156

部品・工程分業型
（海外直接投資）················ 223,235

普遍主義（Universalism）········ 36,39,40,
41,68

プライベートブランド品
（PB：小売業のブランド）······· 212,218

プライム市場 ···························· 119

ブラックボックス化 ····················· 191

フランチャイザー
（franchiser：本部）··············· 218,219

フランチャイジー（franchisee：
加盟店，加盟事業主）················ 218

フランチャイジング
（franchising）····· 199,210,218,219,244

プランテーション ························ 65

ブランド（brand）…… 159,165,166,167,
195,210,231
プロダクト・ライフサイクル・
モデル（PLC：
productLife Cycle）…………… 223,225
文化・価値構造 ………………… 35,36,44

（へ）

ベトナムの家族制度 ……………… 82,84
ベラー（Bellah）…………… 39,40,68
ベンチャー・キャピタル ………… 24,25
ベンチャー企業 ……………… 99,164,196

（ほ）

ポイズンピル ……………………… 206
ボイヤー（Boyer R.（2004））………… 23
貿易 ……………… 17,67,93,244,258
貿易摩擦回避 …………………… 234
奉公人制度 ………………………… 48
法人 ……………………… 94,118,126
法人格 …………… 98,100,101,102,103
法人格否認の法理 ……………… 95
法制度 ………………… 5,9,10,11,16
報知的広告（情報提供型広告）……… 172
ポーター（Porter M. E）…… 159,184,185
ホーフステット（Hofstede）……… 46,47
ホールとソスキス（Hall P, A,
& Soskice D,（2001））…………… 20
募集設立 ……………………… 107
ポストモダン（論）… 3,13,30,55
発起設立 ……………………… 107
ポリティックやパワー ……………… 193
ホワイトナイト（白馬の騎士）… 206,207

（ま）

マーケティング（市場）戦略 ………… 159
マーケティング関連多角化 … 164,175,196
マースデン（Marsden D.）………… 19,20
マイスター（制）………………… 20,46
マックス・ウェーバー
（Max Weber）……………… 38,45
満足基準 ……………………… 14

（み）

身分格差 ……………………… 43,53
身分の均一化 ……………………… 53
身分の均一性 ……………………… 73
民営化 ……………………… 93,129
民主主義 …… 53,86,251,252,265
民主的，参加的，社会的平等 ……… 53,57
民法上の組合 … 92,93,98,101,102

（む）

無額面株式 ……………………… 111
無形資産（intangible asset）…… 188,202
無限責任 ……………… 94,95,96,101
村社会 ……………………… 80,81

（め）

メインバンク（システム）… 13,124,151,
153

（も）

モジュール（複合部品化）… 56,183,191,
195,213
モダン・情報化・グローバル化・
SDGs … 3,30,31,34,35,55,57,86,104

持株会社 ……………………… 93,102,155
モチベーション ………………… 19,52,53

(ゆ)

有形資産（tangible asset）……… 188,202
有限会社（特例有限会社）………… 93,94,
　　　　　　　　　　　　　　　98,126
有限責任 ………………………… 98,101
有限責任事業組合（LLP：Limited
　Liability Partnership）……… 92,93,102
有限責任の出資者 ………………… 96
友好的買収 ……………… 201,202,205
優先株式 ………………………… 113
輸出 ………………… 56,225,226,268
輸出型（海外直接投資）………… 223,234
輸入 ……………………………… 56,226
輸入代替（型直接投資）………… 227,233

(ら)

ライセンサー …………………… 210
ライセンシング（licensing）…… 199,210,
　　　　　　　　　　　　　　　221
ライセンシング戦略 ……………… 222
ライツプラン …………………… 206
ライン型資本主義 ……………… 26,27

(り)

リーダーシップ …………… 47,52,53,73
リスクの回避・分散
　（型による海外投資）………… 223,238

リスク分散 ………………… 207,208
流通（経路戦略）………………… 70,173

(れ)

歴史比較経営（論）…………… 3,8,9,27
歴史比較制度 …………………… 10
レギュラシオン学派（理論）……… 12,21,
　　　　　　　　　　　　　　　22,23
劣後株式 ………………………… 113
連結子会社 ……………………… 100

(ろ)

ロイヤリティー（royalty）……… 210
労資関係 ………………… 10,21,73
労働組合 ………………………… 23
労働コスト削減型 ……………… 234
労働市場 ………………… 21,24,25
労働集約的（製品）……… 229,234,238
労働制度 ………………… 5,9,54
労働法 …………………… 10,11,19,54
ロッチデール原則 ……………… 133
ロッチデール公正開拓者組合
　（The Rochdale Society of
　Equitable Pioneers）………… 132,133

(わ)

私（民間）企業 ………………… 92
合同会社 ………………………… 99

著 者 紹 介

丹野　勲（たんの・いさお）

1954年東京生まれ
筑波大学大学院社会工学研究科経営工学専攻博士課程単位取得満期退学
博士（経営学）

（専　　門）
国際経営，経営学，歴史比較制度，国際比較経営，アジア・太平洋地域研究

1987年筑波大学社会工学系準研究員
1989年神奈川大学経営学部専任講師
1991年神奈川大学経営学部助教授
1997年神奈川大学経営学部教授
経営行動研究学会理事，経営関連学会評議会評議員

（主要著書）
『異文化経営とオーストラリア』（中央経済社，1999年）
『ベトナム現地化の国際経営比較—日系・欧米系・現地企業の人的資源管理，戦略を中心として』（原田仁文氏と共著，文眞堂，2005年）
『アジア太平洋の国際経営—国際比較経営からのアプローチ』（同文舘，2005年）
『アジアフロンティア地域の制度と国際経営—CLMVT（カンボジア，ラオス，ミャンマー，ベトナム，タイ）と中国の制度と経営環境』（文眞堂，2010年）
『日本的労働制度の歴史と戦略—江戸時代の奉公人制度から現在までの日本的雇用慣行』（泉文堂，2012年）
『日本企業の東南アジア進出のルーツと戦略—戦前期南洋での国際経営と日本人移民の歴史』（同文舘，2017年）
『新時代の経営マネジメント』（共著，創成社，2018年）
『戦前の南洋日本人移民の歴史—豪州，南洋群島，ニューギニア』（お茶の水書房，2018年）
『日本の国際経営の歴史と将来—アジアとの交易・投資の通史と国際交流—』（創成社，2021年）。

国際・歴史比較経営と企業論

モダン・情報化・グローバル化・SDGs と経営行動

2021年7月10日　　初版第1刷発行

著　　者	丹野　勲	
発 行 者	大坪　克行	
発 行 所	株式会社　泉　文　堂	

〒161−0033　東京都新宿区下落合1−2−16
電話 03−3951−9610　FAX 03−3951−6830

印 刷 所	有限会社山吹印刷所
製 本 所	牧製本印刷株式会社

© 丹野　勲 2021　　　　　Printed in Japan（検印省略）

ISBN 978−4−7930−0466−7　C3034